진짜

기초 예제부터 음성인식과
인공지능으로 대화하기까지

코딩하며 배우는

라즈베리파이 4

앤써북
ANSWERBOOK

진짜
코딩하며 배우는
라즈베리파이 4
기초 예제부터 음성인식과 인공지능으로 대화하기까지

초판 2쇄 발행 | 2021년 09월 25일

지은이 | 서민우

펴낸이 | 김병성

펴낸곳 | 앤써북

출판사 등록번호 | 제 382-2012-0007 호

주소 | 경기도 고양시 일산 서구 가좌동 565번지

전화 | 070-8877-4177

FAX | 031-919-9852

도서문의 | 앤써북 http://answerbook.co.kr

가격 | 21,000원

ISBN | 979-11-85553-65-8 13000

[안내]

• 책에서 설명한 사례 그림 또는 캡처 화면 일부가 모자이크 처리되어 있는데, 이는 각 콘텐츠 개발사와 창작자의 권리를 보호하기 위해서입니다. 책을 보시는데 약간의 불편함이 있더라도 이점 양해바랍니다.

• 이 책은 다양한 전자 부품을 활용하여 예제를 실습할 수 있습니다. 단, 전자 부품을 잘못 사용할 경우 파손 외 2차적인 피해가 발생할 수 있으니, 실습 시 반드시 책에서 표시된 내용을 준수하여 사용해야 함을 고지합니다.

이 책은 필자의 세 번째 라즈베리파이 책입니다. 이 책은 Python 3.x 언어 기반으로 파이썬 용 GPIO, I2C, SPI 라이브러리를 이용하여 여러 가지 하드웨어를 제어하는 방법을 소개하고 있습니다. 또, opencv, google cloud speech 인공 지능 라이브러리을 이용하여 영상 인식, 음성 인식 활용 방법을 소개하고 있습니다.

이 책에서는 하드웨어를 제어하는 방법 외에도 쓰레드와 메시지 큐의 사용법을 소개하고 있습니다. 라즈베리파이는 리눅스 운영체제를 바탕으로 한 환경이기 때문에 쓰레드와 메시지 큐를 통해 프로그램을 구성할 수 있는 장점을 제공합니다. 쓰레드와 메시지 큐를 이용하면 큰 프로젝트를 효율적으로 구성할 수 있습니다. 특히 라즈베리파이는 여러 가지 하드웨어 입력을 받는 환경을 제공하기 때문에 쓰레드를 통한 프로젝트 구성이 필요하기도 합니다.

이 책에서는 외부 디바이스를 장착하여 라즈베리파이의 기능을 확장하는 방법도 소개하고 있습니다. L9110S DC 모터 드라이버 모듈을 이용하여 DC 모터를 제어할 수 있는 방법을 소개하고 있습니다. HM10 블루투스 모듈을 이용하여 라즈베리파이의 시리얼 모듈을 이용한 통신 방법을 소개하고 있습니다, MCP3208 ADC 모듈을 이용하여 센서 입력을 받을 수 있는 방법을 소개하고 있습니다, PCA9685 PWM 드라이버를 소개하여 서보모터, 부저, BLDC 모터를 제어할 수 있는 방법을 소개하고 있습니다, MPU6050 자이로 센서 모듈을 이용하여 기울어진 정도를 측정할 수 있는 방법을 소개하고 있습니다.

이 책에서는 카메라, 스피커, 마이크를 장착하여 라즈베리파이에 영상 인식, 음성 인식 기능을 추가하는 방법을 소개하고 있습니다. opencv 인공 지능 라이브러리를 이용하여 얼굴을 인식하는 방법과 google cloud speech 라이브러리를 이용하여 음성을 인식하는 방법을 소개하고 있습니다. 음성을 인식하여 하드웨어를 제어하는 방법을 소개하고 인공 지능과 영어로 대화하는 예제도 소개하고 있습니다.

부록으로 이 책에서는 모니터, 키보드, 마우스를 라즈베리파이에 장착하지 않고, 윈도우에서 원격으로 라즈베리파이에 접속하는 방법을 소개하고 있습니다. 라즈베리파이를 사용하다 보면 아두이노처럼 간단하게 연결해서 사용할 수 있으면 편리하겠다는 생각을 하게 됩니다. 그래서 노트북과 데스크 탑에서 각각 라즈베리파이에 접속하는 방법을 소개합니다.

필자는 이 책을 통해 독자 여러분들이 먼저 재미를 느끼기를 바랍니다. 그 재미를 바탕으로 자신도 모르게 프로그래밍 능력을 키워가며, 현실에서 발생하는 여러 가지 문제를 프로그래밍을 통해 해결할 수 있기를 바랍니다.

저자 서민우

독자 지원 센터

책 소스, 프로젝트 해답 소스 파일, 동영상 강의 파일, 독자 문의 등 책을 보시는데 필요한 사항들 독자지원센터에서 지원합니다.

소스/동영상 강의

이 책과 관련된 실습 소스 및 프로젝트 해답 소스 파일과 동영상 강의 파일 경로는 앤써북 카페(http://answerbook.co/kr)의 [도서별 독자 지원 센터]–[진짜 코딩하며 배우는 라즈베리파이 4] 게시판에서 "[[책 소스 & 프로젝트 해답 소스 파일 받기] 직접 코딩하며 배우는 라즈베리파이 4 책 전체 소스 및 Chapter 03 해답 소스 파일과 Chapter 06 프로젝트 해답 소스 파일 및 동영상 강의 파일 경로 안내" 3151번 [공지] 게시글을 클릭한 후 안내에 따라 다운로드 받을 수 있습니다.

독자 지원 센터

궁금한 내용 문의하기

책을 보면서 궁금한 내용은 [도서별 독자 지원 센터]−[진짜 고딩하며 배우는 라즈베리파이 4] 게시판을 클릭합니다. 우측 아래의 [글쓰기] 버튼을 클릭한 후 제목에 다음과 같이 "[문의]도서명 쪽수 질문 제목" 입력하며 궁금한 사항은 아래에 작성하고 [확인] 버튼을 클릭하여 등록합니다.

이 책을 위한 기본 준비물

이 책의 실습 부품은 직접 구매 부품과 실습 부품으로 구분됩니다. 직접 구매 부품은 모니터, USB 키보드/마우스로 독자가 보유하고 있는 제품을 사용하거나 직접 구매하시면 되고, 그 외 이 책에서 사용하는 전체 실습 부품은 〈라즈베리파이 4 인공지능 실습 키트〉에 모두 포함되어 있습니다. 만약 라즈베리파이 3나 4 등을 가지고 있다면 필요한 부품만 개별적으로 구매하셔도 됩니다.

■ **직접 구매 부품**

※ 모니터, 키보드, 마우스가 없을 경우 부록을 참조합니다. 노트북이나 데스크 탑을 이용해 접근하는 방법을 소개합니다.

▲ 모니터

▲ USB 키보드/마우스

■ **실습 부품**

▲ 라즈베리파이 4 핀 레퍼런스 보드 1개

▲ 라즈베리파이 4 보드 1개(2GB 기준(1GB 또는 4GB로 대체 가능), 라즈베리파이 3로 대체 가능)와 아답터 5VDC 3A 이상 1개

▲ 마이크로 SD카드 1개(용량 16GB 이상) ▲ 카드 리더기 1개 ▲ LED 5개 ▲ 저항(220, 330, 1K, 10K 오옴)

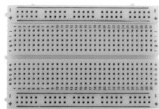

▲ 브레드 보드 1개

▲ 전선(암-수, 암-암) 각각 20가닥

▲ 부저 1개

▲ 서보 모터 1개

▲ 버튼 5개

▲ L9110S 모터 드라이버 1개

▲ 기어DC 모터 2개

▲ HM10 블루투스 모듈 1개

▲ MCP3208 ADC 모듈 1개

▲ 가변 저항 1개

▲ 빛센서 1개

▲ PCA9658 모듈 1개

▲ MPU6050가속도 자이로 센서 1개

▲ 5백만 화소 카메라 모듈

▲ USB 전원 모노 스피커
(추가구매 가능상품)

▲ USB 마이크
(추가구매 가능상품)

▶ 라즈베리파이 4 인공지능 실습 키트

실습 키트에는 이 책의 실습 부품(직접 구매 부품 제외)을 모두 담고 있습니다.

▶ 키트 구매처

• 코코랩스 : http://www.kocolabs.co.kr
• 키트명 : 라즈베리파이 4 인공지능 실습 키트

Contents
목 차

Contents

목 차

Contents
목 차

Chapter 02

파이썬 패키지 사용하기

Contents
목 차

Contents
목 차

Chapter 03

입출력 함수 조합하기

Contents
목 차

Chapter 04

외부 디바이스 붙이기

Contents
목 차

Contents

목 차

Contents
목 차

Chapter 05

인공지능 라이브러리 활용하기

Contents
목 차

Contents
목 차

Appendix

모니터, 키보드, 마우스 없이 라즈베리파이 접속하기

Contents

목 차

Raspberry Pi

이번 장에서는 라즈베리파이가 무엇인지 알아봅니다. 또 라즈베리파이로 무엇을 할 수 있는지 살펴보고, 라즈베리파이 개발 환경을 구성합니다.

Chapter 01

라즈베리파이 준비하기

01 _ 라즈베리파이란?

01-1 라즈베리파이 개요

라즈베리파이는 신용카드 크기의 컴퓨터로 교육을 위해 만들어졌습니다.

▲ 라즈베리파이 4B

라즈베리파이는 1981 BBC Micro로부터 아이디어를 얻어 만들어졌습니다. BBC Micro는 8 비트 가정용 컴퓨터로 1981년도에 만들어졌습니다. 다음은 BBC Micro 컴퓨터입니다.

라즈베리파이는 Eben Upton이 만들었습니다. Eben Upton의 목표는 초중고생들의 프로그래밍 기술과 하드웨어의 이해를 증진시킬 저가의 컴퓨터 장치를 만드는 것이었습니다.

그러나 작은 크기와 적절한 가격 덕분에 라즈베리파이는 많은 메이커들에게 빠르게 퍼져나갔습니다. 라즈베리파이는 아두이노같은 MCU로 해결할 수 없는 프로젝트들에 사용되었습니다. 다음은 64개의 라즈베리파이와 레고로 구성한 수퍼 컴퓨터입니다. 이 수퍼 컴퓨터를 구성하는데 비용은 우리 돈으로 약 385만 원 정도 들었다고 합니다.

라즈베리파이는 PC보다는 느립니다. 그럼에도 불구하고 완벽한 리눅스 컴퓨터로 저 전력으로 리눅스가 가진 모든 기능들을 제공합니다.

01-2 라즈베리파이 4와 라즈베리파이 3 비교하기

다음은 라즈베리파이 4B와 라즈베리파이 3B+를 비교한 표입니다.

특징 및 사양	라즈베리파이 4B	라즈베리파이 3B+
SoC	Broadcom 2711 쿼드 코어 Cortex-A72@1.5GHz	Broadcom BCM2837B0 쿼드 코어 Cortex-A53@1.4GHz
메모리	1GB, 2GB, 4GB LPDDR4 SDRAM	1GB LPDDR2 SDRAM
통신	블루투스 5.0 기가비트이더넷(최대 1000Mbps) 2x USB 3.0, 2x USB 2.0	블루투스 4.2 기가비트이더넷(최대 300Mbps) 4x USB 2.0
전원	USB C 전원 5V/3A DC	microUSB 전원 5V/2.5A DC
모니터	2x microHDMI 최대 4Kp60 해상도	1x HDMI 최대 1080p60 해상도
GPU	OpenGL ES 1.1, 2.0, 3.0	OpenGL ES 1.1, 2.0
영상 처리	H.265 디코딩(4kp60) H.264 디코딩(1080p60) H.264 인코딩(1080p30)	H.264, MPEG 4 디코딩(1080p30) H.264 인코딩(1080p30)

01-3 라즈베리파이 하드웨어 특징

라즈베리파이는 핀이 노출되어 아두이노와 같은 방식으로 외부 하드웨어를 제어할 수 있습니다. 예를 들어, LED, 버튼 등의 외부 회로를 구성할 수 있습니다. 다음은 라즈베리파이와 LED를 연결한 그림입니다.

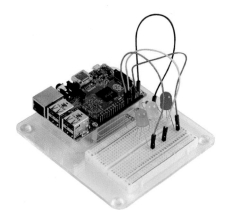

라즈베리파이는 모터 쉴드를 장착하여 모터를 제어할 수도 있습니다. 다음은 라즈베리파이 보드에 모터 쉴드를 장착하여 모터를 제어하는 그림입니다.

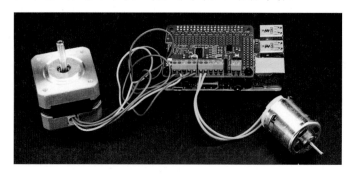

라즈베리파이는 I2C, SPI 통신 모듈을 내장하고 있습니다. I2C, SPI 통신 모듈에 외부 모듈을 연결하여 센서 입력, 모터 출력 등도 수행할 수 있습니다. 다음은 라즈베리파이의 I2C 핀을 통해 MPU6050 가속도 자이로 센서를 연결한 그림입니다.

다음은 라즈베리파이 핀 맵을 나타냅니다.

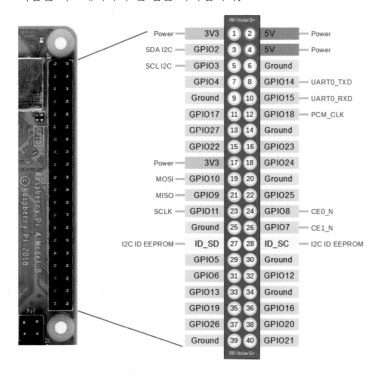

다음은 라즈베리파이 2, 3, 4를 나타냅니다. 현재는 라즈베리파이 4B와 3B+가 주로 사용되고 있습니다. 이 책은 라즈베리파이 4B와 3B+를 기준으로 집필되었습니다.

▲ Raspberry Pi2　　　　　▲ Raspberry Pi3　　　　　▲ Raspberry Pi4

소형의 라즈베리파이도 있습니다. 다음은 라즈베리파이 제로입니다.

02 _ 이 책의 실습을 위한 기본 준비물

이 책의 실습 부품은 직접 구매 부품과 실습 부품으로 구분됩니다. 직접 구매 부품은 모니터, USB 키보드/마우스로 독자가 보유하고 있는 제품을 사용하거나 직접 구매하시면 되고, 그 외 이 책에서 사용하는 전체 실습 부품은 〈라즈베리파이 4 인공지능 실습 키트〉에 모두 포함되어 있습니다.

※ 단, 실습키트의 ㉑, ㉒번 부품은 추가 구매 가능 상품입니다.

■ 직접 구매 부품

※ 모니터, 키보드, 마우스가 없을 경우 부록을 참조합니다. 노트북이나 데스크 탑을 이용해 접근하는 방법을 소개합니다.

▲ 모니터   ▲ USB 키보드/마우스

■ 실습 부품

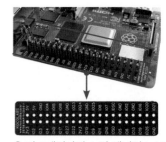

❷ 라즈베리파이 4 핀 레퍼런스 보드 1개

❶ 라즈베리파이 4 보드 1개(2GB 기준(1GB 또는 4GB로 대체 가능), 라즈베리파이 3로 대체 가능)와 아댑터 5VDC 3A 이상 1개

❸ 마이크로 SD 카드 1개(용량 16 GB 이상)   ❹ 카드 리더기 1개   ❺ LED 5개   ❻ 저항(220, 330, 1K, 10K 오옴) 각각 5개

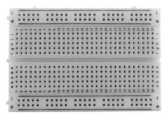

❼ 브래드 보드 1개

❽ 전선(암-수, 암-암) 각각 20가닥

❾ 부저 1개

❿ 서보모터 1개

⓫ 버튼 5개

⓬ L9110S 모터 드라이버 1개

⓭ 기어 DC 모터 2개

⓮ HM10 블루투스 모듈 1개

⓯ MCP3208 ADC 모듈 1개

⓰ 가변저항 1개

⓱ 빛센서 1개

⓲ PCA9685 PWM 모듈 1개

⓳ MPU6050 가속도 자이로 센서 1개

⓴ 5백만 화소 카메라 모듈 1개

㉑ USB 전원 모노 스피커 1개
(추가구매 가능 상품)

㉒ USB 마이크 1개
(추가구매 가능 상품)

번호	부품명	수량	번호	부품명	수량
❶	라즈베리파이 4 보드(2GB), 아뎁터 5VDC 3A	각각 1개	⓬	L9110S 모터 드라이버	1개
❷	라즈베리파이 4 핀 레퍼런스 보드	1개	⓭	기어 DC 모터	2개
❸	마이크로 SD 카드	1개	⓮	HM10 블루투스 모듈	1개
❹	카드 리더기	1개	⓯	MCP3208 ADC 모듈	1개
❺	LED	5개	⓰	가변 저항	1개
❻	저항(220, 330, 1K, 10K 오옴)	각각 5개	⓱	빛센서	1개
❼	브레드 보드	1개	⓲	PCA9685 PWM 모듈	1개
❽	전선(암-수, 암-암)	1개	⓳	MPU6050 가속도 자이로 센서	1개
❾	부저	1개	⓴	5백만 화소 카메라 모듈	1개
❿	서보모터	1개	㉑	USB 전원 모노 스피커	1개
⓫	버튼	5개	㉒	USB 마이크	1개

➡ 라즈베리파이 4 인공지능 실습 키트 : 실습 키트에는 이 책의 실습 부품(직접 구매 부품 제외)을 모두 담고 있습니다.

➡ 키트 구매처
• 코코랩스 : http://www.kocolabs.co.kr   • 키트명 : 라즈베리파이 4 인공지능 실습 키트

03 _ 라즈베리파이로 할 수 있는 일

여기서는 라즈베리파이로 구현된 몇 가지 프로젝트를 살펴봅니다.
다음 사이트를 접속해 봅니다.

https://www.hackster.io/raspberry-pi/projects

다음과 같은 그림을 볼 수 있습니다.

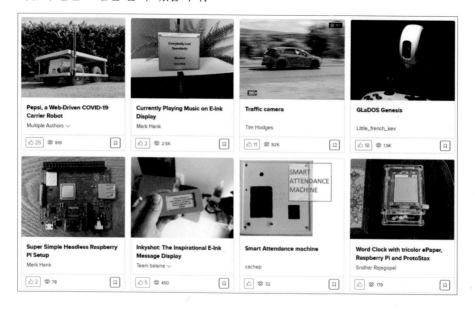

이 사이트에서는 라즈베리파이를 이용한 프로젝트를 소개하고 있습니다. 구체적으로 몇 가지를 살펴보도록 합니다.

03-1 쿼드콥터 프로젝트

이 프로젝트는 멀티위(Multiwii)에 의해 구동되고 라즈베리파이로 제어되는 쿼드콥터입니다. 멀티위 컨트롤러는 4개의 모터를 제어하고 전원을 공급하며 라즈베리파이는 스마트 폰에서 전달된 정보를 받아 멀티위로 보냅니다.

▲ http://www.instructables.com/id/The-Drone-Pi/

03-2 스마트 RC 자동차 프로젝트

이 프로젝트는 라즈베리파이 보드와 카메라, 초음파 센서, 모터 드라이버 등을 RC카에 장착하여 RC 카가 트랙을 따라가고 신호등과 정지 신호를 감지하여 충돌을 피하도록 만들었습니다. 라즈베리파이에는 2개의 클라이언트 프로그램이 있어 카메라와 초음파 센서로부터 얻은 정보와 영상을 와이파이를 통해 다른 컴퓨터로 보냅니다.

▲ https://www.raspberrypi.org/blog/self-driving-car/

03-3 로봇 팔 프로젝트

이 프로젝트는 [OWI-535 Robotic Arm Edge]라는 로봇팔 제품을 해킹하여 진행한 프로젝트입니다. 사용자는 Wii 리모콘으로 조종합니다. Wii 리모콘은 라즈베리파이와 블루투스 통신을 합니다. 라즈베리파이는 Wii 리모콘으로부터 신호를 받아 로봇팔을 제어합니다. 라즈베리파이는 로봇팔 컨트롤러와 USB로 연결되어 있습니다. 프로그램은 파이썬 언어로 구성되어 있습니다.

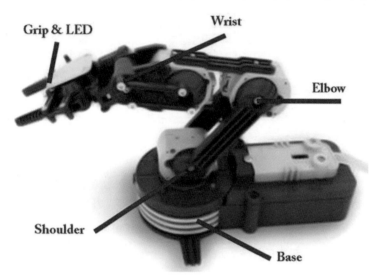

▲ http://www.instructables.com/id/Raspberry-Pi-and-Wiimote-controlled-Robot-Arm/

03-4 사족로봇 프로젝트

이 프로젝트는 8개의 서보 모터를 이용하여 구성한 사족 로봇입니다. 사족 로봇의 몸체는 DIY로 만들어졌습니다. 이 프로젝트는 아두이노를 컨트롤러로 사용하고 있습니다. 독자 여러분은 아두이노를 라즈베리파이로 변경할 수 있습니다. 이 책에서는 라즈베리파이를 이용하여 서보 모터를 제어하는 방법을 소개하고 있으니 해당 방법을 이용하면 됩니다.

▲ http://www.instructables.com/id/Basic-Quadraped-Platform/

03-5 스마트 정원 프로젝트

스마트 정원 프로젝트는 라즈베리파이에 고급 센서를 장착하여 토양의 수분, 빛의 양, 공기질, 온도, 습도를 감지하여 식물을 관리할 수 있도록 만든 프로젝트입니다.

▲ https://www.kickstarter.com/projects/sunair/smartplant-pi-smart-garden-with-your-raspberry-pi

04 _ 라즈베리파이 개발 환경 구성하기

여기서는 라즈베리파이 이미지를 설치하고, 라즈베리파이 환경을 설정합니다. 라즈베리파이 이미지 파일의 확장자는 .img로 끝나기 때문에 이미지 파일이라고 하며, 그림 파일을 의미하는 것은 아닙니다.

04-1 micro SD 카드 준비하기

라즈베리파이 이미지는 micro SD 카드에 설치해야 합니다. 다음은 micro SD 카드를 라즈베리파이 보드에 장착한 그림입니다. 아직 장착하지는 않습니다.

01 다음과 같이 micro SD 카드와 이미지를 쓰기 위한 SD 카드 리더기를 준비합니다.

※ micro SD 카드는 최소 16GB를 준비합니다.

02 micro SD 카드를 SD 카드 리더기에 장착한 후, 카드 리더기의 USB 단자를 PC에 연결합니다.

04-2 라즈베리파이 이미지 설치하기

여기서는 라즈베리파이 이미지를 Raspberry Pi Imager 프로그램을 이용하여 micro SD 카드에 설치하는 과정을 진행합니다. 그래서 다음 두 가지 프로그램을 다운로드 빋은 후, 설치를 진행합니다.

※ 왼쪽 그림의 img 파일은 2020년 2월 13 배포된 라즈베리파이 이미지입니다.
※ 이 책은 위 이미지를 기준으로 집필되었습니다. 이미지가 바뀌면 이미지 환경에 따라 예제 수행이 안되는 경우가 있을 수 있습니다. 이 책을 집필할 당시에 배포된 이미지는 [2020-05-27-raspios-buster-armhf.img]였으며, pyaudio 라이브러리 출력 기능이 정상 동작하지 않는 경우가 있었습니다.

라스베리파이 이미지 다운로드

01 다음 사이트에 접속합니다.

http://downloads.raspberrypi.org/raspbian/images/

02 아래로 이동하여 다음 부분을 찾습니다. 디렉터리를 마우스 클릭하여 안으로 들어갑니다.

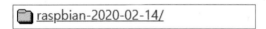

03 화살표로 표시된 [2020-02-13-raspbian-buster.zip] 이미지를 다운로드 받습니다.

04 다운로드가 완료되면 압축 이미지를 풀어줍니다.

※ 압축이 풀리지 않을 경우엔 7zip이나 반디집을 설치하여 압축을 풉니다.

Raspberry Pi Imager 설치

Raspberry Pi Imager 프로그램을 다운로드 받고 설치합니다.

01 다음 사이트에 접속합니다.

https://www.raspberrypi.org/downloads/

02 그러면 다음과 같이 [Downloads] 페이지로 이동합니다. OS 환경에 따라 세 가지 방법 중 하나를 선택할 수 있습니다. 여기서는 Windows 환경에서 이미지를 쓰도록 합니다. [Raspberry Pi Imager for Windows] 링크를 마우스 클릭하여 imager.exe 프로그램을 다운로드 받습니다.

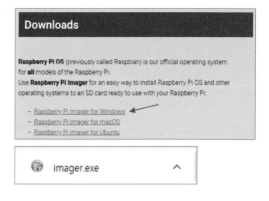

03 다운로드 받은 imager.exe 실행파일을 마우스 클릭하여 설치를 진행합니다.

04 다음과 같이 [Raspberry Pi Imager] 설치 창이 뜹니다. [Install] 버튼을 누릅니다.

05 설치가 완료되면 다음과 같은 창이 뜹니다. [Finish] 버튼을 누릅니다.

06 다음과 같이 Raspberry Pi Imager 프로그램이 실행됩니다. 이 프로그램을 이용하여 라즈베리파이 이미지를 마이크로 SD 카드에 씁니다.

라즈베리파이 이미지 설치

이제 라즈베리파이 이미지를 Raspberry Pi Imager 프로그램을 이용하여 마이크로 SD카드에 씁니다.

01 [CHOOSE OS] 버튼을 마우스 클릭합니다.

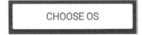

02 그러면 다음과 같이 [Operating System] 창이 뜹니다.

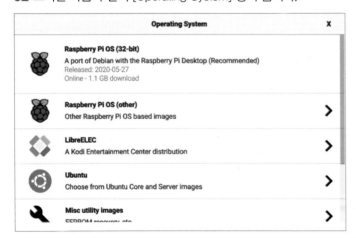

※ 첫 번째 메뉴는 최신 라즈베리파이 이미지를 인터넷에서 받아 설치할 때 사용합니다. 이 책에서는 직접 받은 이미지를 설치하도록 합니다.

03 아래로 이동하여 다음과 같이 [Use custom]을 선택합니다.

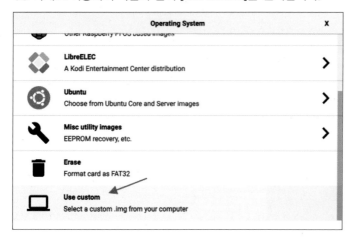

04 그러면 다음과 같이 [Select image] 창이 뜹니다. 압축을 풀어준 라즈베리파이 이미지를 찾아 선택한 후,
[Open] 버튼을 누릅니다.

05 그러면 다음과 같이 표시됩니다.

06 다음은 [CHOOSE SD CARD] 버튼을 마우스 클릭합니다.

07 USB 단자를 통해 PC에 연결된 SD 카드를 선택합니다. 그러면 다음과 같이 표시됩니다.

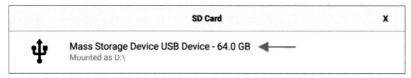

※ 이 책에서는 64GB SD 카드를 사용하고 있습니다.

08 그러면 다음과 같이 표시됩니다.

09 [Write] 버튼을 눌러 이미지를 micro SD 카드에 씁니다. SD 카드의 성능에 따라 5~10분 정도의 시간이 걸립니다.

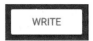

10 다음과 같이 완료가 되는 것을 확인합니다. [CONTINUE] 버튼을 누릅니다.

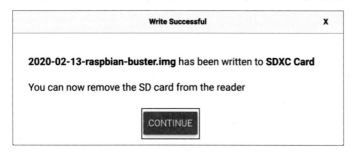

11 Raspberry Pi Imager 프로그램을 종료합니다.

04-3 라즈베리파이 부팅하기

여기서는 SD 카드에 설치한 라즈베리파이 이미지를 가지고 부팅을 수행해 봅니다. 라즈베리파이 부팅을 위해서는 모니터, micro HDMI to HDMI 케이블, 키보드, 마우스, 라즈베리파이 4 전원 어댑터가 필요합니다.

※ 모니터, 키보드, 마우스가 없을 경우 부록을 참조합니다. 노트북이나 데스크 탑을 이용해 접근하는 방법을 소개합니다.

라즈베리파이 부팅 준비물

❶ 모니터

소형 모니터 또는 일반 모니터를 준비합니다. 모니터에 따라 모니터용 전원 어댑터도 필요합니다.

❷ micro HDMI to HDMI 모니터 케이블

라즈베리파이 4의 경우 micro HDMI 단자를 사용합니다. 라즈베리파이 3의 경우 일반 HDMI to HDMI 모니터 케이블을 사용합니다.

❸ USB 키보드와 마우스

USB 단자를 가진 키보드와 마우스를 준비합니다.

❹ 라즈베리파이 4 용 USB C 5V/3A DC 전원 어댑터

라즈베리파이 3의 경우 micro USB 5V/2.5A DC 전원 어댑터를 준비합니다.

라즈베리파이 외부 환경 설정하고 부팅하기

여기서는 라즈베리파이 보드에 SD 카드를 장착하고, 키보드, 마우스, micro HDMI to HDMI 케이블을 모니터에 연결한 후, 라즈베리파이 4 전원 어댑터를 연결하여 부팅을 진행합니다.

01 다음과 같은 순서로 외부 환경을 설정합니다.

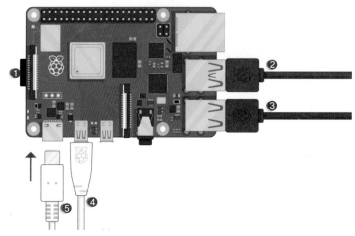

▲ 출처 : https://projects.raspberrypi.org/en/projects/raspberry-pi-setting-up/4

❶ micro SD 카드를 카드 리더기에서 뺀 후, 라즈베리파이 보드에 장착합니다.

❷ USB 키보드를 연결합니다.

❸ USB 마우스를 연결합니다.

❹ micro HDMI to HDMI 케이블을 모니터와 연결합니다. 모니터의 경우 모니터용 전원 어댑터를 연결하여 전원을 공급해 줍니다.

❺ 라즈베리파이 4 용 전원 어댑터를 연결합니다.

라즈베리파이 3의 경우 micro USB 타입의 전원 어댑터를 연결합니다.

02 진원을 연결하면 라즈베리파이 보드 상에 있는 빨간 LED가 켜지면서 부팅이 진행됩니다. 부팅 초기에 모니터 화면 좌측 상단에 다음과 같은 그림이 표시됩니다.

부팅이 완료되는데 약 1∼2분 정도의 시간이 필요합니다.

04-4 라즈베리파이 wifi 설정하기

여기서는 라즈베리파이의 wifi를 설정하도록 합니다. 우리는 뒤에서 윈도우에서 라즈베리파이에 접속하여 원격으로 명령을 줄 수 있는 환경을 구성합니다. 일반적으로 윈도우에서 라즈베리파이와 같은 리눅스에 원격 접속하여 작업하는 경우가 많기 때문입니다. 다음과 같은 순서로 wifi 설정을 진행합니다.

01 부팅이 완료되면 다음과 같은 화면이 뜹니다. 라즈베리파이를 본격적으로 사용하기 전에 몇 가지 설정작업을 위한 창입니다. [Next] 버튼을 누릅니다.

02 다음은 [나라 설정] 창입니다. 기본 상태에서 [Use English language]항목과 [Use US keyboard] 항목을 체크합니다. 나라는 기본 상태로 둡니다. 한국으로 설정할 경우 wifi를 잡지 못하는 버그가 있습니다. [Next] 버튼을 누릅니다.

03 다음은 [pi 사용자 비밀 번호 변경] 창입니다. 변경하지 않고 [Next] 버튼을 누릅니다.

※ 독자 여러분의 필요에 따라 pi 사용자의 비밀번호를 변경해도 좋습니다.

04 다음은 [스크린 설정] 창입니다. 데스크 탑 화면 주위로 검정색 경계를 보여줄지 여부를 묻습니다. 기본 상태로 [Next] 버튼을 누릅니다.

05 다음은 [무선 네트워크 선택] 창입니다. 여러분이 알고 있는 AP를 선택한 후 [Next] 버튼을 누릅니다.

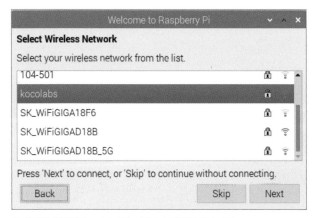

※ 필자의 경우엔 kocolabs라는 AP를 선택하고 있습니다.

06 다음은 무선 [네트워크 비밀 번호 입력] 창입니다. 여러분이 알고 있는 비밀번호를 입력합니다. [Next] 버튼을 누릅니다.

07 그러면 다음과 같이 데스크 탑 화면 오른쪽 상단에 있는 무선 네트워크 아이콘이 바뀝니다.

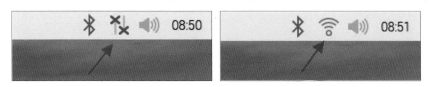

08 다음과 같이 할당된 IP 주소를 확인해 봅니다. 마우스를 무선 네트워크 아이콘에 올리면 주소가 표시됩니다.

09 다음과 같이 AP 이름을 확인해 봅니다. 마우스 왼쪽 버튼으로 무선 네트워크 아이콘을 클릭하면 연결된 AP가 표시됩니다.

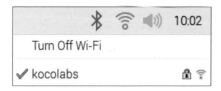

10 다음은 [소프트웨어 갱신] 창입니다. 여기서는 [Skip] 버튼을 눌러 줍니다.

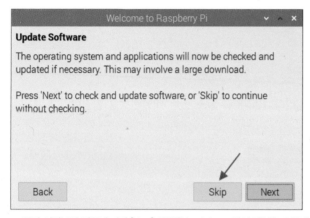

※ 독자 여러분의 필요에 따라 [Next] 버튼을 눌러 소프트웨어 갱신을 수행해도 좋습니다. 네트워크 환경에 따라 5분 전후의 시간이 걸립니다.

11 다음은 [설정 완료] 창입니다. [Restart] 버튼을 눌러 재부팅을 수행합니다.

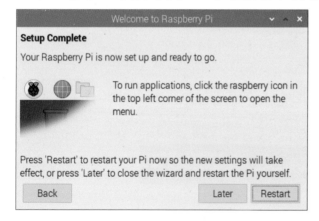

여기서 잠깐! wifi가 활성화 안 될 경우 처리하기

wifi가 활성화 안 될 경우 다음과 같이 설정해 봅니다.

01 나음과 같이 라즈베리파이 데스크 탑에서 [시작(딸기 아이콘)]–
[Preferences]–[Raspberry Pi Configuration] 메뉴를 선택합니다.

02 다음은 [Raspberry Pi Configuration] 창입니다. [Localisation]
탭을 선택한 후, [Set WiFi Country...] 버튼을 누릅니다.

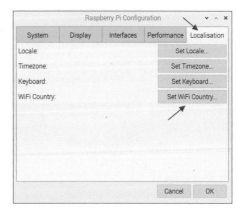

03 다음은 [WiFi Country Code] 창입니다. [GB Britain(UK)] 또는 [US United States]로 설정한 후, [OK] 버튼을 누릅니다.

 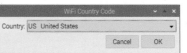

※ 한국으로 설정할 경우 wifi를
잡지 못하는 버그가 있습니다.

04 [Raspberry Pi Configuration] 창으로 돌아와 [OK] 버튼을 눌러 창을 닫습니다.

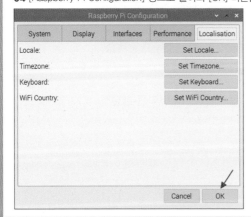

04-5 실습 환경 구성하기

앞으로 작성할 파이썬 프로그램을 저장하기 위한 디렉터리를 생성합니다. 그리고 간단한 파이썬 파일을 작성한 후, 실행해 봅니다.

실습 디렉터리 생성하기

이 책에서는 pyLabs 디렉터리를 생성해 실습 디렉터리로 사용합니다. 다음과 같이 실습 디렉터리를 생성합니다.

01 상단 좌측에서 다음 아이콘을 눌러 Terminal 프로그램을 실행시킵니다.

02 다음과 같이 [Terminal] 프로그램이 실행됩니다.

※ 터미널 프로그램은 사용자의 명령을 받아 처리하는 프로그램입니다. 윈도우의 CMD 프로그램과 같은 역할을 합니다.

03 차례대로 다음과 같이 명령을 줍니다.

❶ ls 명령은 현재 디렉터리의 내용을 보는 명령입니다.
❷ mkdir 명령은 디렉터리를 생성하는 명령입니다. 여기서는 pyLabs 디렉터리를 생성합니다.
❸ ls 명령을 수행하여 pyLabs 디렉터리가 생성된 것을 확인합니다.

파이썬 프로그램 작성하기

여기서는 라즈베리파이에 설치된 [Thonny Python IDE]를 이용하여 파이썬 프로그램을 작성해 봅니다. [Thonny Python IDE]는 파이썬 개발환경을 제공합니다.

01 다음과 같이 라즈베리파이 데스크 탑에서 [시작(딸기 아이콘)]–[Programming]–[Thonny Python IDE] 메뉴를 선택합니다.

02 다음은 [Thonny Python IDE]입니다.

상단에 메뉴, 중간에 프로그램 작성 부분, 하단에 [Shell] 창으로 구성됩니다. 파이썬 쉘 버전 3.7.3으로 표시되어 있습니다. 프로그램 위치는 /usr/bin/python3라고 표시됩니다.

03 다음과 같이 프로그램을 작성합니다.

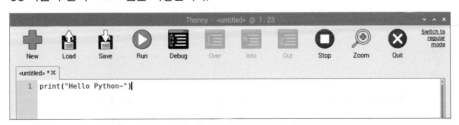

1 : print는 문자열을 출력하고자 할 때 사용하는 함수입니다. 위 소스는 "Hello Python~" 문자열을 출력해라는 의미입니다.

04 파일을 저장을 위해 [Save] 아이콘을 마우스 선택합니다.

※ Ctrl + S 키를 눌러 간편하게 저장할 수도 있습니다.

05 다음과 같이 [Save as] 창이 뜹니다.

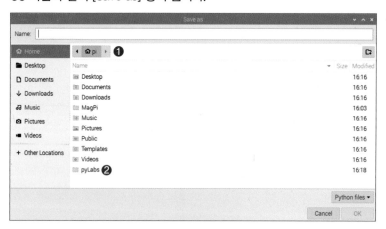

❶ [pi] 사용자 홈 디렉터리를 확인합니다.
❷ [pyLabs] 디렉터리를 마우스 선택합니다.

06 다음과 같이 파일을 저장합니다.

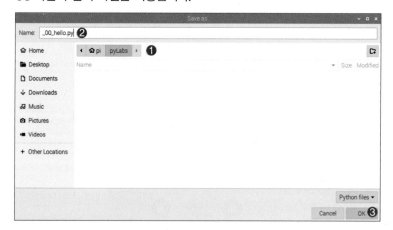

❶ [pyLabs] 디렉터리를 확인합니다.
❷ 파일 이름을 [_00_hello.py]로 입력합니다.
❸ [OK] 버튼을 눌러 파일을 저장합니다.

07 다음과 같이 파일이 저장됩니다.

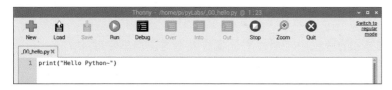

파이썬 프로그램 실행하기

이제 작성한 프로그램을 실행해 봅니다.

01 프로그램 실행을 위해 [Run] 아이콘을 마우스 선택합니다.

02 화면 하단에 있는 [Shell] 창에 다음과 같이 실행 결과가 표시됩니다.

```
Shell
Python 3.7.3 (/usr/bin/python3)
>>> %cd /home/pi/pyLabs
>>> %Run _00_hello.py

  Hello Python~

>>>
```

03 다음과 같이 [Terminal] 프로그램에 명령을 주어 실행할 수도 있습니다.

❶ cd 명령은 디렉터리를 이동하는 명령입니다. 여기서는 pyLabs 디렉터리로 이동합니다.

❷ ls 명령은 현재 디렉터리의 내용을 보는 명령입니다. pyLabs 디렉터리를 확인합니다. 방금 전에 [Thonny Python IDE]에서 저장한 _00_hello.py 파일을 확인합니다.

❸ 파이썬 파일은 python3 프로그램을 이용하여 실행합니다. python3 프로그램이 _00_hello.py 프로그램을 읽으며 실행합니다. 이런 방식으로 실행하는 것을 번역 방식의 실행이라고 합니다.

※ python3은 python3.x 버전의 파이썬 쉘 프로그램입니다. 이 책에서는 python3 프로그램을 사용하여 실습을 진행합니다.

04-6 한글 환경 구성하기

라즈베리파이에서 실습하는 과정에서 한글 검색이 필요할 수 있습니다. 라즈베리파이는 기본적으로 한글 입출력 기능이 설정되어 있지 않습니다. 여기서는 한글 입출력 설정을 하도록 합니다.

한글 폰트 설치하기

먼저 웹 브라우저 등에서 한글 출력이 가능하도록 한글 폰트를 설치하도록 합니다.

01 화면 상단에 있는 [Terminal] 아이콘을 마우스 선택하여 프로그램을 실행시킵니다.

02 [Terminal] 프로그램 상에서 다음과 같이 명령을 줍니다.

[$ sudo apt install fonts-unfonts-core]

03 화면 상단에 있는 [Web Browser] 아이콘을 마우스 선택하여 프로그램을 실행시킵니다.

04 다음과 같이 한글 사이트에 접속해 봅니다.

한글이 정상적으로 출력되는 것을 확인합니다.

한글 키보드 입력기 설치하기

다음은 웹 브라우저 등에서 한글 입력이 가능하도록 ibus 한글 키보드 입력기를 설치하도록 합니다. ibus는 유명한 키보드 입력기로, 한글 자판도 지원합니다.

01 [Terminal] 프로그램 상에서 다음과 같이 명령을 줍니다.

[sudo apt install ibus ibus-hangul]

```
pi@raspberrypi:~ $ sudo apt install ibus ibus-hangul
```

02 다음과 같이 설치 진행 여부를 묻습니다. [y]키를 누른 후, 엔터키를 입력합니다.

```
Do you want to continue? [Y/n] y
```

03 설치가 정상적으로 완료되면 다음과 같이 [딸기(시작)]-[Preferences]-[IBus Preferences] 메뉴를 선택합니다.

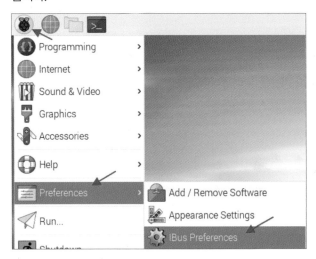

04 다음은 IBus 데몬을 구동시키는 창입니다. [Yes] 버튼을 누릅니다.

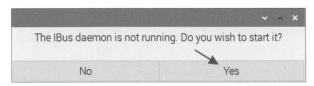

※ 데몬은 서버의 다른 이름입니다.

05 다음은 IBus 데몬 구동 완료를 알려주는 창입니다. [OK] 버튼을 누릅니다.

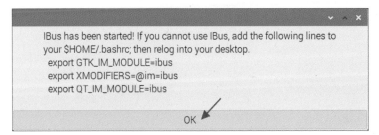

06 다음은 [IBus Preferences] 창입니다. [Input Method] 탭을 선택합니다.

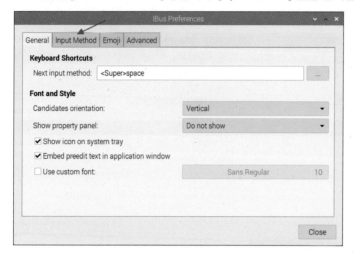

07 다음과 같이 표시되는 것을 확인합니다. [Add] 버튼을 눌러줍니다.

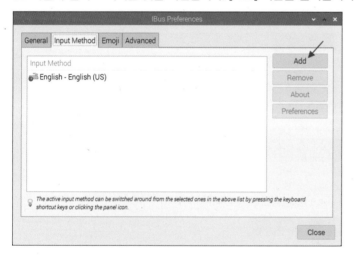

08 다음과 같이 [입력 방법 선택] 창이 뜹니다. 화살표 부분을 마우스 선택합니다.

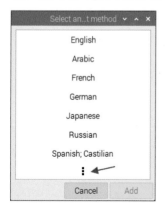

09 다음과 같이 검색 창으로 표시됩니다.

10 다음과 같이 [korean]이라고 입력한 후, 상단에 표시된 [Korean] 항목을 마우스 선택합니다.

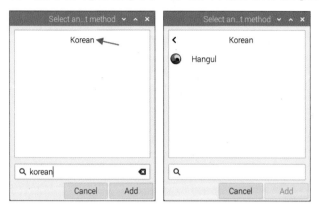

11 다음과 같이 [Hangul]을 마우스 선택한 후, [Add] 버튼을 누릅니다.

12 그러면 다음과 같이 [입력 방법]으로 [Korean-Hangul]이 추가됩니다. [Close] 버튼을 누릅니다.

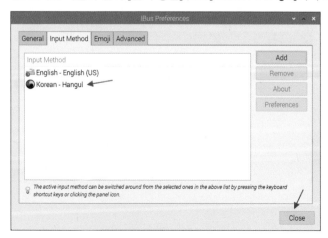

13 [딸기(시작)]–[Shutdown...] 메뉴를 선택합니다. 한글 입력기가 정상적으로 동작하기 위해 재부팅이 필요합니다.

14 [Reboot] 버튼을 선택합니다.

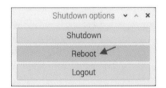

15 재부팅이 완료되면 화면 최상단 좌측에 [키보드 표시] 아이콘을 마우스 선택한 후, [Korean–Hangul]을 선택합니다.

16 다음과 같이 [태극 문양] 표시가 되는 것을 확인합니다. 이제 한글 입력이 가능합니다.

※ 영문 입력기는 영어만 입력 가능하며, 한글 입력기는 영어, 한글, 한자 입력이 모두 가능합니다.

17 다음과 같이 한글 입력을 해 봅니다.

이상에서 한글 환경 구성을 해 보았습니다.

05 _ 라즈베리파이 핀 맵 살펴보기

이 책에서는 아두이노와 같이 라즈베리파이 핀을 이용하여 회로를 구성합니다. 다음은 라즈베리파이 핀 맵을 나타냅니다. 오른쪽 그림은 라즈베리파이 보드상의 칩을 만든 브로드컴사에서 정한 핀 이름으로 BCM GPIO 핀 번호라고 합니다.

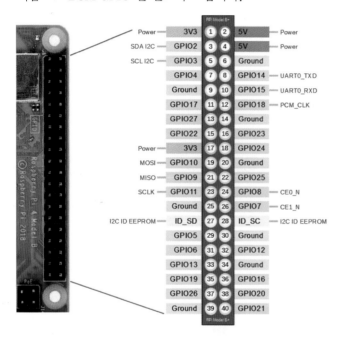

다음은 라즈베리파이 4에서 라즈베리파이 핀 번호를 보기 위해 수행해야할 명령입니다.

```
❶ $ cd /tmp/
❷ $ wget https://project-downloads.drogon.net/wiringpi-latest.deb
❸ $ sudo dpkg -i wiringpi-latest.deb
❹ $ gpio -v
❺ $ gpio readall
```

❶ /tmp 디렉터리는 리눅스에서 프로그램 설치 시 임시 디렉터리로 사용하는 디렉터리입니다.

❷ wget 명령은 명령행 기반으로 원격 파일을 가져오는 명령어입니다. 여기서는 https://project-downloads.drogon. net 사이트에 있는 wiringpi-latest.deb 파일을 가져옵니다. wiringpi-latest.deb는 데비안 패키지 파일입니다.

❸ dpkg 명령은 데비안 패키지 설치 프로그램으로 .deb 확장자가 붙은 패키지를 설치하거나 삭제할 때 사용합니다.

❹ gpio -v 명령을 수행하여 라즈베리파이 GPIO 버전을 확인합니다. gpio 명령은 wiringpi-latest.deb 패키지에 포함된 명령어입니다.

❺ gpio 핀 번호를 확인합니다.

다음은 명령 수행 화면입니다.

01 다음과 같이 wiringpi-latest.deb 파일을 다운로드 받습니다.

```
pi@raspberrypi:~ $ cd /tmp
pi@raspberrypi:/tmp $ wget https://project-downloads.drogon.net/wiringpi-latest.
deb
```

02 다음과 같이 wiringpi-latest.deb 패키지를 설치합니다.

```
pi@raspberrypi:/tmp $ sudo dpkg -i wiringpi-latest.deb
```

03 다음과 같이 GPIO 버전을 확인합니다.

```
pi@raspberrypi:/tmp $ gpio -v
gpio version: 2.52
Copyright (c) 2012-2018 Gordon Henderson
This is free software with ABSOLUTELY NO WARRANTY.
For details type: gpio -warranty

Raspberry Pi Details:
  Type: Pi 4B, Revision: 01, Memory: 2048MB, Maker: Sony
  * Device tree is enabled.
  *--> Raspberry Pi 4 Model B Rev 1.1
  * This Raspberry Pi supports user-level GPIO access.
```

라즈베리파이에 대한 정보가 출력됩니다.

04 다음과 같이 GPIO 정보를 확인합니다.

```
pi@raspberrypi:/tmp $ gpio readall
 +-----+-----+---------+------+---+---Pi 4B--+---+------+---------+-----+-----+
 | BCM | wPi |   Name  | Mode | V | Physical | V | Mode | Name    | wPi | BCM |
 +-----+-----+---------+------+---+----++----+---+------+---------+-----+-----+
 |     |     |    3.3v |      |   |  1 || 2  |   |      | 5v      |     |     |
 |   2 |   8 |   SDA.1 |  IN  | 1 |  3 || 4  |   |      | 5v      |     |     |
 |   3 |   9 |   SCL.1 |  IN  | 1 |  5 || 6  |   |      | 0v      |     |     |
 |   4 |   7 |  GPIO.7 |  IN  | 1 |  7 || 8  | 1 |  IN  | TxD     | 15  | 14  |
 |     |     |      0v |      |   |  9 || 10 | 1 |  IN  | RxD     | 16  | 15  |
 |  17 |   0 |  GPIO.0 |  IN  | 0 | 11 || 12 | 0 |  IN  | GPIO.1  |  1  | 18  |
 |  27 |   2 |  GPIO.2 |  IN  | 0 | 13 || 14 |   |      | 0v      |     |     |
 |  22 |   3 |  GPIO.3 |  IN  | 0 | 15 || 16 | 0 |  IN  | GPIO.4  |  4  | 23  |
 |     |     |    3.3v |      |   | 17 || 18 | 0 |  IN  | GPIO.5  |  5  | 24  |
 |  10 |  12 |    MOSI |  IN  | 0 | 19 || 20 |   |      | 0v      |     |     |
 |   9 |  13 |    MISO |  IN  | 0 | 21 || 22 | 0 |  IN  | GPIO.6  |  6  | 25  |
 |  11 |  14 |    SCLK |  IN  | 0 | 23 || 24 | 1 |  IN  | CE0     | 10  |  8  |
 |     |     |      0v |      |   | 25 || 26 | 1 |  IN  | CE1     | 11  |  7  |
 |   0 |  30 |   SDA.0 |  IN  | 1 | 27 || 28 | 1 |  IN  | SCL.0   | 31  |  1  |
 |   5 |  21 |  GPIO.21|  IN  | 1 | 29 || 30 |   |      | 0v      |     |     |
 |   6 |  22 |  GPIO.22|  IN  | 1 | 31 || 32 | 0 |  IN  | GPIO.26 | 26  | 12  |
 |  13 |  23 |  GPIO.23|  IN  | 0 | 33 || 34 |   |      | 0v      |     |     |
 |  19 |  24 |  GPIO.24|  IN  | 0 | 35 || 36 | 0 |  IN  | GPIO.27 | 27  | 16  |
 |  26 |  25 |  GPIO.25|  IN  | 0 | 37 || 38 | 0 |  IN  | GPIO.28 | 28  | 20  |
 |     |     |      0v |      |   | 39 || 40 | 0 |  IN  | GPIO.29 | 29  | 21  |
 +-----+-----+---------+------+---+----++----+---+------+---------+-----+-----+
 | BCM | wPi |   Name  | Mode | V | Physical | V | Mode | Name    | wPi | BCM |
 +-----+-----+---------+------+---+---Pi 4B--+---+------+---------+-----+-----+
```

좌측 상단에 핀 이름이 BCM, wPi라고 표시되어 있습니다. BCM은 BCM GPIO 핀 번호를 나타내며, wPi는 WiringPi GPIO 핀 번호를 나타냅니다. 예를 들어, BCM GPIO 핀 번호 2, 3은 각각 WiringPi GPIO 핀 번호 8, 9가 됩니다.

06 _ 윈도우 개발환경 구성하기

여기서는 윈도우에서 라즈베리파이에 wifi를 통해 원격 접속하여 개발할 수 있는 환경을 소개합니다. 일반적으로 우리들은 윈도우 환경에 익숙해 있습니다. 그래서 실제 리눅스 개발 환경도 윈도우와 리눅스를 같이 사용하는 환경으로 구성하는 경우가 많습니다. 소스 편집이나 인터넷을 통하 해결책 찾기 등은 윈도우 환경에서 하고 소스 테스트는 원격 접속을 통해서 리눅스 환경에서 수행하는 경우가 일반적입니다.

※ 라즈베리파이 환경에서 파이썬 소스 편집과 테스트를 수행할 경우엔 이 단원은 건너띄어도 좋습니다.

06-1 원격 접속 환경 구성하기

여기서는 윈도우에서 라즈베리파이에 접속하여 원격으로 명령을 줄 수 있는 환경을 구성합니다. 다음과 같은 순서로 원격 접속 환경을 구성합니다.

❶ 라즈베리파이에 SSH 서버를 활성화합니다. SSH 서버는 원격 접속 서버입니다.
❷ 윈도우에 putty 프로그램을 설치합니다. putty는 SSH 원격 접속 프로그램입니다.
❸ putty 프로그램으로 라즈베리파이에 원격 접속합니다.

SSH 서버 활성화하기

01 다음과 같이 라즈베리파이 데스크 탑에서 [시작(딸기 아이콘)]-[Preferences]-[Raspberry Pi Configuration] 메뉴를 선택합니다.

02 다음은 [Raspberry Pi Configuration] 창입니다. [Interfaces] 탭을 선택한 후, SSH [Enable] 버튼을 체크해 활성화합니다. [OK] 버튼을 누릅니다.

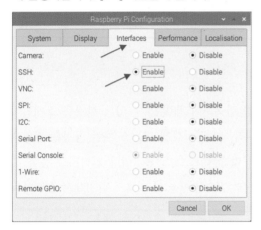

03 다음과 같이 할당된 IP 주소를 확인해 봅니다. 마우스를 무선 네트워크 아이콘에 올리면 주소가 표시됩니다.

04 다음과 같이 AP 이름을 확인해 봅니다. 마우스 왼쪽 버튼으로 무선 네트워크 아이콘을 클릭하면 연결된 AP가 표시됩니다.

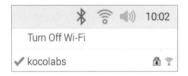

05 Terminal 프로그램에서도 IP주소와 AP 이름을 확인해 봅니다. 상단 좌측에서 다음 아이콘을 눌러 Terminal 프로그램을 실행시킵니다.

06 다음과 같이 [Terminal] 프로그램이 실행됩니다.

07 차례대로 다음과 같이 명령을 줍니다.

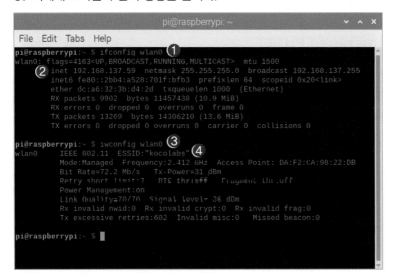

❶ ifconfig wlan0 명령을 주어 ❷ IP 주소를 확인합니다. ❸ iwconfig wlan0 명령을 주어 ❹ AP를 확인합니다. ifconfig 명령은 네트워크 인터페이스(랜카드, wifi 등) 설정 명령이고, iwconfig는 무선 네트워크 인터페이스(wifi 등) 설정 명령입니다.

※ SSH을 활성화하면 스크린 화면에 다음과 같이 [경고] 창이 뜹니다. [pi] 사용자의 비밀번호를 변경하라고 경고합니다.

독자 여러분의 필요에 따라 비밀번호를 변경해도 좋습니다.

putty 프로그램 설치하기

여기서는 라즈베리파이 보드와 통신할 PC용 터미널 프로그램을 설치하도록 합니다.

01 다음과 같이 putty 프로그램을 검색합니다.

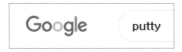

02 검색 결과 중 다음 퍼티 사이트(https://www.putty.org)를 찾아 클릭해서 접속합니다.

www.putty.org ▾ 이 페이지 번역하기
Download PuTTY - a free SSH and telnet client for Windows
PuTTY is an SSH and telnet client, developed originally by Simon Tatham for the Windows
platform. **PuTTY** is open source software that is available with source ...
이 페이지를 여러 번 방문했습니다. 최근 방문 날짜: 19. 12. 21

03 다음과 같이 [Download PuTTY] 페이지가 열립니다. 빨간 화살표시의 [here] 링크를 마우스 클릭합니다.

04 페이지가 열리면 조금 아래로 이동하여 다음 부분을 찾습니다. [64-bit: putty-64bit-0.73-installer.msi] 링크를 누릅니다.

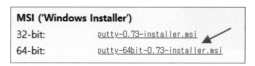

※ 32비트 윈도우의 경우 [32-bit: putty-0.73-installer.msi] 링크를 누릅니다.

05 다음과 같이 다운로드가 완료됩니다. 프로그램을 실행하여 설치를 시작합니다.

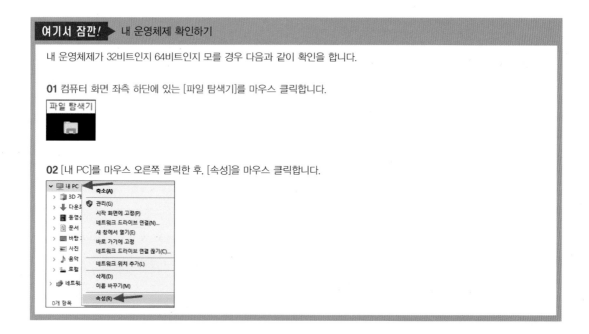

여기서 잠깐! ▶ 내 운영체제 확인하기

내 운영체제가 32비트인지 64비트인지 모를 경우 다음과 같이 확인을 합니다.

01 컴퓨터 화면 좌측 하단에 있는 [파일 탐색기]를 마우스 클릭합니다.

02 [내 PC]를 마우스 오른쪽 클릭한 후, [속성]을 마우스 클릭합니다.

03 그러면 다음과 같이 [시스템] 창이 뜹니다. 화살표 표시된 부분에서 시스템 종류를 확인합니다.

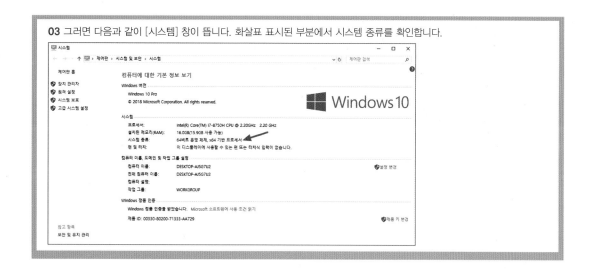

06 다음은 최초 설치 화면입니다. 기본 상태로 설치를 진행합니다.

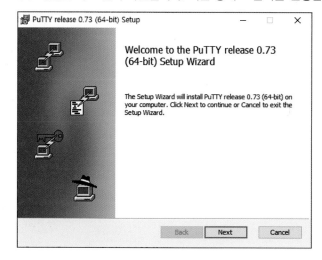

07 다음 창에서 [Finish] 버튼을 눌러 설치를 마칩니다.

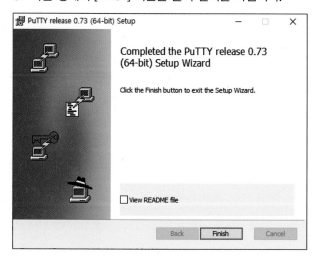

라즈베리파이 원격 접속하기

이제 설치한 putty 프로그램의 SSH 클라이언트 기능을 이용하여 라즈베리파이에 원격 접속해 봅니다. SSH 접속을 하면 라즈베리파이에 명령을 줄 수 있습니다.

01 다음 [검색] 창에서 [putty]를 입력해 [PuTTY] 앱을 찾아 실행합니다.

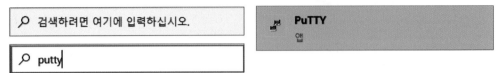

[검색] 창은 윈도우 데스크 탑 화면 하단 왼쪽에 있습니다.

02 다음과 같이 [PuTTY 설정] 창이 뜹니다. 다음 순서로 라즈베리파이에 접속합니다.

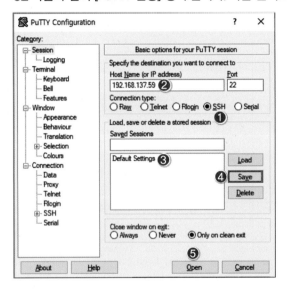

❶ [Connection type]은 [SSH]을 선택하고, ❷ [Host Name (or IP address)]에 앞에서 확인한 IP 주소를 입력합니다. 필자의 경우는 [192.168.137.59]입니다.

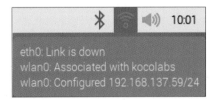

❸ [Saved Sessions]에서 [Default Settings]를 마우스로 선택한 후, ❹ [Save] 버튼을 눌러 저장합니다. 이렇게 하면 이후엔 현재 설정이 기본 설정이 됩니다. ❺ [Open] 버튼을 눌러 접속합니다.

03 처음엔 다음과 같은 [PuTTY 보안 경고] 창이 뜹니다. [예(Y)] 버튼을 누릅니다.

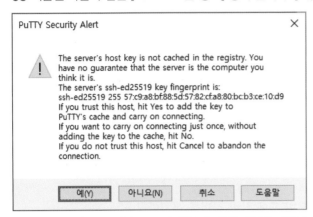

※ 이 창은 서버의 호스트 키를 PuTTY의 저장소에 저장할지를 묻는 창입니다.

04 그러면 다음과 같은 창이 뜹니다. 다음과 같이 사용자 이름에 pi, 암호에 raspberry를 입력한 후, [엔터] 키를 입력합니다.

※ 암호는 화면에 표시되지 않습니다.

05 그러면 다음과 같은 창이 뜨면서 pi 사용자로 로그인이 됩니다.

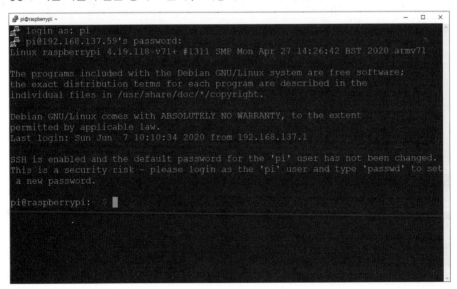

이 창을 이용하여 라즈베리파이에 명령을 줄 수 있습니다.

06-2 삼바 서버 설치하기

여기서는 라즈베리파이에 삼바 서버를 설치하여 윈도우에서 라즈베리파이의 파일 시스템을 접근할 수 있도록 합니다. 삼바(samba)는 SMB(Server Message Block) 또는 CIFS(Common Internet File System)로 알려져 있으며 리눅스와 윈도우간에 파일 및 프린터를 공유할 수 있게 해 주는 프로그램입니다. 원래 윈도우와 리눅스/유닉스는 파일을 공유할 수 없지만, 삼바를 이용하여 윈도우와 리눅스간의 파일을 공유할 수 있습니다.

삼바 설치하기

먼저 apt 설치 프로그램 관리자 DB를 업데이트한 후에 삼바 서버를 설치합니다.

01 다음과 같이 명령을 입력합니다.

```
pi@raspberrypi:~ $ sudo apt update ◄────
Get:1 http://archive.raspberrypi.org/debian buster InRelease [32.6 kB]
Get:2 http://raspbian.raspberrypi.org/raspbian buster InRelease [15.0 kB]
Get:3 http://raspbian.raspberrypi.org/raspbian buster/main armhf Packages [13.0
MB]
Get:4 http://archive.raspberrypi.org/debian buster/main armhf Packages [330 kB]
Get:5 http://raspbian.raspberrypi.org/raspbian buster/non-free armhf Packages [1
04 kB]
Fetched 13.5 MB in 51s (267 kB/s)
Reading package lists... Done
Building dependency tree
Reading state information... Done
26 packages can be upgraded. Run 'apt list --upgradable' to see them.
pi@raspberrypi:~ $
```

apt 명령은 라즈비안 리눅스의 기반이 되는 데비안 계열의 리눅스의 프로그램 설치 관리 프로그램입니다. 위 명령을 이용하여 설치 프로그램 관리자 DB를 업데이트합니다. sudo는 pi 사용자에게 관리자 권한을 부여하여 명령을 수행하게 합니다.

02 삼바 서버를 설치하기 위해 아래와 같이 명령어를 입력합니다.

```
pi@raspberrypi:~ $ sudo apt install samba samba-common-bin
```

03 다음과 같이 설치 진행을 묻습니다. [y]를 입력한 후, Enter 키를 눌러 설치를 진행합니다.

```
Do you want to continue? [Y/n] y
```

04 다음과 같이 [패키지 설정] 창이 뜹니다. Teb 키를 눌러 [〈Yes〉]를 활성화한 후, Enter 키를 눌러 설치를 진행합니다.

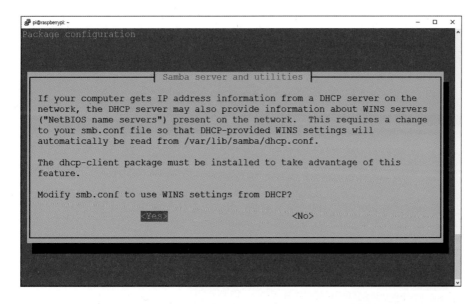

이 창은 DHCP로부터 WINS 설정 사용을 위해 smb.conf 파일 수정여부를 묻는 창입니다.

05 설치 완료 후, 다음과 같은 명령으로 정상적으로 설치되었는지 확인합니다.

```
pi@raspberrypi:~ $ ps -ef | grep smbd ◀—
root      1893       1  0 09:13 ?        00:00:00 /usr/sbin/smbd --foreground --no-process-group
root      1895    1893  0 09:13 ?        00:00:00 /usr/sbin/smbd --foreground --no-process-group
root      1896    1893  0 09:13 ?        00:00:00 /usr/sbin/smbd --foreground --no-process-group
root      1898    1893  0 09:13 ?        00:00:00 /usr/sbin/smbd --foreground --no-process-group
pi        2463    1163  0 09:13 pts/1    00:00:00 grep --color=auto smbd
pi@raspberrypi:~ $
```

※ 중간에 표시된 | 기호를 파이프라고 하면 엔터키 위쪽의 ₩과 같이 표시된 키입니다.

06 다음과 같이 네트워크 연결 상태도 확인해 봅니다.

```
pi@raspberrypi:~ $ netstat -an --tcp
Active Internet connections (servers and established)
Proto Recv-Q Send-Q Local Address           Foreign Address         State
tcp        0      0 0.0.0.0:22              0.0.0.0:*               LISTEN
tcp        0      0 0.0.0.0:445 ◀—          0.0.0.0:*               LISTEN
tcp        0      0 0.0.0.0:139             0.0.0.0:*               LISTEN
tcp        0     64 192.168.137.195:22      192.168.137.1:2449      ESTABLISHED
tcp6       0      0 :::22                   :::*                    LISTEN
tcp6       0      0 :::445                  :::*                    LISTEN
tcp6       0      0 :::139                  :::*                    LISTEN
pi@raspberrypi:~ $
```

445 번 포트는 삼바 서버가 사용하는 소켓 통신 포트입니다.

netstat 명령은 네트워크 연결 상태를 보는 명령입니다. −a는 all의 약자로 모든 네트워크 상태를 보는 옵션이며, −n은 numeric의 약자로 IP 주소를 숫자로 보여줍니다. ──tcp는 TCP 연결만 볼 때 사용하는 옵션입니다. 삼바서버는 TCP 통신을 수행하는 서버입니다.

삼바 서버 설정하기

다음은 pi 사용자의 파일 시스템을 윈도우에서 접속할 수 있도록 설정합니다.

01 다음과 같이 삼바 설정 파일을 엽니다.

```
pi@raspberrypi:~ $ sudo nano /etc/samba/smb.conf
```

nano는 간단한 리눅스 용 에디터입니다.

02 PGDN 키나 방향키를 이용하여 파일의 마지막으로 이동 후, 다음과 같이 추가합니다.

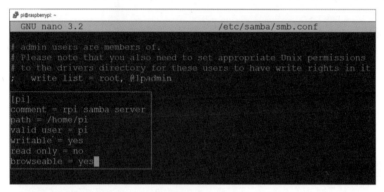

- [pi] : pi 사용자를 삼바 서버에 추가합니다.
- comment : 설정에 대한 설명글을 나타냅니다.
- path : 공유폴더의 위치를 지정합니다.
- valid user : 공유폴더에 접근 가능한 사용자를 지정합니다.
- writable : 공유폴더 내에 파일을 생성/쓰기 허용 여부를 설정합니다.
- read only : 공유폴더 내의 파일에 대한 읽기 허용 여부를 설정합니다.
- browseable : 공유폴더 내의 목록을 보여줄지를 설정합니다.

03 위의 항목을 입력한 후에 Ctrl + X 를 누른 후, 저장할지 물으면 [y]를 입력하여 저장합니다.

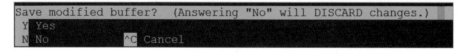

04 저장 후, 엔터키를 입력하여 프로그램을 빠져 나옵니다.

05 위의 설정 파일에서 공유폴더에 접근 가능한 사용자에 대한 비밀번호를 설정합니다.

```
pi@raspberrypi:~ $ sudo smbpasswd -a pi
New SMB password:
Retype new SMB password:
Added user pi.
pi@raspberrypi:~ $
```

※ 비밀번호 입력 시 화면에 표시되지 않습니다. 필자의 경우는 raspberry라고 입력하였습니다.

06 위의 설정파일을 적용하기 위해서는 삼바를 재실행해야 합니다. 다음과 같이 삼바를 재실행합니다.

```
pi@raspberrypi:~ $ sudo /etc/init.d/smbd restart ◀──
[ ok ] Restarting smbd (via systemctl): smbd.service.
pi@raspberrypi:~ $
```

삼바 접속하기

이제 윈도우에서 pi 사용자로 라즈베리파이의 삼바서버에 접속해 봅니다.

01 윈도우에서 [⊞ + R]키를 눌러 실행 창을 띄운 후, 라즈베리파이의 IP 주소를 입력하고 [확인] 버튼을 눌러 라즈베리파이로 접속합니다. 앞에서 확인한 IP 주소를 입력합니다. 필자의 경우는 [192.168.137.59]입니다.

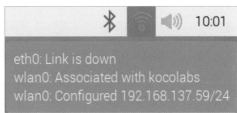

02 다음과 같이 라즈베리파이의 [pi] 사용자 폴더를 볼 수 있습니다. [pi] 폴더를 마우스 클릭합니다.

03 그러면 다음과 같은 창이 뜹니다. [삼바 설정하기]에서 설정한 사용자와 비밀번호를 입력하여 공유폴더에 접속합니다.

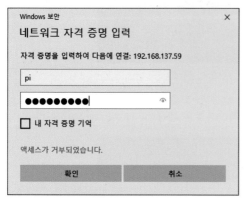

※ 접속이 안 될 경우 윈도우 PC를 재부팅해 봅니다.

04 [pi] 사용자 폴더 내부를 확인해 봅니다. 앞에서 생성한 [pyLabs] 디렉터리도 확인해 봅니다.

06-3 파이썬 편집기 설치하기

여기서는 파이썬 프로그램 작성을 위한 편집기를 설치합니다. 파이썬 편집기로는 PyCharm, Sublime Text, Atom, Visual Studio Code 등이 있으나 여기서는 가볍고 사용하기 쉬운 Notepad++을 설치합니다.

※ 독자 여러분의 선택에 따라 사용하기 편한 편집기를 사용해도 좋습니다.

01 다음과 같이 [notepad++] 홈페이지에 접속합니다.

02 다음과 같은 그림의 홈페이지가 열립니다.

03 다음 부분을 찾아 마우스 선택합니다.

Current Version 7.8.6

04 그러면 우측에 다음과 같이 표시됩니다.

Download 32-bit x86

05 다음 버튼을 누릅니다.

※ 이 버튼을 누르면 32 비트 버전을 받게 되며, 64 비트 윈도우에서도 사용할 수 있습니다.

06 다음과 같이 다운로드가 완료됩니다. 프로그램을 실행시켜 설치를 진행합니다. 설치는 기본 상태로 설치합니다.

07 설치가 완료되면 다음과 같이 프로그램이 실행됩니다.

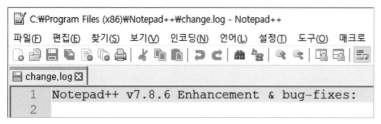

※ 이후에는 다음 아이콘을 이용하여 프로그램을 실행시킵니다.

06-4 원격으로 실습하기

여기서는 [Notepad++] 프로그램을 이용하여 파이썬 파일을 작성한 후, 라즈베리파이에 저장하고 실행해 봅니다.

파이썬 프로그램 작성하기

01 다음과 같이 [Notepad++] 프로그램을 이용하여 빈 파일을 하나 생성합니다.

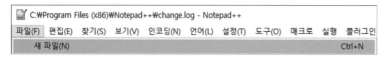

※ Ctrl + N 키를 눌러 간편하게 파일을 생성할 수도 있습니다. 또는 다음 아이콘을 이용하여 파일을 생성할 수도 있습니다.

02 다음과 같이 빈 파일이 하나 뜹니다.

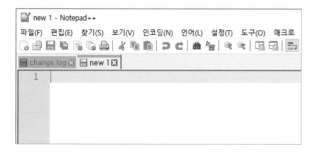

03 다음과 같이 프로그램을 작성합니다.

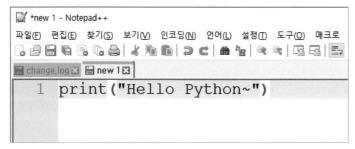

※ 파일이 저장되지 않은 상태에서는 파일 이름이 빨갛게 표시됩니다.

04 다음과 같이 파일을 저장합니다.

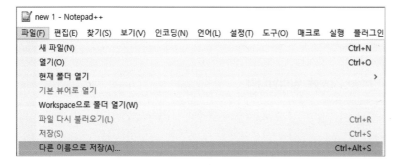

05 다음과 같이 [다른 이름으로 저장] 창이 뜹니다.

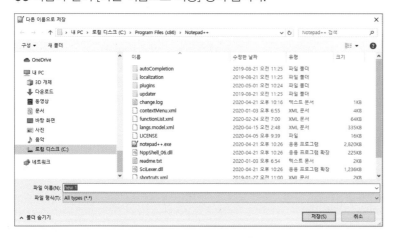

06 왼쪽 창에서 [pi]를 선택합니다.

07 오른쪽 창에서 [pyLabs] 디렉터리를 선택합니다.

- Desktop
- Documents
- Downloads
- MagPi
- Music
- Pictures
- Public
- pyLabs
- Templates
- Videos

08 [pyLabs] 디렉터리로 이동합니다.

다른 이름으로 저장

← → ∨ ↑ 　 › 네트워크 › 192.168.137.59 › pi › pyLabs

09 파일 이름을 다음과 같이 [_00_hello_2.py]로 입력합니다.

파일 이름(N):	_00_hello_2.py
파일 형식(T):	All types (*.*)

∧ 폴더 숨기기

10 우측에 있는 다음 버튼을 누릅니다.

저장(S)

11 다음과 같이 파일이 저장됩니다.

```
     ￦￦192.168.137.59￦pi￦pyLabs￦hello_2.py - Notepad++
     파일(F) 편집(E) 찾기(S) 보기(V) 인코딩(N) 언어(L) 설정(T) 도구(O) 매크로
     change.log   _00_hello_2.py
   1    print("Hello Python~")
```

1 : print는 문자열을 출력하고자 할 때 사용하는 함수입니다. 위 소스는 "Hello Python~" 문자열을 출력해라는 의미입니다.

※ 파일이 저장된 상태에서는 파일 이름이 파랗게 표시됩니다.

파이썬 프로그램 실행하기

이제 작성한 프로그램을 실행해 봅니다.

putty 프로그램에서 다음과 같이 차례대로 명령을 수행합니다.

```
pi@raspberrypi:~ $ ls ❶
Bookshelf  Documents  Music     Public    Templates
Desktop    Downloads  Pictures  pyLabs    Videos
pi@raspberrypi:~ $ cd pyLabs ❷
pi@raspberrypi:~/pyLabs $ ls ❸
_00_hello_2.py  _00_hello.py
pi@raspberrypi:~/pyLabs $ python3 _00_hello_2.py ❹
Hello Python~
pi@raspberrypi:~/pyLabs $
```

putty 프로그램에서 다음과 같이 차례대로 명령을 수행합니다.

❶ ls 명령은 현재 디렉터리의 내용을 보는 명령입니다. pyLabs 디렉터리를 확인합니다.

❷ cd 명령은 디렉터리를 이동하는 명령입니다. 여기서는 pyLabs 디렉터리로 이동합니다.

❸ ls 명령을 수행하여 pyLabs 디렉터리의 내용을 확인합니다. 좀 전에 저장한 _00_hello_2.py 파일을 확인합니다. 파일 색깔이 _00_hello.py와 다른 것은 윈도우에서 파일 생성 시 속성이 다르기 때문입니다. 파이썬 쉘을 이용하여 실행할 때 차이는 없습니다.

❹ 파이썬 파일은 python3 프로그램을 이용하여 실행합니다. python3 프로그램이 _00_hello_2.py 프로그램을 읽으며 실행합니다. 이런 방식으로 실행하는 것을 번역 방식의 실행이라고 합니다.

※ python3은 python3.x 버전의 파이썬 쉘 프로그램입니다. 이 책에서는 python3 프로그램을 사용하여 실습을 진행합니다.

파이썬 버전 확인하기

다음과 같이 파이썬 버전을 확인해 봅니다.

```
pi@raspberrypi:~/pyLabs $ python3 --version
Python 3.7.3
pi@raspberrypi:~/pyLabs $
```

디렉터리 명령어 소개

몇 가지 디렉터리 명령어를 살펴봅니다. 다음과 같이 명령을 수행해 봅니다.

```
pi@raspberrypi:~/pyLabs $ ls ❶
hello_2.py  hello.py
pi@raspberrypi:~/pyLabs $ pwd ❷
/home/pi/pyLabs
pi@raspberrypi:~/pyLabs $ cd ❸
pi@raspberrypi:~ $ pwd
/home/pi
pi@raspberrypi:~ $
```

❶ ls 명령은 list directory의 약자로 현재 디렉터리의 내용을 보는 명령입니다. 어떤 파일이 있는지 확인할 때 사용합니다.

❷ pwd 명령은 present working directory의 약자로 현재 작업 디렉터리를 보는 명령입니다. 위의 그림에서 첫 번째 pwd 명령에 의해 현재 작업 디렉터리는 /home/pi/pyLabs로 표시됩니다.

❸ cd 명령은 change directory의 약자로 디렉터리를 이동하는 명령입니다. cd 명령만 사용하면 홈 디렉터리로 이동합니다. pi 사용자의 홈 디렉터리는 /home/pi입니다.

06-5 원격 데스크탑 기능 설정하기

여기서는 윈도우상에서 라즈베리파이의 데스크탑 화면을 띄울 수 있는 기능을 설정해 봅니다.

01 먼저 다음과 같이 명령을 줍니다.

[$ sudo apt install xrdp]

```
pi@raspberrypi:~ $ sudo apt install xrdp
```

※ xrdp는 RDP(Microsoft Remote Desktop Protocol)를 이용하여 원격 컴퓨터에 접속할 수 있는 그래픽 로그인 기능을 제공합니다.

02 다음 [검색] 창에서 [원격]을 입력해 [원격 데스크톱 연결] 앱을 찾아 실행합니다.

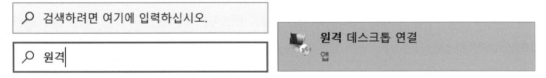

[검색] 창은 윈도우 데스크 탑 화면 하단 왼쪽에 있습니다.

03 다음과 같이 [원격 데스크톱 연결] 창이 뜹니다. 앞에서 확인한 IP 주소를 입력한 후, [연결(N)] 버튼을 누릅니다.

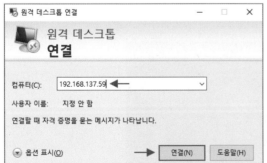

04 다음 창에서 [예(Y)] 버튼을 누릅니다.

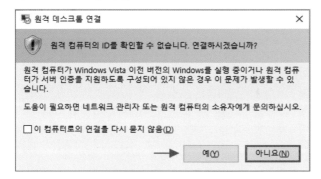

05 다음과 같이 로그인 창이 뜹니다. 아이디와 비밀번호를 입력한 후, [OK] 버튼을 누릅니다.

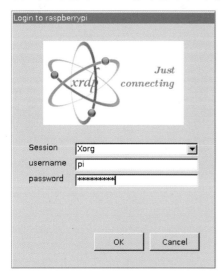

06 다음과 같이 라즈베리파이 데스크 탑이 뜹니다.

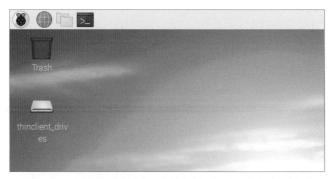

※ 원격 데스크탑 기능은 편리하기는 하나 그래픽 정보가 오가기 때문에 응답이 느릴 수 있습니다.

Raspberry Pi

이번 장에서는 라즈베리파이에서 제공하는 파이썬 패키지의 사용법을 익혀봅니다.

Chapter 02

파이썬 패키지 사용하기

01 _ print 함수

여기서는 print 함수에 대한 사용법을 익혀봅니다. print 함수는 문자열과 숫자를 출력해 주는 함수로 프로그램 내부의 중요한 정보를 사용자에게 알려줍니다. 파이썬에서 문자열을 출력하고자 할 경우엔 print 함수를 사용하면 됩니다.

01-1 print

print 함수는 문자열과 숫자를 출력해 주는 함수로 프로그램 내부의 중요한 정보를 사용자에게 알려줍니다.

01 다음과 같이 예제를 작성합니다.

_01_print.py

```
01 : print("Hello. I'm Raspberry Pi~")
```

01 : print 함수를 호출하여 "Hello. I'm Raspberry Pi~" 문자열을 출력합니다.

02 다음과 같이 예제를 실행합니다.

```
$ sudo python3 _01_print.py
```

프로그램을 실행시키면 "Hello. I'm Raspberry Pi~" 문자열이 출력됩니다.

```
Hello. I'm Raspberry Pi~
```

01-2 while

어떤 일을 반복하고자 할 경우엔 while 문을 사용합니다.

01 다음과 같이 예제를 수정합니다.

_02_while_ture.py

```
01 : while True:
02 :     print("Hello. I'm Raspberry Pi~")
```

01 : while True 문을 수행하여 1,2 줄을 무한 반복합니다. 온점(:)은 while 문의 시작을 나타냅니다. while 문 안에서 동작하
는 문장은 while 문 보다 탭 문자 하나만큼 들여 써야 합니다. 또는 스페이스 문자 4 개만큼 들여 쓰기도 합니다. 일반
적으로 스페이스 문자 4만큼 들여 씁니다. 여기서는 print 함수가 while 문의 영향을 받습니다.

02 : print 함수를 호출하여 "Hello. I'm Raspberry Pi~" 문자열을 출력합니다.

02 다음과 같이 예제를 실행합니다.

```
$ sudo python3 _02_while_ture.py
```

프로그램을 실행시키면 "Hello. I'm Raspberry Pi~" 문자열이 빠른 속도로 무한 출력됩니다.

```
Hello. I'm Raspberry Pi~
Hello. I'm Raspberry Pi~
Hello. I'm Raspberry Pi~
```

프로그램을 강제 종료하기 위해서는 Ctrl 키를 누른 채로 c 키를 눌러줍니다. 그러면 다음과 같이 키보드
인터럽트가 발생했다는 메시지가 뜹니다.

```
^CHello. I'm Raspberry Pi~
Traceback (most recent call last):
  File "_02_while_ture.py", line 2, in <module>
    print("Hello. I'm Raspberry Pi~")
KeyboardInterrupt
```

인터럽트 처리 메시지를 보이지 않게 하기 위해서는 키보드 인터럽트를 직접 처리해주면 됩니다.

01-3 try~except

여기서는 키보드 인터럽트를 처리하기 위해 try~except문을 살펴봅니다.

01 다음과 같이 예제를 작성합니다.

_03_try_except.py

```
01 : try:
02 :     while True:
03 :             print("Hello. I'm Raspberry Pi~")
04 : except KeyboardInterrupt:
05 :     pass
```

01, 04 : 키보드 인터럽트를 처리하기 위해 try~except 문을 사용합니다. try~except 문은 예외 처리를 하고자 할 경우 사
용하며 여기서는 키보드 인터럽트 처리를 위해 사용하고 있습니다. try~except 문은 정상적인 처리와 예외 처리
를 따로 구분하여 코드에 대한 가독성을 높여 주는 역할을 합니다. try 문 아래에서 정상적인 처리를 하며 정상적
인 처리를 하다가 예외가 발생할 경우 except 문으로 이동하여 처리합니다.

02 : while 문을 try 문보다 탭 문자 하나만 큼 들여 써서 try문 안에서 동작하게 합니다.

05 : pass문을 이용하여 아무것도 수행하지 않습니다. pass 문은 특별히 수행하고자 할 코드가 없을 경우 사용합니다. 온점(:)으로 시작하는 구문, 예를 들어 여기서는 try, except, while 문은 적어도 하나의 문장을 수행해야 하며, 굳이 수행하고자 하는 문장이 없을 경우 pass 문을 사용합니다.

02 다음과 같이 예제를 실행합니다.

```
$ sudo python3 _03_try_except.py
```

프로그램을 실행시키면 "Hello. I'm Raspberry Pi~" 문자열이 빠른 속도로 반복해서 출력됩니다.

```
Hello. I'm Raspberry Pi~
Hello. I'm Raspberry Pi~
Hello. I'm Raspberry Pi~
```

프로그램을 강제 종료하기 위해서 **Ctrl** 키를 누른 채로 c키를 눌러줍니다. 키보드 인터럽트에 대해 pass 문을 이용하여 처리하는 것을 볼 수 있습니다.

```
Hello. I'm Raspberry Pi~
Hello. I'm Raspberry Pi~
^CHello. I'm Raspberry Pi~
```

※ 처리해야할 오류가 둘일 경우엔 try~except~except 문을 사용하여 처리할 수 있습니다. 즉, 오류의 종류에 따라 except 문을 추가할 수 있습니다.

01-4 time.sleep

시간에 대한 지연을 주고자 할 경우엔 time 라이브러리의 sleep 함수를 사용합니다.

01 다음과 같이 예제를 작성합니다.

_04_time.py

```
01 : import time
02 :
03 : try:
04 :     while True:
05 :         print("Hello. I'm Raspberry Pi~")
06 :         time.sleep(0.5)
07 : except KeyboardInterrupt:
08 :     pass
```

01 : time 모듈을 불러옵니다. 6줄에서 time 모듈이 제공하는 sleep 함수를 사용하기 위해 필요합니다.

06 : time 모듈이 제공하는 sleep 함수를 호출하여 0.5초간 지연을 줍니다.

02 다음과 같이 예제를 실행합니다.

```
$ sudo python3 _04_time.py
```

프로그램을 실행시키면 "Hello. I'm Raspberry Pi~" 문자열이 0.5초마다 반복해서 출력됩니다.

```
Hello. I'm Raspberry Pi~
Hello. I'm Raspberry Pi~
Hello. I'm Raspberry Pi~
```

프로그램을 강제 종료하기 위해서는 `Ctrl` 키를 누른 채로 c키를 눌러줍니다.

01-5 문자열, 숫자 출력하기

여기서는 print 함수를 이용하여 문자열, 숫자를 출력해봅니다.

01 다음과 같이 예제를 작성합니다.

_05_print.py

```
01 : print("Hello. I'm Raspberry Pi~")
02 : print(78)
03 : print(1.23456)
```

01 : 문자열을 출력합니다.
02 : 10진수 정수 78을 출력합니다.
03 : 실수 1.23456을 10진 실수 문자열로 변환하여 출력합니다.

02 다음과 같이 예제를 실행합니다.

```
$ sudo python3 _05_print.py
```

실행 결과는 다음과 같습니다.

```
Hello. I'm Raspberry Pi~
78
1.23456
```

01-6 형식 문자열 사용하기

여기서는 문자열 형식을 이용하여 문자열, 숫자를 출력해봅니다. 문자열 형식은 출력하고자 하는 문자열 내에 % 문자를 이용하여 문자열과 숫자를 표시하는 방법입니다.

01 다음과 같이 예제를 작성합니다.

_05_print_2.py

```
01 : print("%s" %"Hello. I'm Raspberry Pi~")
02 : print("%d" %78)
03 : print("%f" %1.23456)
```

01 : %s는 문자열 형식(string format)을 나타내며 %s 자리에 들어갈 문자열은 %"Hello. I'm Raspberry Pi~" 부분이 됩니다. 주의할 점은 첫 번째 문자열과 두 번째 문자열 사이에 쉼표(,)가 들어가지 않습니다.
02 : %d는 십진수 형식(decimal format)을 나타내며 %d 자리에 들어갈 문자열은 %78 부분이 됩니다.
03 : %f는 실수 형식(floating point format)을 나타내며 %f 자리에 들어갈 문자열은 %1.23456 부분이 됩니다.

02 다음과 같이 예제를 실행합니다.

```
$ sudo python3 _05_print_2.py
```

실행 결과는 다음과 같습니다.

```
Hello. I'm Raspberry Pi~
78
1.234560
```

01-7 정수, 실수 출력하기

여기서는 문자열 형식을 이용하여 10진수와 16진수 정수를 출력해 봅니다. 또, 10진 실수의 소수점 이하 출력을 조절해 봅니다.

01 다음과 같이 예제를 작성합니다.

_05_print_3.py

```
01 : print("%d" %78)
02 : print("%d %x" %(78, 78))
03 : print("%.0f" %1.23456)
04 : print("%.2f" %1.23456)
05 : print("%.4f" %1.23456)
```

01 : %d 형식은 정수를 10진수 문자열로 변환하는 형식입니다. 여기서는 정수 78을 10진수 문자열로 변환하여 출력합니다. %d에 맞추어 출력할 숫자는 % 뒤에 붙여줍니다. %78과 같이 % 뒤에 10진수 78을 붙였습니다.

02 : %x 형식은 정수를 16진수 문자열로 변환하는 형식입니다. 여기서는 정수 78을 10신수와 16진수 문자열로 변환하여 출력합니다. 포맷이 하나 이상일 경우엔 %뒤에 ( ) 안에 넣어줍니다. % 뒤에 (78, 78)를 붙였습니다.

03 : 실수 1.23456을 소수점 이하 0개까지 10진 실수 문자열로 변환하여 출력합니다.

04 : 실수 1.23456을 소수점 이하 2개까지 10진 실수 문자열로 변환하여 출력합니다.

05 : 실수 1.23456을 소수점 이하 4개까지 10진 실수 문자열로 변환하여 출력합니다.

02 다음과 같이 예제를 실행합니다.

```
$ sudo python3 _05_print_3.py
```

실행 결과는 다음과 같습니다.

```
78
78 4e
1
1.23
1.2346
```

01-8 str.format 함수 사용해 보기

이전 예제에서 살펴본 %를 이용한 문자열 출력은 C에서 사용하던 방식입니다. 여기서는 파이썬3 이후부터 지원하는 str.format 함수를 이용한 방법을 소개합니다.

01 다음과 같이 이전 예제를 수정합니다.

_05_print_4.py

```
01 : print("{}".format(78))
02 : print("{} {:x}".format(78, 78))
03 : print("{:.0f}".format(1.23456))
04 : print("{:.2f}".format(1.23456))
05 : print("{:.4f}".format(1.23456))
```

01 : 정수 78을 출력합니다. str.format 함수는 출력하고자 하는 문자열에 대해 format 함수를 붙여서 사용합니다. format 함수의 인자에 대응하는 문자열은 중괄호 {}로 표현합니다.

02 : 정수 78을 십진수와 십육진수로 표현합니다. 십육진수로 표현하고자 할 경우엔 중괄호 {} 안에 형식 문자를 넣어줍니다. 십육진수의 형식 문자는 :x입니다. 이전 예제에서 %대신 :을 사용합니다. 문자열 내의 첫 번째 중괄호는 format 함수의 첫 번째 인자, 두 번째 중괄호는 두 번째 인자에 대응됩니다.

03 : 실수 1.23456 값을 소수점 이하 0개까지 10진 실수 문자열로 변환하여 출력합니다. 실수의 기본 형식은 :입니다. 이전 예제에서 %대신 :을 사용합니다.

04 : 실수 1.23456 값을 소수점 이하 2개까지 10진 실수 문자열로 변환하여 출력합니다.

05 : 실수 1.23456 값을 소수점 이하 4개까지 10진 실수 문자열로 변환하여 출력합니다.

03 다음과 같이 예제를 실행합니다.

```
$ sudo python3 _05_print_4.py
```

실행 결과는 다음과 같습니다.

```
78
78 4e
1
1.23
1.2346
```

01-9 파이썬 수행 속도 측정하기

라즈베리파이 상에서 파이썬은 얼마나 빨리 동작할까요? 여기서는 라즈베리파이 상에서 파이썬이
얼마나 빨리 동작하는지 테스트해보도록 합니다.

01 다음과 같이 예제를 작성합니다.

_05_print_5.py

```
01 : import time
02 : start = time.time()
03 :
04 : cnt =0
05 : while True:
06 :      cnt = cnt +1
07 :      if cnt>10000000:
08 :              break
9 :
10 : end = time.time()
11 : print(cnt)
12 : print(end - start)
```

01 : time 모듈을 불러옵니다. time 모듈은 현재 시간을 측정할 수 있는 time 함수를 가지고 있습니다.
02 : time.time 함수를 호출하여 현재 시간을 얻어와 start 변수에 저장합니다.
04 : cnt 변수를 선언한 후, 0으로 초기화합니다.
05 : 계속해서 5~8줄을 수행합니다.
06 : cnt 변수를 하나 증가시킵니다.
07 : cnt 변수 값이 10000000(천만)보다 크면
08 : break 문을 이용하여 while 문을 빠져나와 10줄로 이동합니다.
10 : time.time 함수를 호출하여 현재 시간을 얻어와 end 변수에 저장합니다.
11 : print 함수를 호출하여 cnt 변수 값을 출력합니다.
12 : print 함수를 호출하여 (end-start) 값을 출력합니다. 5~8줄을 1000만 번 수행하는데 걸리는 시간을 출력합니다.

02 다음과 같이 예제를 실행합니다.

```
$ sudo python3 _05_print_5.py
```

실행 결과는 다음과 같습니다. 다음은 Raspberry Pi 4에서 파이썬의 실행 속도입니다.

```
10000001
2.76363205909729
```

cnt 변수를 천만번 세는데 2.76초 정도가 걸립니다.

※ 참고로 다음은 Raspberry Pi 3에서 파이썬의 실행 속도입니다.

```
10000001
8.56763482093811
```

cnt 변수를 천만번 세는데 8.57초 정도가 걸립니다.

※ 참고로 다음은 i7-8750H CPU 기반의 PC에서 파이썬의 실행 속도입니다.

```
=================== RESTART: C:/Users/edu/Desktop/perf3.py ===================
10000001
0.8551285266876221
>>> |
```

cnt 변수를 천만번 세는데 0.855초 정도가 걸립니다. Raspberry Pi 4보다 3.2배 정도 빠른 속도입니다.

C 언어 수행 속도 측정하기

※ 이 책의 주제와는 직접적으로 상관이 없는 예제이므로 그냥 넘어가셔도 됩니다.

그러면 라즈베리파이 상에서 C 언어는 얼마나 빨리 동작할까요? 여기서는 라즈베리파이 상에서 C 언어가 얼마나 빨리 동작하는지 테스트해보도록 합니다.

01 다음과 같이 예제를 작성합니다.

_05_print_6.c

```
01 : #include <stdio.h>
02 : #include <sys/time.h>
03 :
04 : long micros()
05 : {
06 :     struct timeval currentTime;
07 :     gettimeofday(&currentTime, NULL);
08 :     return currentTime.tv_sec *1000000 + currentTime.tv_usec;
09 : }
10 :
11 : int main()
12 : {
13 :     int cnt;
14 :     long start, end;
15 :
16 :     start = micros();
```

```
17 :     while (1==1) {
18 :          cnt = cnt +1;
19 :          if (cnt>10000000)
20 :              break;
21 :     }
22 :     end = micros();
23 :     printf("%d\n", cnt);
24 :     printf("%f\n", (end-start)/1000000.0);
25 : }
```

01   : stdio.h 파일을 포함합니다. 23,24줄에 있는 printf 함수를 사용하기 위해 필요합니다.

02   : sys/time.h 파일을 포함합니다. 6,7줄에 있는 timeval 구조체와 gettimeofday 함수를 사용하기 위해 필요합니다.

04~09 : micros 함수를 정의합니다.

06   : timeval 구조체 변수인 currentTime 변수를 선언합니다.

07   : gettimeofday 함수를 호출하여 현재 시간을 currentTime 변수로 가져옵니다.

08   : 현재 시간의 초(tv_sec)에 1000000(=백만)을 곱한 후, 현재 시간의 마이크로 초(tv_usec)를 더해서 함수 결과 값으로 줍니다. 이렇게 하면 현재 시간을 마이크로 초 단위의 결과 값으로 수게 됩니다. 1초는 1000000(=백만)마이크로초입니다.

11~25 : main 함수를 정의합니다.

13   : cnt 정수 변수를 선언한 후, 0으로 초기화합니다.

14   : start, end 정수 변수를 선언합니다. start, end 변수는 long 형의 정수 변수입니다.

16   : micros 함수를 호출하여 현재 시간을 얻어와 start 변수에 저장합니다.

17   : 계속해서 17~20줄을 수행합니다. (1==1)은 항상 맞는 상태를 나타냅니다.

18   : cnt 변수를 하나 증가시킵니다.

19   : cnt 변수 값이 10000000(천만)보다 크면

20   : break 문을 이용하여 17줄에 있는 while 문을 빠져 나와 22줄로 이동합니다.

22   : micros 함수를 호출하여 현재 시간을 얻어와 end 변수에 저장합니다.

23   : printf 함수를 호출하여 cnt 변수 값을 출력합니다.

24   : printf 함수를 호출하여 (end-start)/1000000.0 값을 출력합니다. 17~20줄을 1000만 번 수행하는데 걸리는 시간을 초 단위로 출력합니다.

02 다음과 같이 예제를 실행합니다.

```
$ gcc _05_print_6.c  - o _05_print_6
$ ./_05_print_6
```

실행 결과는 다음과 같습니다. 다음은 Raspberry Pi 4에서 C 언어의 실행 속도입니다.

```
10000001
0.108881
```

cnt 변수를 천만번 세는데 0.11초 정도가 걸립니다. 파이썬 언어보다 약 25배 빠릅니다.

참고로 다음은 Raspberry Pi 3에서 C 언어의 실행 속도입니다.

```
10000001
0.112728
```

C 언어의 경우 Raspberry Pi 3 와 4의 속도가 거의 같습니다.

02 _ Rpi.GPIO.output 함수

RPi.GPIO 모듈이 제공하는 output 함수는 할당된 핀에 True 또는 False을 써서 할당된 핀을 VCC 또는 GND로 연결하는 역할을 합니다. 여기서는 RPi.GPIO 모듈이 제공하는 output 함수를 이용하여 LED를 켜보고 꺼보는 예제를 수행해 봅니다.

02-1 부품 살펴보기

먼저 GPIO와 관련된 부품을 살펴보도록 합니다.

LED

LED는 크기나 색깔, 동작 전압에 따라 여러 가지 형태가 존재합니다.

LED의 모양은 다음과 같으며, 긴 핀과 짧은 핀을 갖습니다.

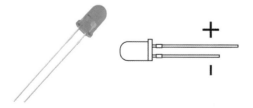

LED는 방향성이 있습니다. 즉, 회로에 연결할 때 방향을 고려해야 합니다. 긴 핀을 전원의 양극 (VCC, 3.3V), 짧은 핀을 음극(GND, 0V)으로 연결합니다. 반대로 연결할 경우 전류가 흐르지 못해 LED가 켜지지 않습니다.

LED를 나타내는 기호는 다음과 같습니다. 양극(+)에서 음극(−)으로 전류가 흐릅니다.

LED는 저항과 직렬로 연결해야 하며, 라즈베리파이 보드에서는 3.3V와 0V 사이에 연결해 줍니다. LED를 위한 저항은 보통 220 Ohm 또는 330 Ohm을 사용합니다.

저항

다음 저항은 220 Ohm 저항입니다. 저항은 전류의 양을 조절하는 역할을 합니다. 저항은 방향성이 없기 때문에 VCC와 GND에 어떤 방향으로도 연결할 수 있습니다.

다음은 저항 기호를 나타냅니다.

❶ 저항 읽는 법

저항 값은 저항에 표시된 띠를 보고 확인할 수 있습니다. 다음 그림을 이용하면 저항 값을 알 수 있습니다. 저항은 4~5개의 색상 띠가 표시되어 있고, 그 띠색을 보고 저항 값을 읽을 수 있습니다. 저항 띠색 반대쪽에 금색 또는 은색 띠가 표시되어 있는데 금색은 5%의 오차, 은색은 10%의 오차가 있다는 의미입니다.

색	값
검정색	0
갈색	1
빨강색	2
주황색	3
노란색	4
초록색	5
파란색	6
보라색	7
회색	8
흰색	9
은색	±10%
금색	±5%

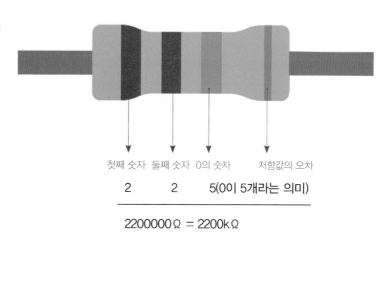

첫째 숫자	둘째 숫자	0의 숫자	저항값의 오차
2	2	5(0이 5개라는 의미)	

$$2200000\,\Omega = 2200\text{k}\Omega$$

❷ 자주 사용하는 저항

다음은 이 책에서 주로 사용하는 저항의 종류입니다.

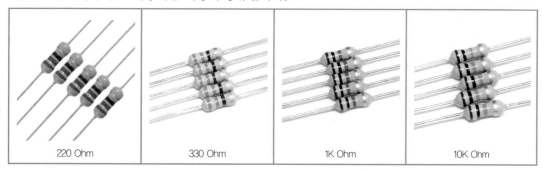

| 220 Ohm | 330 Ohm | 1K Ohm | 10K Ohm |

브레드 보드

다음은 브레드 보드 그림입니다. 브레드 보
드를 사용하면 납땜을 하지 않고, 시험용 회
로를 구성할 수 있습니다. 일반적으로 빨간
선을 VCC, 파란 선을 GND에 연결합니다.

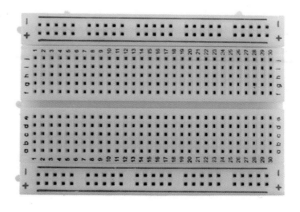

브레드 보드의 내부 구조는 다음과 같으며, 전선의 집합으로 이해할 수 있습니다.

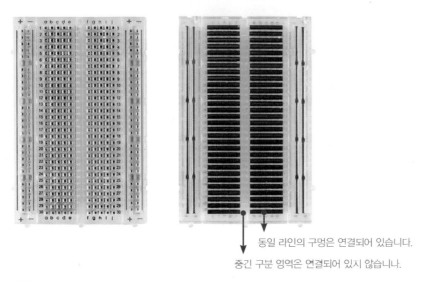

동일 라인의 구멍은 연결되어 있습니다.

중간 구분 영역은 연결되어 있지 않습니다.

전선

다음은 이 책에서 사용하는 전선입니다.

라즈베리파이 보드

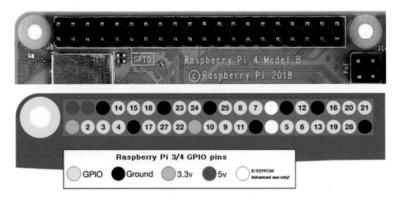

Rpi.GPIO.output 함수를 통해 제어할 수 있는 핀은 노란색으로 표시된 GPIO 핀들입니다.
GPIO(General Purpose Input Output)는 범용 목적 입력 출력을 의미하며, 라즈베리파이
SOC(System on Chip) 내부에 있는 CPU, UART, I2C, Timer 등의 하드웨어 모듈에 할당하여 사
용하는 입출력 핀입니다.

02-2 LED 회로 구성하기

다음과 같이 회로를 구성합니다.

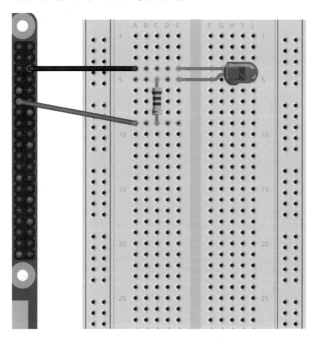

다음 핀 맵을 참조합니다.

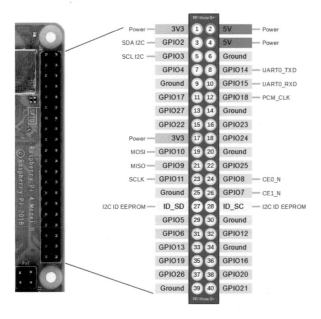

LED의 긴 핀(+)을 220 Ohm 저항을 통해 라즈베리파이 보드의 GPIO 17번 핀에 연결합니다. LED
의 짧은 핀(-)은 GND 핀에 연결합니다.

02-3 LED 켜고 끄기

여기서는 Rpi.GPIO.output 함수를 이용하여 LED를 켜고 꺼봅니다.

LED 켜기

먼저 Rpi.GPIO.output 함수를 이용하여 LED를 켜 봅니다.

01 다음과 같이 예제를 작성합니다.

_06_gpio_output.py

```
01 : import RPi.GPIO as GPIO
02 :
03 : led_pin =17
04 :
05 : GPIO.setmode(GPIO.BCM)
06 :
07 : GPIO.setup(led_pin, GPIO.OUT)
08 :
09 : GPIO.output(led_pin, True)
10 :
11 : try:
12 :     while True:
13 :             pass
14 : except KeyboardInterrupt:
15 :     pass
16 :
17 : GPIO.cleanup()
```

01   : RPi.GPIO 모듈을 GPIO라는 이름으로 불러옵니다. RPi.GPIO 모듈은 5,7,9,17줄에 있는 setmode, setup, output, cleanup 함수들을 가지고 있으며 이 함수들을 사용하기 위해 필요합니다.

03   : led_pin 변수를 선언한 후, 17로 초기화합니다. 여기서 17은 BCM GPIO 핀 번호를 나타냅니다.

05   : GPIO.setmode 함수를 호출하여 BCM GPIO 핀 번호를 사용하도록 설정합니다.

07   : GPIO.setup 함수를 호출하여 led_pin을 GPIO 출력으로 설정합니다. 이렇게 하면 led_pin으로 True 또는 False를 써 led_pin에 연결된 LED를 켜거나 끌 수 있습니다.

09   : GPIO.output 함수를 호출하여 led_pin을 True로 설정합니다. 이렇게 하면 led_pin에 연결된 LED가 켜집니다.

12, 13 : 빈 while 문을 수행하여 LED가 켜진 상태를 유지하도록 합니다. while 문을 끝내기 위해서는 CTRL+c 키를 누릅니다. CTRL+c 키를 누르면 14줄로 이동하여 키보드 인터럽트를 처리합니다.

17   : GPIO.cleanup 함수를 호출하여 GPIO 핀의 상태를 초기화해 줍니다.

02 다음과 같이 예제를 실행합니다.

```
$ sudo python3 _06_gpio_output.py
```

LED가 켜지는 것을 확인합니다. Ctrl + C 키를 누르면 LED가 꺼지면서 프로그램의 수행이 멈추게 됩니다.

파이썬 쉘 도움말 보기

독자 여러분은 앞으로 다양한 함수를 사용해 라즈베리파이를 활용하게 됩니다. 그래서 여기서는 파이썬 쉘을 통해 함수에 대한 설명을 볼 수 있는 방법을 소개합니다.

01 다음과 같이 차례대로 명령을 실행합니다.

```
pi@raspberrypi:~/pyLabs $ python3 ❶
Python 3.7.3 (default, Dec 20 2019, 18:57:59)
[GCC 8.3.0] on linux
Type "help", "copyright", "credits" or "license" for more information.
>>> import RPi.GPIO as GPIO ❷
>>> help(GPIO.setmode) ❸
```

❶ python3 명령을 주어 파이썬 쉘을 실행시킵니다. ❷ RPi.GPIO 모듈을 GPIO라는 이름으로 불러옵니다. 모듈이 가진 함수나 변수 등의 설명글을 보기 위해서 먼저 import 해야 합니다. ❸ help(GPIO.setmode) 명령을 이용해 GPIO.setmode 함수를 살펴봅니다. 살펴보고자 하는 함수나 변수 등을 help 명령의 인자로 주면 됩니다.

02 그러면 다음과 같이 설명글이 나옵니다.

```
Help on built-in function setmode in module RPi._GPIO: ❶

setmode(...) ❷
    Set up numbering mode to use for channels. ❸
    BOARD - Use Raspberry Pi board numbers
    BCM   - Use Broadcom GPIO 00..nn numbers     ❹
(END)
```

❶ RPi._GPIO 모듈 안에 있는 내장 setmode 함수에 대한 설명글입니다.

❷ setmode 함수를 나타냅니다.

❸ 핀 번호 형식을 설정합니다. 함수의 기능을 설명하는 부분입니다.

❹ 핀 번호 형식을 설명합니다. BOARD는 라즈베리파이 보드의 번호를 사용하는 형식이고, BCM은 Broadcom 사에서 제공하는 GPIO 번호를 사용하는 형식입니다.

종료는 q 문자를 입력합니다.

03 GPIO.setup, GPIO.output, GPIO.cleanup 함수도 같은 방법으로 살펴봅니다.

```
help(GPIO.setup)
help(GPIO.output)
help(GPIO.cleanup)
```

04 파이썬 쉘을 빠져 나올 때는 다음과 같이 quit() 함수를 수행해 줍니다.

```
>>> quit()
pi@raspberrypi:~ $
```

LED 끄기

다음은 Rpi.GPIO.output 함수를 이용하여 LED를 꺼 봅니다.

01 다음과 같이 예제를 수정합니다.

_06_gpio_output.py

```
01 : import RPi.GPIO as GPIO
02 : import time
03 :
04 : led_pin =17
05 :
06 : GPIO.setmode(GPIO.BCM)
07 :
08 : GPIO.setup(led_pin, GPIO.OUT)
09 :
10 : GPIO.output(led_pin, True)
11 : time.sleep(2.0)
12 : GPIO.output(led_pin, False)
13 :
14 : GPIO.cleanup()
```

02 : sleep 함수를 사용하기 위하여 time 모듈을 불러옵니다.
10 : GPIO.output 함수를 호출하여 led_pin을 True로 설정합니다. 이렇게 하면 led_pin에 연결된 LED가 켜집니다.
11 : time.sleep 함수를 호출하여 2.0초간 기다립니다.
12 : GPIO.output 함수를 호출하여 led_pin을 False로 설정합니다. 이렇게 하면 led_pin에 연결된 LED가 꺼집니다.

02 다음과 같이 예제를 실행합니다.

LED가 켜졌다 2.0초 후에 꺼지는 것을 확인합니다.

```
$ sudo python3 _06_gpio_output_2.py
```

02-4 LED 점멸 반복해보기

여기서는 Rpi.GPIO.output 함수를 이용하여 LED를 켜고 끄고를 반복해 봅니다.

01 다음과 같이 예제를 수정합니다.

_06_gpio_output_3.py

```
01 : import RPi.GPIO as GPIO
02 : import time
03 :
04 : led_pin =17
05 :
06 : GPIO.setmode(GPIO.BCM)
07 :
08 : GPIO.setup(led_pin, GPIO.OUT)
09 :
10 : try:
11 :     while True:
12 :             GPIO.output(led_pin, True)
13 :             time.sleep(0.5)
14 :             GPIO.output(led_pin, False)
15 :             time.sleep(0.5)
16 : except KeyboardInterrupt:
17 :     pass
18 :
19 : GPIO.cleanup()
```

11 : 계속해서 11~15줄을 수행합니다.
12 : GPIO.output 함수를 호출하여 led_pin을 True로 설정합니다. 이렇게 하면 led_pin에 연결된 LED가 켜집니다.
13 : time.sleep 함수를 호출하여 0.5 초간 지연을 줍니다.
14 : GPIO.output 함수를 호출하여 led_pin을 False로 설정합니다. 이렇게 하면 led_pin에 연결된 LED가 꺼집니다.
15 : time.sleep 함수를 호출하여 0.5 초간 지연을 줍니다.

02 다음과 같이 예제를 실행합니다.

```
$ sudo python3 _06_gpio_output_3.py
```

1초 주기로 LED가 켜졌다 꺼졌다 하는 것을 확인합니다. 즉, 1Hz의 주파수로 LED가 점멸하는 것을 확인합니다.

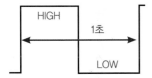

LED의 점등은 led_pin을 통해 나오는 True 값에 의해 발생합니다. LED의 소등은 led_pin을 통해 나오는 False 값에 의해 발생합니다. 즉, led_pin으로는 위 그림과 같이 True, False 값에 의해 HIGH, LOW 신호가 1초 주기로 나오게 되며, 이 값들에 의해 LED는 점멸을 반복하게 됩니다. 그리고 이 경우 여러분은 LED가 점멸 하는 것을 느낄 수 있습니다.

프로그램을 강제 종료하기 위해서는 Ctrl 키를 누른 채로 C 키를 눌러줍니다.

02-5 LED 점멸 간격 줄여보기

여기서는 Rpi.GPIO.output 함수와 time.sleep 함수를 이용하여 아래와 같은 시각 피형에 대한 주
파수와 상하비의 개념을 이해해 보도록 합니다.

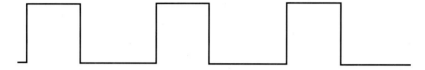

주파수란 1초간 반복되는 사각 파형의 개수를 의미하며, 상하비란 사각 파형의 HIGH 구간과 LOW
구간의 비를 의미합니다.

이제 LED의 점멸 간격을 줄여보도록 합니다. 그러면 여러분은 좀 더 조밀하게 LED가 점멸하는 것
을 느낄 것입니다.

01 다음과 같이 예제를 수정합니다.

_06_gpio_output_4.py

```
01 : import RPi.GPIO as GPIO
02 : import time
03 :
04 : led_pin =17
05 :
06 : GPIO.setmode(GPIO.BCM)
07 :
08 : GPIO.setup(led_pin, GPIO.OUT)
09 :
10 : try:
11 :     while True:
12 :             GPIO.output(led_pin, True)
13 :             time.sleep(0.05)
14 :             GPIO.output(led_pin, False)
15 :             time.sleep(0.05)
16 : except KeyboardInterrupt:
17 :     pass
18 :
19 : GPIO.cleanup()
```

13, 15 : 0.5를 0.05로 변경합니다. 즉, 0.05 초간 지연을 줍니다.

02 다음과 같이 예제를 실행합니다.

```
$ sudo python3 _06_gpio_output_4.py
```

이 예제의 경우 LED는 초당 10번 점멸 하게 됩니다. 즉, 10Hz의 주파수로 점멸하게 됩니다.

그림과 같은 파형이 초당 10개가 생성됩니다. 이 경우에도 여러분은 반복적으로 LED가 점멸하는 것을 느낄 것입니다. 그러나 그 간격은 더 조밀하게 느껴질 것입니다.

프로그램을 강제 종료하기 위해서는 Ctrl 키를 누른 채로 C 키를 눌러줍니다.

02-6 LED 점멸을 밝기로 느껴보기

LED의 점멸 간격을 더 줄여보도록 합니다. 여기서 여러분은 LED의 점멸을 느끼지 못하게 될 것입니다. 오히려 LED가 일정한 밝기로 켜져 있다고 느낄 것입니다.

01 다음과 같이 예제를 수정합니다.

_06_gpio_output_5.py

```
1  : import RPi.GPIO as GPIO
2  : import time
3  :
4  : led_pin =17
5  :
6  : GPIO.setmode(GPIO.BCM)
7  :
8  : GPIO.setup(led_pin, GPIO.OUT)
9  :
10 : try:
11 :     while True:
12 :             GPIO.output(led_pin, True)
13 :             time.sleep(0.005)
14 :             GPIO.output(led_pin, False)
15 :             time.sleep(0.005)
16 : except KeyboardInterrupt:
17 :     pass
18 :
19 : GPIO.cleanup()
```

13, 15 : 0.05를 0.005으로 변경합니다. 즉, 0.005 초간 지연을 줍니다.

02 다음과 같이 예제를 실행합니다.

```
$ sudo python3  06_gpio_output_5.py
```

이 예제의 경우 LED는 초당 100번 점멸 하게 됩니다. 즉, 100Hz의 주파수로 점멸하게 됩니다.

그림과 같은 파형이 초당 100개가 생성됩니다. 이제 여러분은 LED가 점멸하는 것을 느끼지 못할 것입니다. 오히려 LED가 일정하게 켜져 있다고 느낄 것입니다.

일반적으로 이러한 파형이 초당 43개 이상이 되면, 즉, 43Hz 이상의 주파수로 LED 점멸을 반복하면 우리는 그것을 느끼기 어렵습니다.

프로그램을 강제 종료하기 위해서는 CTRL 키를 누른 채로 c키를 눌러줍니다.

※ 파이썬의 경우 통역 방식의 언어이기 때문에 실제 실행 속도는 C 언어와 같은 번역 방식의 언어보다 많이 늦습니다. 그래서 이 예제의 경우 실제로는 100Hz의 속도를 내기 어려울 수 있습니다. 그래서 LED가 깜빡이는 현상이 발생할 수 있습니다.

02-7 LED 밝기 변경해보기

이제 Rpi.GPIO.output 함수와 time.sleep 함수를 이용하여 LED의 밝기를 변경해 보도록 합니다. 이전 예제의 경우 LED는 100Hz의 속도로 50%는 점등을, 50%는 소등을 반복하였습니다. 그리고 이 경우 우리는 LED의 밝기를 평균값인 50%의 밝기로 느꼈습니다. 만약 LED에 대해 10%는 점등을, 90%는 소등을 반복한다면 우리는 LED의 밝기를 어떻게 느낄까요? 평균 10%의 밝기로 느끼게 되지 않을까요? 예제를 통해 확인해 보도록 합니다.

LED 어둡게 해 보기

먼저 사각파형의 HIGH 구간을 10%로 해 LED를 어둡게 해 봅니다.

01 다음과 같이 예제를 수정합니다.

_06_gpio_output_6.py

```
01 :  import RPi.GPIO as GPIO
02 :  import time
03 :
04 :  led_pin =17
```

```
05 :
06 : GPIO.setmode(GPIO.BCM)
07 :
08 : GPIO.setup(led_pin, GPIO.OUT)
09 :
10 : try:
11 :     while True:
12 :             GPIO.output(led_pin, True)
13 :             time.sleep(0.001)
14 :             GPIO.output(led_pin, False)
15 :             time.sleep(0.009)
16 : except KeyboardInterrupt:
17 :     pass
18 :
19 : GPIO.cleanup()
```

13 : 0.005를 0.001로 변경합니다.
15 : 0.005를 0.009로 변경합니다.

02 다음과 같이 예제를 실행합니다.

```
$ sudo python3 _06_gpio_output_6.py
```

이 예제의 경우도 LED는 초당 100번 점멸 하게 됩니다. 즉, 100Hz의 주파수로 점멸하게 됩니다. 그러나 10%는 점등 상태로, 90%는 소등 상태로 있게 됩니다. 그래서 우리는 LED가 이전 예제에 비해 어둡다고 느끼게 됩니다.

그림에서 LED는 실제로 10%만 점등 상태이지만 100Hz의 주파수로 점멸하기 때문에 우리는 10%의 평균 밝기로 느끼게 됩니다. 10%는 True 값에 의해 켜져 있고 90%는 False 값에 의해 꺼져있으며, 이 경우 (HIGH:LOW)=(1:9)이 되게 됩니다. 즉, 상하비가 1:9가 됩니다.

프로그램을 강제 종료하기 위해서는 Ctrl 키를 누른 채로 C 키를 눌러줍니다.

LED 밝게 해 보기

다음은 사각파형의 HIGH 구간을 90%로 해 LED를 밝게 해 봅니다.

01 다음과 같이 예제를 수정합니다.

_06_gpio_output_7.py

```
01 : import RPi.GPIO as GPIO
02 : import time
03 :
04 : led_pin =17
05 :
06 : GPIO.setmode(GPIO.BCM)
07 :
08 : GPIO.setup(led_pin, GPIO.OUT)
09 :
10 : try:
11 :     while True:
12 :             GPIO.output(led_pin, True)
13 :             time.sleep(0.009)
14 :             GPIO.output(led_pin, False)
15 :             time.sleep(0.001)
16 : except KeyboardInterrupt:
17 :     pass
18 :
19 : GPIO.cleanup()
```

13 : 0.001을 0.009로 변경합니다.
15 : 0.009를 0.001로 변경합니다.

02 다음과 같이 예제를 실행합니다.

```
$ sudo python3 _06_gpio_output_7.py
```

이 예제의 경우도 LED는 초당 100번 점멸 하게 됩니다. 즉, 100Hz의 주파수로 점멸하게 됩니다. 그러나 90%는 점등 상태로, 10%는 소등 상태로 있게 됩니다. 그래서 우리는 LED가 이전 예제에 비해 아주 밝다고 느끼게 됩니다.

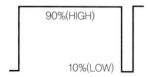

그림에서 LED는 실제로 90%만 점등 상태이지만 100Hz의 주파수로 점멸하기 때문에 우리는 90%의 평균 밝기로 느끼게 됩니다. 90%는 HIGH 구간에 의해 켜져 있고 10%는 LOW 구간에 의해 꺼져있으며, 이 경우 (HIGH:LOW)=(9:1)이 되게 됩니다. 즉, 상하비가 9:1이 됩니다.

프로그램을 강제 종료하기 위해서는 Ctrl 키를 누른 채로 C 키를 눌러줍니다.

02-8 LED 밝기 조절해보기

여기서는 10밀리 초 간격으로 시작해서 1초 간격으로 다음의 상하비로 LED의 밝기를 조절해 보도록 합니다.

```
0:10, 1:9, 2:8, 3:7 ... 10:0
```

즉, HIGH 구간의 개수는 0부터 10까지 차례로 늘어나며, 반대로 LOW 구간의 개수는 10부터 0까지 차례로 줄게 됩니다.

01 다음과 같이 예제를 수정합니다.

_06_gpio_output_8.py

```
01 : import RPi.GPIO as GPIO
02 : import time
03 :
04 : led_pin =17
05 :
06 : GPIO.setmode(GPIO.BCM)
07 :
08 : GPIO.setup(led_pin, GPIO.OUT)
09 :
10 : try:
11 :     while True:
12 :             for t_high in range(0,11):
13 :                     GPIO.output(led_pin, True)
14 :                     time.sleep(t_high*0.001)
15 :                     GPIO.output(led_pin, False)
16 :                     time.sleep((10-t_high)*0.001)
17 : except KeyboardInterrupt:
18 :     pass
19 :
20 : GPIO.cleanup()
```

12 : t_high 변수를 0이상 11 미만의 정수에 대해, 13~16줄을 수행합니다.

13, 14 : LED를 켜고 0.001*t_high 초만큼 기다립니다.

15, 16 : LED를 끄고 0.001*(10-t_high) 초만큼 기다립니다.

14, 16 : 0.001*(t_high + (10 - t_high)) = 0.001*10 = 0.01초가 되어 for문을 한 번 도는 데는 10밀리 초 정도가 되며 for문 전체를 도는 데는 10밀리 초*11회=110밀리 초 정도가 됩니다.

02 다음과 같이 예제를 실행합니다.

```
$ sudo python3 _06_gpio_output_8.py
```

10밀리 초 간격으로 다음의 비율로 LED가 밝아집니다.

```
0%, 10% 20%, 30%, ... 100%
```

아래와 같은 형태의 파형으로 LED의 밝기가 변합니다.

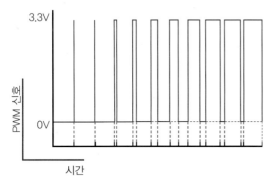

이 예제의 경우 밝기의 변화가 너무 빨라 밝기가 변하는 것을 느끼기는 힘듭니다. 깜빡임으로 느낄 수도 있습니다. 밝기 변화 주기가 110밀리 초이며, 이는 초당 9번 정도의 횟수가 되기 때문에 느끼기 어려울 수 있습니다.

프로그램을 강제 종료하기 위해서는 Ctrl 키를 누른 채로 C 키를 눌러줍니다.

03 다음과 같이 예제를 수정합니다.

_06_gpio_output_9.py

```
01 : import RPi.GPIO as GPIO
02 : import time
03 :
04 : led_pin =17
05 :
06 : GPIO.setmode(GPIO.BCM)
07 :
08 : GPIO.setup(led_pin, GPIO.OUT)
09 :
```

```
10 :  try:
11 :      while True:
12 :              for t_high in range(0,11):
13 :                      cnt =0
14 :                      while True:
15 :                              GPIO.output(led_pin, True)
16 :                              time.sleep(t_high*0.001)
17 :                              GPIO.output(led_pin, False)
18 :                              time.sleep((10-t_high)*0.001)
19 :
20 :                              cnt +=1
21 :                              if cnt==10: break
22 :  except KeyboardInterrupt:
23 :      pass
24 :
25 :  GPIO.cleanup()
```

13 : cnt 변수를 선언한 후, 0으로 초기화합니다.
14 : 계속해서 14~21줄을 수행합니다.
20 : cnt 값을 하나씩 증가시킵니다.
21 : cnt 값이 10이 되면 내부 while 문을 나옵니다.

이렇게 하면 14~21줄을 cnt값이 0에서 9까지 10회 반복하게 됩니다. 그러면 t_high 값을 유지하는 시간을 10밀리 초(0.01초)에서 100밀리 초(0.1초)로 늘릴 수 있습니다. for 문을 수행하는 시간도 110밀리 초(0.11초)에서 1100밀리 초(1.1초)로 늘릴 수 있으며, 우리는 LED 밝기의 변화를 느낄 수 있습니다.

04 다음과 같이 예제를 실행합니다.

```
$ sudo python3 _06_gpio_output_9.py
```

1.1 초 주기로 LED의 밝기가 변하는 것을 느낄 수 있습니다.
프로그램을 강제 종료하기 위해서는 Ctrl 키를 누른 채로 C 키를 눌러줍니다.

05 다음과 같이 예제를 수정합니다.

_06_gpio_output_10.py

```
01 :  import RPi.GPIO as GPIO
02 :  import time
03 :
04 :  led_pin =17
```

```
05 :
06 : GPIO.setmode(GPIO.BCM)
07 :
08 : GPIO.setup(led_pin, GPIO.OUT)
09 :
10 : try:
11 :     while True:
12 :         for t_high in range(0,11):
13 :             cnt =0
14 :             while True:
15 :                 GPIO.output(led_pin, True)
16 :                 time.sleep(t_high*0.001)
17 :                 GPIO.output(led_pin, False)
18 :                 time.sleep((10-t_high)*0.001)
19 :
20 :                 cnt +=1
21 :                 if cnt==10: break
22 :         for t_high in range(10,-1,-1):
23 :             cnt =0
24 :             while True:
25 :                 GPIO.output(led_pin, True)
26 :                 time.sleep(t_high*0.001)
27 :                 GPIO.output(led_pin, False)
28 :                 time.sleep((10-t_high)*0.001)
29 :
30 :                 cnt +=1
31 :                 if cnt==10: break
32 : except KeyboardInterrupt:
33 :     pass
34 :
35 : GPIO.cleanup()
```

22　: t_high 변수를 10부터 −1초과까지 1씩 감소시켜가면서, 23~31줄을 수행합니다.
23~31 : 13~21줄의 내용과 같습니다.

이렇게 하면 첫 번째 for문에 의해서 LED가 1.1초간 밝아지며, 두 번째 for문에 의해서 LED가 1.1초간 어두워집니다.

6. 다음과 같이 예제를 실행합니다.

```
$ sudo python3 _06_gpio_output_10.py
```

LED가 1.1초간 밝아지고, 1.1초간 어두워지는 동작을 반복하는 것을 확인합니다.
프로그램을 강제 종료하기 위해서는 Ctrl 키를 누른 채로 C 를 눌러줍니다.

03 _ Rpi.GPIO.PWM 모듈

이전 예제에서 우리는 100Hz의 속도로 0~10 개의 True 값으로 LED의 밝기를 조절해 보았습니다. Rpi.GPIO.PWM 모듈을 사용할 경우 빠른 주파수와 더 조밀한 상하비로 LED의 밝기를 조절할 수 있습니다. GPIO.PWM 모듈을 이용하여 상하비를 0.0~100.0% 단계로 조절할 수 있습니다. Rpi.GPIO.PWM 모듈은 GPIO 핀에 소프트웨어적으로 아래와 같은 형태의 사각 파형을 내보낼 수 있습니다.

다음에 노랗게 표시된 GPIO 핀을 제어할 수 있습니다.

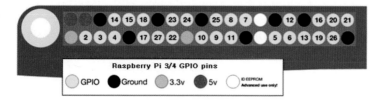

소프트웨어적이란 말은 CPU가 소프트웨어를 읽고 수행한다는 의미로 CPU가 직접 핀 제어를 통해 신호를 내 보낸다는 의미입니다. PWM 하드웨어가 직접 수행하는 것에 비해 주파수와 듀티비의 정밀도에 제약이 있습니다. 우리는 뒤에서 PCA9685라는 PWM 하드웨어 모듈을 이용하여 하드웨어적으로 사각파형을 생성해 봅니다.

여기서는 RPi.GPIO 모듈이 제공하는 PWM 클래스를 이용하여 PWM 객체를 생성한 후, LED의 밝기를 조절해봅니다. 또 부저를 통해 음악을 연주해 봅니다. 마지막으로 움직임을 만들어내기 위해서 서보모터를 제어해 봅니다.

03-1 LED 회로 구성하기

핀 맵을 참조하여 다음과 같이 회로를 구성합니다.

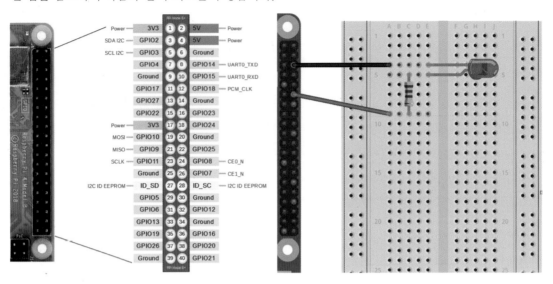

LED의 긴 핀(+)을 220 Ohm 저항을 통해 라즈베리파이 보드의 GPIO 18번 핀에 연결합니다. LED
의 짧은 핀(-)은 GND 핀에 연결합니다.

03-2 LED 점멸 반복해보기

먼저 Rpi.GPIO.PWM 클래스를 이용하여 LED 점멸을 반복해 봅니다.

01 다음과 같이 예제를 작성합니다.

_07_pwm_output.py

```
01 : import RPi.GPIO as GPIO
02 :
03 : led_pin =18
04 :
05 : GPIO.setmode(GPIO.BCM)
06 :
07 : GPIO.setup(led_pin, GPIO.OUT)
08 :
09 : pwm = GPIO.PWM(led_pin, 1.0) # 1.0Hz
10 : pwm.start(50.0) # 0.0~100.0
11 :
12 : try:
13 :     while True:
```

```
14 :            pass
15 : except KeyboardInterrupt:
16 :      pass
17 :
18 : pwm.stop()
19 : GPIO.cleanup()
```

01 : RPi.GPIO 모듈을 GPIO로 불러옵니다. RPi.GPIO 모듈은 5,7,19줄에 있는 setmode, setup,cleanup 함수들과 9줄에 있는 PWM 클래스를 가지고 있습니다.

03 : led_pin 변수를 선언한 후, 18로 초기화합니다. 여기서 18은 BCM GPIO 핀 번호를 나타냅니다.

05 : GPIO.setmode 함수를 호출하여 BCM GPIO 핀 번호를 사용하도록 설정합니다.

07 : GPIO.setup 함수를 호출하여 led_pin을 GPIO 출력으로 설정합니다.

09 : GPIO.PWM 객체를 하나 생성한 후, pwm 변수가 가리키도록 합니다. GPIO.PWM 객체 생성 시, 첫 번째 인자는 핀 번호가 되며, 두 번째 인자는 주파수 값이 됩니다. 주파수 값은 0.0보다 큰 실수 값입니다. 예제에서는 1.0을 주고 있으며, 이 경우 1.0Hz의 주파수가 led_pin에 생성됩니다.

10 : pwm 객체의 start 함수를 호출하여 PWM 파형을 내보내기 시작합니다. start 함수의 인자는 0.0~100.0 사이의 실수 값으로 사각파형의 HIGH 구간의 비율을 나타냅니다. 여기서는 PWM 파형의 HIGH 구간을 50.0%로 설정하고 있습니다.

13,14 : 빈 while 문을 수행하여 LED 핀으로 나가는 PWM 파형이 유지되도록 합니다. while 문을 끝내기 위해서는 CTRL+c 키를 누릅니다.

18 : pwm 객체에 대해 stop 함수를 호출하여 PWM 파형 출력을 멈춥니다.

19 : GPIO.cleanup 함수를 호출하여 GPIO 핀의 상태를 초기화해 줍니다.

02 다음과 같이 예제를 실행합니다.

```
$ sudo python3 _07_pwm_output.py
```

1초 주기로 LED가 점멸 하는 것을 확인합니다. 즉, 1Hz의 주파수로 LED의 점멸을 확인합니다.

GPIO.PWM 도움말 보기

GPIO.PWM 모듈에 대해 파이썬 쉘을 이용하여 살펴봅니다.

01 다음과 같이 차례대로 명령을 실행합니다.

```
pi@raspberrypi:~/pyLabs $ python3 ❶
Python 3.7.3 (default, Dec 20 2019, 18:57:59)
[GCC 8.3.0] on linux
Type "help", "copyright", "credits" or "license" for more information.
>>> import RPi.GPIO as GPIO ❷
>>> help(GPIO.PWM) ❸
```

❶ python3 명령을 주어 파이썬 쉘을 실행시킵니다.

❷ RPi.GPIO 모듈을 GPIO라는 이름으로 불러옵니다. 모듈이 가진 함수나 변수 등의 설명글을 보기 위해서 먼저 import 해야 합니다.

❸ help(GPIO.PWM) 명령을 이용해 GPIO.PWM 모듈을 살펴봅니다. 살펴보고자 하는 함수, 변수, 모듈 등을 help 명령의 인자로 주면 됩니다.

02 다음과 같이 PWM에 대한 설명글이 나옵니다.

```
pi@raspberrypi: ~/pyLabs
Help on class PWM in module RPi.GPIO: ❶

class PWM(builtins.object) ❷
 |  Pulse Width Modulation class ❸
 |
 |  Methods defined here: ❹
 |
 |  ChangeDutyCycle(...) ❺
 |      Change the duty cycle
 |      dutycycle - between 0.0 and 100.0
 |
 |  ChangeFrequency(...) ❻
 |      Change the frequency
 |      frequency - frequency in Hz (freq > 1.0)
 |
 |  __init__(self, /, *args, **kwargs) ❼
 |      Initialize self.  See help(type(self)) for accurate signature.
 |
 |  start(...) ❽
 |      Start software PWM
 |      dutycycle - the duty cycle (0.0 to 100.0)
 |
 |  stop(...)
:
```

❶ RPi.GPIO 모듈 안에 있는 PWM 클래스에 대한 설명글입니다.

❷ PWM 클래스를 나타냅니다. 최상위 내장 클래스인 builtins.object 클래스를 상속합니다.

❸ 파형 폭 조절 클래스입니다. 클래스의 기능을 설명하는 부분입니다.

❹ 클래스 함수인 메쏘드 정의 시작 부분입니다. 메쏘드는 방법이라는 뜻으로 클래스 함수를 나타냅니다.

❺ ChangeDutyCycle 함수에 대한 설명 부분입니다. 듀티 사이클을 변경합니다. 듀티 사이클은 사각 파형의 HIGH 구간을 나타냅니다. dutycycle 값은 0.0~100.0 사이값을 줄 수 있습니다.

❻ ChangeFrequency 함수에 대한 설명 부분입니다. 주파수를 변경합니다. 주파수는 Hz 단위이며 1.0보다 커야 합니다.

❼ PWM 객체 생성시 객체 초기화함수입니다. 생성자 함수라고도 합니다.

❽ start 함수에 대한 설명 부분입니다. 소프트웨어 PWM을 시작합니다. dutycycle 값은 0.0~100.0 사이값을 줄 수 있습니다.

Space bar 키를 쳐봅니다. 다음 화면으로 넘어갑니다.

```
| stop(...) ❶
|     Stop software PWM
|
| -------------------------------------------------------------
| Static methods defined here: ❷
|
|  __new__(*args, **kwargs) from builtins.type ❸
|     Create and return a new object.  See help(type) for accurate signature.
(END)
```

❶ stop 함수에 대한 설명 부분입니다. 소프트웨어 PWM을 멈춥니다.

❷ 클래스 정적 함수인 메쏘드 정의 시작 부분입니다. 메쏘드는 방법이라는 뜻으로 클래스 함수를 나타냅니다.

❸ 새로운 객체를 생성하고 내어주는 객체 생성함수입니다.

종료는 q 문자를 입력합니다. 내용이 많을 때는 pgup, pgdn 키나 방향키 등을 이용하여 이동하면서 봅니다.

03 파이썬 쉘을 빠져 나올 때는 다음과 같이 quit() 함수를 수행해 줍니다.

```
>>> quit()
pi@raspberrypi:~ $ 
```

03-3 LED 점멸 간격 줄여보기

이제 LED의 점멸 간격을 줄여보도록 합니다. 그러면 여러분은 좀 더 조밀하게 LED가 점멸하는 것을 느낄 것입니다.

01 예제를 다음과 같이 수정합니다.

_07_pwm_output_2.py

```
01 : import RPi.GPIO as GPIO
02 :
03 : led_pin =18
04 :
05 : GPIO.setmode(GPIO.BCM)
06 :
07 : GPIO.setup(led_pin, GPIO.OUT)
08 :
09 : pwm = GPIO.PWM(led_pin, 10.0)
10 : pwm.start(50.0) # 0.0~100.0
11 :
12 : try:
13 :     while True:
14 :         pass
15 : except KeyboardInterrupt:
```

```
16 :     pass
17 :
18 : pwm.stop()
19 : GPIO.cleanup()
```

09 : GPIO.PWM 객체 생성 부분에서 두 번째 인자를 10.0으로 변경합니다. 이 경우 10.0Hz의 주파수가 led_pin에 생성됩니다.

02 다음과 같이 예제를 실행합니다.

```
$ sudo python3 _07_pwm_output_2.py
```

이 예제의 경우 LED는 초당 10번 점멸 하게 됩니다. 즉, 10Hz의 주파수로 점멸하게 됩니다.

03-4 LED 점멸을 밝기로 느껴보기

LED의 점멸 간격을 더 줄여보도록 합니다. 여기서 여러분은 LED의 점멸을 느끼지 못하게 될 것입니다. 오히려 LED가 일정하게 켜져 있다고 느낄 것입니다.

01 예제를 다음과 같이 수정합니다.

_07_pwm_output_3.py

```
01 : import RPi.GPIO as GPIO
02 :
03 : led_pin =18
04 :
05 : GPIO.setmode(GPIO.BCM)
06 :
07 : GPIO.setup(led_pin, GPIO.OUT)
08 :
09 : pwm = GPIO.PWM(led_pin, 100.0)
10 : pwm.start(50.0) # 0.0~100.0
11 :
12 : try:
13 :     while True:
14 :             pass
15 : except KeyboardInterrupt:
```

```
16 :    pass
17 :
18 : pwm.stop()
19 : GPIO.cleanup()
```

09 : GPIO.PWM 객체 생성 부분에서 두 번째 인자를 100.0으로 변경합니다. 이 경우 100.0Hz의 주파수가 led_pin에 생성됩니다.

02 다음과 같이 예제를 실행합니다.

```
$ sudo python3 _07_pwm_output_3.py
```

이 예제의 경우 LED는 초당 100번 점멸하게 됩니다. 즉, 100Hz의 주파수로 점멸하게 됩니다.

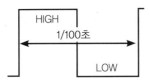

그림과 같은 파형이 초당 100개가 생성됩니다. 이제 여러분은 LED가 점멸하는 것을 느끼지 못할 것입니다. 오히려 LED가 일정한 밝기로 켜져 있다고 느낄 것입니다.

03-5 LED 밝기 1000단계 조절해 보기

주파수를 늘리면 LED의 점멸이 더 부드러워집니다. 여기서는 주파수를 늘여 LED 점멸을 좀 더 부드럽게 만들어 봅니다.

01 예제를 다음과 같이 수정합니다.

_07_pwm_output_4.py

```
01 : import RPi.GPIO as GPIO
02 :
03 : led_pin =18
04 :
05 : GPIO.setmode(GPIO.BCM)
06 :
07 : GPIO.setup(led_pin, GPIO.OUT)
08 :
09 : pwm = GPIO.PWM(led_pin, 1000.0)
10 : pwm.start(50.0) # 0.0~100.0
```

```
11 :
12 : try:
13 :     while True:
14 :             pass
15 : except KeyboardInterrupt:
16 :     pass
17 :
18 : pwm.stop()
19 : GPIO.cleanup()
```

09 : GPIO.PWM 클래스 객체 생성 부분에서 두 번째 인자를 1000.0으로 변경합니다. 이 경우 1000.0Hz의 주파수가 led_pin에 생성됩니다.

02 다음과 같이 예제를 실행합니다.

```
$ sudo python3 _07_pwm_output_4.py
```

이 예제의 경우 LED는 초당 1000번 점멸하게 됩니다. 즉, 1000Hz의 주파수로 점멸하게 됩니다. 이전 예제와 마찬가지로 LED가 일정한 밝기로 켜져 있다고 느낄 것입니다.

03 예제를 다음과 같이 수정합니다.

_07_pwm_output_5.py

```
1  : import RPi.GPIO as GPIO
2  :
3  : led_pin =18
4  :
5  : GPIO.setmode(GPIO.BCM)
6  :
7  : GPIO.setup(led_pin, GPIO.OUT)
8  :
9  : pwm = GPIO.PWM(led_pin, 1000.0)
10 : pwm.start(10.0) # 0.0~100.0
11 :
12 : try:
13 :     while True:
14 :             pass
15 : except KeyboardInterrupt:
16 :     pass
17 :
18 : pwm.stop()
19 : GPIO.cleanup()
```

10 : pwm 객체의 start 함수의 인자를 10.0으로 변경해 줍니다. 이렇게 하면 PWM 파형의 HIGH 구간이 10.0%로 설정됩니다.

04 다음과 같이 예제를 실행합니다.

```
$ sudo python3 _07_pwm_output_5.py
```

이 예제의 경우도 LED는 초당 1000번 점멸 하게 됩니다. 즉, 1000Hz의 주파수로 점멸하게 됩니다. 그러나 10%는 점등 상태로, 90%는 소등 상태로 있게 됩니다. 그래서 우리는 LED가 이전 예제에 비해 어둡다고 느끼게 됩니다.

10%(HIGH)
90%(LOW)

그림에서 LED는 실제로 10%만 점등 상태이지만 1000Hz의 주파수로 점멸하기 때문에 우리는 10%의 평균 밝기로 느끼게 됩니다.

프로그램을 강제 종료하기 위해서는 Ctrl 키를 누른 채로 C 키를 눌러줍니다.

05 예제를 다음과 같이 수정합니다.

_07_pwm_output_6.py

```
01 : import RPi.GPIO as GPIO
02 :
03 : led_pin =18
04 :
05 : GPIO.setmode(GPIO.BCM)
06 :
07 : GPIO.setup(led_pin, GPIO.OUT)
08 :
09 : pwm = GPIO.PWM(led_pin, 1000.0)
10 : pwm.start(90.0) # 0.0~100.0
11 :
12 : try:
13 :     while True:
14 :             pass
15 : except KeyboardInterrupt:
16 :     pass
17 :
18 : pwm.stop()
19 : GPIO.cleanup()
```

10 : pwm 객체의 start 함수의 인자를 90.0으로 변경해 줍니다. 이렇게 하면 PWM 파형의 HIGH 구간이 90.0%로 설정됩니다.

06 다음과 같이 예제를 실행합니다.

```
$ sudo python3 _07_pwm_output_6.py
```

이 예제의 경우도 LED는 초당 1000번 점멸 하게 됩니다. 즉, 1000Hz의 주파수로 점멸하게 됩니다. 그러나 90%는 점등 상태로, 10%는 소등 상태로 있게 됩니다. 그래서 우리는 LED가 이전 예제에 비해 아주 밝다고 느끼게 됩니다.

그림에서 LED는 실제로 90%만 점등 상태이지만 100Hz의 주파수로 점멸하기 때문에 우리는 90%의 평균 밝기로 느끼게 됩니다. 90%는 HIGH 구간에 의해 켜져 있고 10%는 LOW 구간에 의해 꺼져있으며, 이 경우 (HIGH:LOW)=(9:1)이 되게 됩니다. 즉, 상하비가 9:1이 됩니다.

프로그램을 강제 종료하기 위해서는 Ctrl 키를 누른 채로 C 키를 눌러줍니다.

07 예제를 다음과 같이 수정합니다.

_07_pwm_output_7.py

```
01 : import RPi.GPIO as GPIO
02 : import time
03 :
04 : led_pin =18
05 :
06 : GPIO.setmode(GPIO.BCM)
07 :
08 : GPIO.setup(led_pin, GPIO.OUT)
09 :
10 : pwm = GPIO.PWM(led_pin, 1000.0) # 1.0Hz
11 : pwm.start(0.0) # 0.0~100.0
12 :
13 : try:
14 :     while True:
15 :             for t_high in range(0,101):
16 :                     pwm.ChangeDutyCycle(t_high)
17 :                     time.sleep(0.01)
18 : except KeyboardInterrupt:
19 :     pass
20 :
21 : pwm.stop()
22 : GPIO.cleanup()
```

15 : t_high 변수를 0부터 101미만의 정수에 대해, 16,17줄을 수행합니다.

16 : pwm 객체의 ChangeDutyCycle 함수를 호출하여 PWM 파형의 상하비를 변경해 줍니다. ChangeDutyCycle 함수는 PWM 파형의 상하비를 변경하는 함수로 인자로 0.0~100.0 사이의 실수값을 줄 수 있습니다. 11 번째 줄에서 start 함수를 호출하여 PWM 파형의 초기 상하비를 설정한 이후에, 상하비를 변경하고자 할 경우엔 ChangeDutyCycle 함수를 사용합니다.

17 : time.sleep 함수를 호출하여 0.01초만큼 기다립니다.

08 다음과 같이 예제를 실행합니다.

```
$ sudo python3 _07_pwm_output_7.py
```

0.01초(=10밀리 초) 간격으로 다음의 비율로 LED가 밝아집니다.

```
0%, 1% 2%, 3%, ..., 97%, 98%, 99%, 100%
```

프로그램을 강제 종료하기 위해서는 `Ctrl` 키를 누른 채로 `C` 키를 눌러줍니다.

09 예제를 다음과 같이 수정합니다.

_07_pwm_output_8.py

```
01 : import RPi.GPIO as GPIO
02 : import time
03 :
04 : led_pin =18
05 :
06 : GPIO.setmode(GPIO.BCM)
07 :
08 : GPIO.setup(led_pin, GPIO.OUT)
09 :
10 : pwm = GPIO.PWM(led_pin, 1000.0) # 1.0Hz
11 : pwm.start(0.0) # 0.0~100.0
12 :
13 : try:
14 :     while True:
15 :         for t_high in range(0,101):
16 :             pwm.ChangeDutyCycle(t_high)
17 :             time.sleep(0.01)
18 :         for t_high in range(100,-1,-1):
19 :             pwm.ChangeDutyCycle(t_high)
20 :             time.sleep(0.01)
21 : except KeyboardInterrupt:
22 :     pass
23 :
24 : pwm.stop()
25 : GPIO.cleanup()
```

18 : t_high 변수를 100부터 −1초과까지 1씩 감소시켜가면서, 19,20줄의 동작을 수행합니다.

10 다음과 같이 예제를 실행합니다.

```
$ sudo python3 _07_pwm_output_8.py
```

약 1초간 0~100 단계로 LED의 밝기가 증가하고 약 1초간 100~0 단계로 LED의 밝기가 감소하는 동작을
반복하는 것을 볼 수 있습니다.

프로그램을 강제 종료하기 위해서는 Ctrl 키를 누른 채로 C 키를 눌러줍니다.

03-6 부저 살펴보기

본 책에서 사용할 부저는 다음과 같은 모양입니다.

피에조 부저는 극성을 가집니다.

소리와 주파수 이해하기

다음은 소리에 따른 주파수 표를 나타냅니다.

옥타브 및 음계별 표준 주파수
(단위 : Hz)

옥타브 음계	1	2	3	4	5	6	7	8
C(도)	32.7032	65.4064	130.8128	261.6256	523.2511	1046.502	2093.005	4186.009
C#	34.6478	69.2957	138.5913	277.1826	554.3653	1108.731	2217.461	4434.922
D(레)	36.7081	73.4162	146.8324	293.6648	587.3295	1174.659	2349.318	4698.636
D#	38.8909	77.7817	155.5635	311.1270	622.2540	1244.508	2489.016	4978.032
E(미)	41.2034	82.4069	164.8138	329.6276	659.2551	1318.510	2637.020	5274.041
F(파)	43.6535	87.3071	174.6141	349.2282	698.4565	1396.913	2793.826	5587.652
F#	46.2493	92.4986	184.9972	369.9944	739.9888	1479.978	2959.955	5919.911
G(솔)	48.9994	97.9989	195.9977	391.9954	783.9909	1567.982	3135.963	6271.927
G#	51.9130	103.8262	207.6523	415.3047	830.6094	1661.219	3322.438	6644.875
A(라)	55.0000	110.0000	220.0000	440.0000	880.0000	1760.000	3520.000	7040.000
A#	58.2705	116.5409	233.0819	466.1638	932.3275	1864.655	3729.310	7458.620
B(시)	61.7354	123.4708	246.9417	493.8833	987.7666	1975.533	3951.066	7902.133

예를 들어 4 옥타브에서 도 음에 대한 주파수는 262 Hz가 됩니다. 즉, 1초에 262 개의 사각 파형을 만들어 내면 도 음이 나게 됩니다. 레는 294 Hz, 미는 330 Hz, 파는 349 Hz, 솔은 392 Hz, 라는 440 Hz, 시는 494 Hz, 5 옥타브의 도는 523 Hz가 됩니다.

03-7 부저 회로 구성하기

핀 맵을 참조하여 다음과 같이 라즈베리파이와 연결합니다.

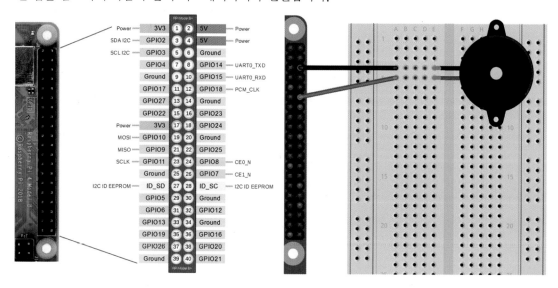

부저의 +핀을 라즈베리파이 보드의 GPIO18번 핀에 연결합니다. 부저의 다른 핀은 GND 핀에 연결합니다.

03-8 부저 소리내보기

여기서는 부저를 이용하여 도음과 레음을 내보겠습니다.

01 다음과 같이 예제를 작성합니다.

_08_pwm_buzzer.py

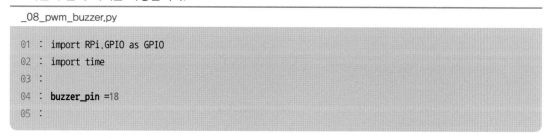

```
01 : import RPi.GPIO as GPIO
02 : import time
03 :
04 : buzzer_pin =18
05 :
```

```
06 :    GPIO.setmode(GPIO.BCM)
07 :
08 :    GPIO.setup(buzzer_pin, GPIO.OUT)
09 :
10 :    pwm = GPIO.PWM(buzzer_pin, 262)
11 :    pwm.start(50.0)
12 :
13 :    time.sleep(2.0)
14 :    pwm.ChangeDutyCycle(0.0)
15 :
16 :    pwm.stop()
17 :    GPIO.cleanup()
```

04 : buzzer_pin 변수를 선언하고, 18번 핀으로 초기화합니다.

10 : GPIO.PWM 객체를 생성하면서 buzzer_pin으로 나갈 PWM 파형의 주파수를 262Hz로 설정합니다. 이렇게 하면 262Hz의 주파수가 생성되며 도 음을 낼 수 있습니다.

11 : pwm 객체에 대해 start 함수를 호출하여 PWM 구동을 시작합니다. 인자로 50.0을 줍니다. 이렇게 하면 사각 파형이 50%의 HIGH 구간을 갖습니다.

13 : 2.0초 동안 기다립니다.

14 : pwm 객체에 대해 ChangeDutyCycle 함수를 호출하여 사각 파형의 HIGH 구간을 0%로 변경합니다. 이렇게 하면 소리가 꺼지게 됩니다.

02 다음과 같이 예제를 실행합니다.

```
$ sudo python3 _08_pwm_buzzer.py
```

부저에서 2초간 나는 도 음을 확인합니다.

03 다음과 같이 예제를 수정합니다.

_08_pwm_buzzer_2.py

```
01 :    import RPi.GPIO as GPIO
02 :    import time
03 :
04 :    buzzer_pin =18
05 :
06 :    GPIO.setmode(GPIO.BCM)
07 :
08 :    GPIO.setup(buzzer_pin, GPIO.OUT)
09 :
10 :    pwm = GPIO.PWM(buzzer_pin, 1.0)
11 :    pwm.start(50.0)
12 :
13 :    for cnt in range(0,3):
```

```
14 :     pwm.ChangeFrequency(262)
15 :     time.sleep(0.5)
16 :     pwm.ChangeFrequency(294)
17 :     time.sleep(0.5)
18 :
19 : pwm.ChangeDutyCycle(0.0)
20 :
21 : pwm.stop()
22 : GPIO.cleanup()
```

10 : GPIO.PWM 객체를 생성하면서 buzzer_pin으로 나갈 PWM 파형의 주파수를 1.0Hz로 설정합니다. 주파수 값은 0.0 보다 커야 합니다.

11 : pwm 객체에 대해 start 함수를 호출 PWM 구동을 시작합니다. 인자로 50.0을 줍니다.

13 : cnt 변수 값을 0부터 3 미만의 정수에 대해 14~17줄의 동작을 3회 반복합니다.

14 : pwm 객체에 대해 ChangeFrequency 함수를 호출하여 PWM 파형의 주파수를 262로 변경해 줍니다. 262는 4 옥타브 도 음의 주파수입니다. ChangeFrequency 함수는 PWM 파형의 주파수를 변경하는 함수입니다. 10 번 째 줄에서 PWM 객체를 생성하여 PWM 파형의 초기 주파수를 설정한 이후에, 주파수를 변경하고자 할 경우엔 ChangeFrequency 함수를 사용합니다.

15 : time.sleep 함수를 호출하여 0.5초간 기다립니다.

16, 17 : 레 음을 1초간 냅니다. 294는 4옥타브 레 음의 주파수입니다.

04 다음과 같이 예제를 실행합니다.

```
$ sudo python3 _08_pwm_buzzer_2.py
```

도 음과 레 음이 0.5초 간격으로 3회 반복되는 것을 확인합니다.

03-9 부저 멜로디 연주하기

여기서는 부저를 이용하여 멜로디를 생성해 보도록 하겠습니다.

01 다음과 같이 예제를 수정합니다.

_08_pwm_buzzer_3.py

```
01 : import RPi.GPIO as GPIO
02 : import time
03 :
04 : buzzer_pin =18
05 :
06 : GPIO.setmode(GPIO.BCM)
07 :
08 : GPIO.setup(buzzer_pin, GPIO.OUT)
```

```
09 :
10 : pwm = GPIO.PWM(buzzer_pin, 1.0)
11 : pwm.start(50.0)
12 :
13 : melody = [262,294,330,349,392,440,494,523]
14 :
15 : for note in range(0,8):
16 :     pwm.ChangeFrequency(melody[note])
17 :     time.sleep(0.5)
18 :
19 : pwm.ChangeDutyCycle(0.0)
20 :
21 : pwm.stop()
22 : GPIO.cleanup()
```

13 : 4 옥타브의 도, 레, 미, 파, 솔, 라, 시와 5 옥디브의 도에 해당하는 주파수를 값으로 갖는 목록 객체를 만든 후, melody 변수를 생성하여 가리키도록 합니다.

15 : note 변수 값을 0부터 8 미만의 정수에 대해 16,17줄을 수행합니다.

16 : pwm 객체에 대해 ChangeFrequency 함수를 호출하여 melody[note]주파수로 설정하고 있습니다.

17 : 0.5초간 기다립니다.

19 : pwm 객체에 대해 ChangeDutyCycle 함수를 호출하여 사각 파형의 HIGH 구간을 0.0%로 설정합니다. 이렇게 하면 부저 음이 나지 않게 됩니다.

02 다음과 같이 예제를 실행합니다.

```
$ sudo python3 _08_pwm_buzzer_3.py
```

0.5초 간격으로 도, 레, 미, 파, 솔, 라, 시, 도 음이 연주되는 것을 확인합니다.

03 다음과 같이 예제를 수정합니다.

_08_pwm_buzzer_4.py

```
01 : import RPi.GPIO as GPIO
02 : import time
03 :
04 : buzzer_pin =18
05 :
06 : GPIO.setmode(GPIO.BCM)
07 :
08 : GPIO.setup(buzzer_pin, GPIO.OUT)
09 :
10 : pwm = GPIO.PWM(buzzer_pin, 1.0)
11 : pwm.start(50.0)
12 :
```

```
13  :  melody = [262,294,330,349,392,440,494,523]
14  :
15  :  for note in range(0,8):
16  :      pwm.ChangeFrequency(melody[note])
17  :      time.sleep(0.5)
18  :
19  :  for note in range(7,-1,-1):
20  :      pwm.ChangeFrequency(melody[note])
21  :      time.sleep(0.5)
22  :
23  :  pwm.ChangeDutyCycle(0.0)
24  :
25  :  pwm.stop()
26  :  GPIO.cleanup()
```

21 : note 변수 값을 7부터 −1초과까지 1씩 감소시켜가면서 20,21줄을 수행합니다.

04 다음과 같이 예제를 실행합니다.

```
$ sudo python3 _08_pwm_buzzer_4.py
```

0.5초 간격으로 도, 레, 미, 파, 솔, 라, 시, 도, 도, 시, 라, 솔, 파, 미, 레, 도 음이 연주되는 것을 확인합니다.

03-10 서보 모터 살펴보기

본 책에서 사용할 서보 모터는 다음과 같습니다.

일반적으로 서보 모터는 0~180도 범위에서 움직입니다.

다음은 서보 모터를 분해한 모습입니다.

서보 모터는 크게 DC 모터, 기어 시스템, 가변 저항, 제어 기판으로 구성됩니다.
다음은 아래쪽에서 살펴본 부분입니다.

제어기판(❶), DC 모터(❷), 가변 저항(❸)을 볼 수 있습니다.

서보 모터 파형 이해하기

서보 모터 파형의 주기는 일반적으로 20ms이며, 주파수는 50Hz입니다. 입력 파형의 HIGH 값은
1~2ms 사이의 값을 갖습니다.

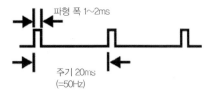

서보 모터는 입력 파형의 HIGH 값에 따라 움직이는 각도가 달라집니다.

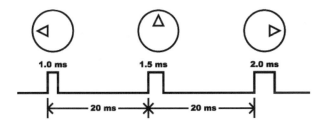

입력 파형의 HIGH 값이 1.0 밀리초일 경우엔 0도, 2.0 밀리초일 경우엔 180도가 되며, 나머지 각도
는 1.0 밀리초와 2.0 밀리초 사이에서 비례적으로 결정됩니다.

※ 이 책에서 사용하는 SG90 서보모터의 경우 0.6 밀리 초와 2.5 밀리 초의 True 값을 주어야 0도에서 180도 범위를 움직입니다.

서보 모터는 다음과 같이 로봇의 관절을 구현하기 위해 사용할 수 있습니다.

또 RC 카의 방향을 조절하는 데에도 이용합니다.

03-11 서보 모터 회로 구성하기

다음 핀 맵을 참조하여 라즈베리파이 보드와는 다음과 같이 연결합니다.

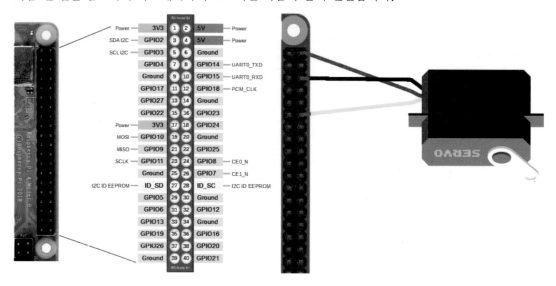

서보 모터의 노란색 전선을 라즈베리파이 보드의 GPIO18번 핀에 연결합니다. 서보 모터의 검은색 또는 갈색 전선을 라즈베리파이 보드의 GND 핀에 연결합니다. 서보 모터의 빨간색 전선을 라즈베리파이 보드의 5V 핀에 연결합니다. 3.3V에 연결할 경우 서보 모터의 동력원이 약하며, 모터 회전 시 라즈베리파이가 리셋 되어 재부팅될 수도 있습니다. 서보 모터를 이용하여 프로젝트를 수행할 때에는 서보 모터의 동력원을 외부 배터리로 해야 합니다. 서보 모터는 내부적으로 회로가 구성되어 있으므로 외부에 추가 회로를 붙이지 않아도 됩니다.

03-12 서보 모터 각도 조절해보기

여기서는 서보모터의 각도를 0도, 90도로 조절해봅니다.

01 다음과 같이 예제를 작성합니다.

_09_pwm_servo.py

```
01 : import RPi.GPIO as GPIO
02 : import time
03 :
04 : servo_pin =18
05 :
06 : GPIO.setmode(GPIO.BCM)
07 :
08 : GPIO.setup(servo_pin, GPIO.OUT)
```

```
09 :
10 :  pwm = GPIO.PWM(servo_pin, 50) # 50Hz
11 :  pwm.start(3.0) #0.6ms
12 :
13 :  time.sleep(2.0)
14 :  pwm.ChangeDutyCycle(0.0)
15 :
16 :  pwm.stop()
17 :  GPIO.cleanup()
```

04 : 정수 객체 18을 생성한 후, sevro_pin 변수를 선언하여 가리키게 합니다.

10 : GPIO.PWM 객체를 생성하면서 servo_pin으로 나갈 PWM 파형의 주파수를 50Hz로 설정합니다. 50Hz는 서보 제어를 위해 필요한 주파수입니다.

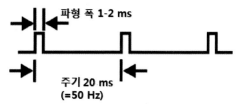

11 : pwm 객체에 대해 start 함수를 호출하여 PWM 구동을 시작합니다. 인자로 3.0을 줍니다. 이렇게 하면 servo_pin 으로 0.6 밀리초 동안 HIGH 값이 나가며, 서보 모터는 0도로 회전합니다. 인자가 3일 경우 3%를 의미하며 20 밀리 초*(3/100) = 0.6 밀리초가 됩니다.

13 : 2초 동안 기다립니다.

14 : pwm 객체에 대해 ChangeDutyCycle 함수를 호출하여 사각 파형의 HIGH 구간을 0.0%로 설정합니다. 이렇게 하면 서보의 동작이 멈춥니다.

02 다음과 같이 예제를 실행합니다.

```
$ sudo python3 _09_pwm_servo.py
```

서보가 0도 각도로 회전하는 것을 확인합니다.

03 다음과 같이 예제를 수정합니다.

_09_pwm_servo_2.py

```
01 :  import RPi.GPIO as GPIO
02 :  import time
03 :
04 :  servo_pin =18
05 :
06 :  GPIO.setmode(GPIO.BCM)
07 :
08 :  GPIO.setup(servo_pin, GPIO.OUT)
```

```
09 :
10 :  pwm = GPIO.PWM(servo_pin, 50)
11 :  pwm.start(3.0)
12 :
13 :  for cnt in range(0,3):
14 :      pwm.ChangeDutyCycle(3.0)
15 :      time.sleep(1.0)
16 :      pwm.ChangeDutyCycle(12.5)
17 :      time.sleep(1.0)
18 :
19 :  pwm.ChangeDutyCycle(0.0)
20 :
21 :  pwm.stop()
22 :  GPIO.cleanup()
```

13 : cnt 변수 값을 0부디 3 미만까지 1씩 증가시켜가면서 14~17줄의 동작을 3회 반복합니다.
14, 15 : 0도로 이동합니다. 서보가 회전하기 위해서는 일정한 시간이 필요하며, 여기서는 1초간 이동할 시간을 줍니다.
16, 17 : 90도로 이동합니다.

04 다음과 같이 예제를 실행합니다.

```
$ sudo python3 _09_pwm_servo_2.py
```

서보가 0도과 90도를 2초 주기로 3회 회전하는 것을 확인합니다.

03-13 서보 모터 0~180도 조절해보기

여기서는 0도에서 180도까지 조절해 보도록 합니다.

01 다음과 같이 예제를 수정합니다.

_09_pwm_servo_3.py

```
01 :  import RPi.GPIO as GPIO
02 :  import time
03 :
04 :  servo_pin =18
05 :
06 :  GPIO.setmode(GPIO.BCM)
07 :
08 :  GPIO.setup(servo_pin, GPIO.OUT)
09 :
```

```
10 :  pwm = GPIO.PWM(servo_pin, 50)
11 :  pwm.start(3.0)
12 :
13 :  for t_high in range(30,125):
14 :      pwm.ChangeDutyCycle(t_high/10.0)
15 :      time.sleep(0.02)
16 :
17 :  pwm.ChangeDutyCycle(3.0)
18 :  time.sleep(1.0)
19 :  pwm.ChangeDutyCycle(0.0)
20 :
21 :  pwm.stop()
22 :  GPIO.cleanup()
```

13 : for 문을 사용하여 t_high 변수 값을 30부터 125 미만까지 1 간격으로 변경하면서, 14,15줄을 수행합니다.

14 : pwm 객체에 대해 ChangeDutyCycle 함수를 호출하여 t_high 변수 값을 10.0으로 나눈 값을 인자로 줍니다. 이렇게 하면 3.0, 3.1, 3.2, ..., 12.4에 해당하는 비율 값이 차례로 인자로 넘어갑니다.

15 : 0.02초(=2밀리초) 동안 기다립니다.

17 : pwm 객체에 대해 ChangeDutyCycle 함수를 호출하여 servo_pin으로 나가는 PWM의 HIGH 구간의 비율을 3.0으로 설정하여 서보모터의 각도가 0도가 되게 합니다.

18 : 1.0초 동안 기다립니다.

19 : pwm 객체에 대해 ChangeDutyCycle 함수를 호출하여 servo_pin으로 나가는 사각 파형의 HIGH 구간을 0.0%로 설정 합니다. 이렇게 하면 서보의 동작이 멈춥니다.

02 다음과 같이 예제를 실행합니다.

```
$ sudo python3 _09_pwm_servo_3.py
```

서보모터가 약 1.9초 동안 0도에서 180도까지 회전한 후, 0도로 다시 돌아오는 것을 확인합니다.

03 다음과 같이 예제를 수정합니다.

_09_pwm_servo_4.py

```
01 :  import RPi.GPIO as GPIO
02 :  import time
03 :
04 :  servo_pin =18
05 :
06 :  GPIO.setmode(GPIO.BCM)
07 :
08 :  GPIO.setup(servo_pin, GPIO.OUT)
09 :
10 :  pwm = GPIO.PWM(servo_pin, 50)
```

```
11 :    pwm.start(3.0)
12 :
13 :    for t_high in range(30,125):
14 :        pwm.ChangeDutyCycle(t_high/10.0)
15 :        time.sleep(0.02)
16 :
17 :    for t_high in range(124,30,-1):
18 :        pwm.ChangeDutyCycle(t_high/10.0)
19 :        time.sleep(0.02)
20 :
21 :    pwm.ChangeDutyCycle(0.0)
22 :
23 :    pwm.stop()
24 :    GPIO.cleanup()
```

17 : t_high 변수를 124부터 30 초과까지 1씩 감소시켜가면서, 18,19줄의 동작을 수행합니다.

04 다음과 같이 예제를 실행합니다.

```
$ sudo python3 _09_pwm_servo_4.py
```

서보모터가 약 1.9초 동안 0도에서 180도까지 회전한 후, 다시 약 1.9초 동안 180도에서 0도까지 회전하는 것을 확인합니다.

04 _ input 함수

input 함수는 사용자 입력을 받는 함수입니다. 사용자로부터 명령을 받고자 할 경우 input 함수를 사용할 수 있습니다.

04-1 사용자 입력 받기

01 다음과 같이 예제를 작성합니다.

_10_input.py

```
01 : try:
02 :     while True:
03 :         userInput = input() # for string
04 :         print(userInput)
05 :
06 : except KeyboardInterrupt:
07 :     pass
```

03 : input 함수를 호출하여 키보드로 입력받은 문자열을 userInput 변수로 받습니다.
04 : print 함수를 호출하여 사용자로부터 전달된 문자열을 출력합니다.

02 다음과 같이 예제를 실행합니다.

```
$ sudo python3 _10_input.py
```

키보드를 통해 문자열, 숫자를 입력해봅니다.

프로그램을 강제 종료하기 위해서는 `Ctrl` 키를 누른 채로 `C` 키를 눌러줍니다.

※ 파이썬 2.7의 경우는 raw_input 함수를 사용합니다.

04-2 파이썬 프롬프트 흉내내기

여기서는 파이썬 프롬프트처럼 프롬프트를 표시해 봅니다. 프롬프트는 사용자 입력 위치를 표시하는 문자열입니다.

01 다음과 같이 예제를 작성합니다.

_10_input_2.py

```
01 : try:
02 :     while True:
03 :         userInput = input(">>> ")
04 :         print("You entered", userInput)
05 :         if userInput =="quit()":
06 :             print("bye...")
07 :             break
8 :
9 : except KeyboardInterrupt:
10 :     pass
```

03 : input 함수 호출 시 인자로 ">>> " 문자열을 줍니다. input 함수에 주는 인자는 사용자 입력 위치를 표시하는 문자열입니다.
04 : print 함수를 호출하여 사용자로부터 전달된 문자열을 출력합니다.
05 : 사용자 입력값이 "quit()" 문자열이면
06 : print 함수를 호출하여 "bye" 문자열을 출력하고
07 : break 문으로 while 문을 빠져 나옵니다.

02 다음과 같이 예제를 실행합니다.

```
$ sudo python3 _10_input_2.py
```

키보드를 통해 문자열, 숫자를 입력해봅니다. 종료하기 위해서 quit()를 입력합니다.

프로그램을 강제 종료하기 위해서는 Ctrl 키를 누른 채로 C 키를 눌러줍니다.

05 _ Rpi.GPIO.input 함수

RPi.GPIO.input 함수는 라즈베리파이에서 논리적으로 0, 1을 전기적으로는 0V, 3.3V를 읽는 함수입니다.

다음에 노랗게 표시된 GPIO 핀의 상태를 읽을 수 있습니다.

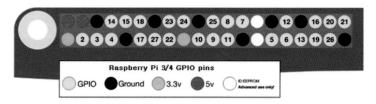

05-1 0, 1 읽어보기

여기서는 RPi.GPIO.input 함수를 이용하여 0과 1을 읽어봅니다.

01 다음과 같이 예제를 작성합니다.

_11_gpio_input.py

```
01 : import RPi.GPIO as GPIO
02 :
03 : button_pin =27
04 :
05 : GPIO.setmode(GPIO.BCM)
06 :
07 : GPIO.setup(button_pin, GPIO.IN)
08 :
09 : try:
10 :     while True:
11 :             buttonInput = GPIO.input(button_pin)
12 :             print(buttonInput)
13 :
14 : except KeyboardInterrupt:
15 :     pass
16 :
17 : GPIO.cleanup()
```

01 : RPi.GPIO 모듈을 GPIO로 불러옵니다. RPi.GPIO 모듈은 5,7,11,17줄에 있는 setmode, setup, input, cleanup 함수를 가지고 있으며, 버튼 입력을 받기 위해 필요합니다.

03 : 정수 객체 27을 생성한 후, button_pin 번수로 가리키게 합니다. 여기서 27은 BCM GPIO 핀 번호를 나타냅니다.

05 : GPIO.setmode 함수를 호출하여 BCM GPIO 핀 번호를 사용하도록 설정합니다.

07 : GPIO.setup 함수를 호출하여 button_pin을 GPIO 입력으로 설정합니다.

10 : 계속 반복해서 10~12줄을 수행합니다. while 문을 끝내기 위해서는 CTRL+c 키를 누릅니다.

11 : GPIO.input 함수를 호출하여 button_pin 값을 읽어 buttonInput 변수가 가리키도록 합니다.

12 : buttonInput 변수 값을 출력합니다.

17 : GPIO.cleanup 함수를 호출하여 GPIO 핀의 상태를 초기화해 줍니다.

02 다음과 같이 예제를 실행합니다.

```
$ sudo python3 _11_gpio_input.py
```

다음과 같이 핀 맵을 참조하여 GPIO27 번 핀을 0V, 3.3V 연결해 테스트해 봅니다.

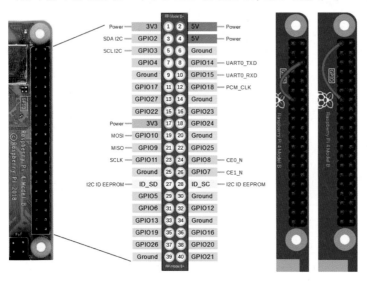

0V에 연결하여 0값이 출력되는 것을 확인합니다. 3.3V에 연결하여 1값이 출력되는 것을 확인합니다.

프로그램을 강제 종료하기 위해서는 Ctrl 키를 누른 채로 C 키를 눌러줍니다.

※ 선이 연결되어 있지 않은 상태에서도 0 또는 1이 입력되기도 합니다. 이 경우 핀이 떠 있는 상태라고 하며 값이 정의되지 않은 상태입니다. 따라서 입력되는 값에 대해 논리적인 의미를 두지 않습니다.

05-2 푸시버튼 살펴보기

일반적인 푸시 버튼의 모양은 다음과 같습니다.

다음과 같이 두 쌍의 핀이 있으며, 각 쌍은 내부적으로 연결되어 있습니다.

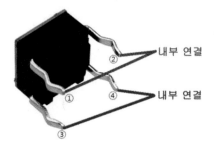

내부적인 연결은 다음과 같습니다.

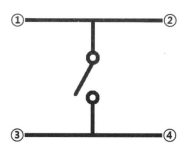

가운데 버튼을 누르면 양 쪽의 핀이 연결되는 구조입니다.

푸시 버튼을 나타내는 기호는 다음과 같고, 극성은 없습니다.

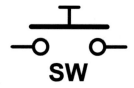

버튼 입력 회로는 일반적으로 다음과 같습니다.

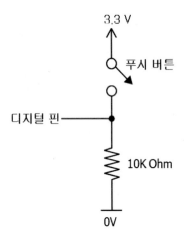

이 경우 디지털 핀은 버튼이 눌리지 않았을 때는 10K Ohm 저항을 통해 0V로 연결되며, 논리적으로 0 값이 입력됩니다(10K Ohm 저항 대신에 220 Ohm, 330 Ohm, 1K Ohm 저항을 사용하는 경우도 있습니다. 그러나 저항값이 너무 낮으면 흐르는 전류량이 많아져 전력 소모가 심해집니다). 버튼을 눌렀을 경우에 디지털 핀은 3.3V로 연결되며, 논리적으로 1 값이 입력됩니다. 저항이 없는 상태에서 버튼을 누를 경우 3.3V와 0V가 직접 연결되는 단락 회로(short-circuit)가 만들어지며, 이 경우 저항이 0 Ω에 가까운 회로가 만들어집니다. 이럴 경우 옴의 법칙(I = V/R)에 의해 아주 큰 전류가 흐르게 되고, 보호 회로가 없을 경우에 칩이 망가질 수 있습니다. 저항은 단락 회로를 방지하는 역할을 하게 됩니다.

버튼 입력 회로는 다음과 같이 구성할 수도 있습니다.

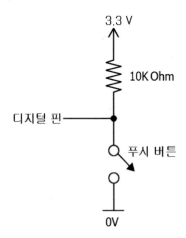

이 경우 디지털 핀은 버튼이 눌리지 않았을 때는 220 Ohm 저항을 통해 3.3V로 연결되며, 논리적으로 1 값이 입력됩니다. 220 Ohm 저항 대신에 330 Ohm, 1K Ohm, 10K Ohm 저항을 사용할 수도 있습니다. 버튼을 눌렀을 경우에 디지털 핀은 0V로 연결되며, 논리적으로 0 값이 입력됩니다..

05-3 버튼 회로 구성하기

핀 맵을 참조하여 다음과 같이 회로를 구성합니다.

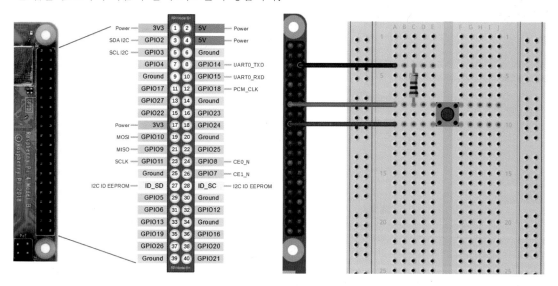

버튼의 한 쪽 핀을 3.3V로 연결합니다. 그림에서는 빨간색 전선 부분입니다. 버튼의 다른 쪽 핀을 1K Ohm 저항을 통해 GND로 연결해 줍니다. 그림에서는 검은색 전선 부분입니다. 저항의 다른 쪽 핀을 2 번 핀에 연결합니다.

다음과 같이 프로그램을 수행하여 테스트를 수행합니다.

```
$ sudo python3 _11_gpio_input.py
```

버튼을 누른 채 값을 읽어 봅니다. 버튼을 떼고 값을 읽어봅니다.

05-4 버튼 값에 따라 LED 켜기

여기서는 버튼을 누르면 LED가 켜지고 버튼을 떼면 LED가 꺼지도록 프로그램을 작성해 보도록 합니다.

01 핀 맵을 참조하여 다음과 같이 회로를 구성합니다.

버튼의 한 쪽 핀을 3.3V로 연결합니다. 그림에서는 빨간색 전선 부분입니다. 버튼의 다른 쪽 핀을 10K Ohm 저항을 통해 GND로 연결해 줍니다. 그림에서는 검은색 전선 부분입니다. 저항의 다른 쪽 핀을 2 번 핀에 연결합니다. LED의 긴 핀(+)을 220 Ohm 저항을 통해 라즈베리파이 보드의 3번 핀에 연결합니다. LED의 짧은 핀(−)은 GND 핀에 연결합니다.

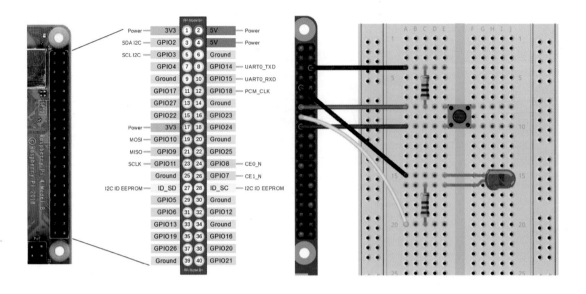

02 다음과 같이 예제를 작성합니다.

_11_gpio_input_2.py

```
01 : import RPi.GPIO as GPIO
02 :
03 : button_pin =27
04 : led_pin =22
05 :
06 : GPIO.setmode(GPIO.BCM)
07 :
08 : GPIO.setup(button_pin, GPIO.IN)
09 : GPIO.setup(led_pin, GPIO.OUT)
10 :
11 : try:
12 :     while True:
13 :             buttonInput = GPIO.input(button_pin)
14 :             GPIO.output(led_pin, buttonInput)
15 :
16 : except KeyboardInterrupt:
17 :     pass
18 :
19 : GPIO.cleanup()
```

04 : 정수 객체 22를 생성한 후, led_pin 변수로 가리키게 합니다.

09 : led_pin을 출력으로 설정합니다.

13 : GPIO.input 함수를 호출하여 button_pin 값을 읽어 buttonInput 변수가 가리키도록 합니다.

14 : GPIO.output 함수를 호출하여 buttonInput 값을 led_pin으로 씁니다.

03 다음과 같이 예제를 실행합니다.

```
$ sudo python3 _11_gpio_input_2.py
```

버튼을 누르면 LED가 켜지고 버튼을 떼면 LED가 꺼지는 것을 확인합니다.
프로그램을 강제 종료하기 위해서는 <kbd>Ctrl</kbd> 키를 누른 채로 <kbd>C</kbd> 키를 눌러줍니다.

05-5 버튼 토글하기

이전 예제에서는 버튼을 누르고 있어야만 LED가 켜졌습니다. 버튼을 떼게 되면 LED가 꺼지게 되어
불편합니다. 여기서는 버튼을 한 번 누르면 LED가 켜지고, 한 번 더 누르면 LED가 꺼지도록 해 봅
니다.

01 다음과 같이 예제를 수정합니다.

_11_gpio_input_3.py

```
01 : import RPi.GPIO as GPIO
02 :
03 : button_pin =27
04 : led_pin =22
05 :
06 : GPIO.setmode(GPIO.BCM)
07 :
08 : GPIO.setup(button_pin, GPIO.IN)
09 : GPIO.setup(led_pin, GPIO.OUT)
10 :
11 : buttonInputPrev = False
12 : ledOn = False
13 :
14 : try:
15 :     while True:
16 :             buttonInput = GPIO.input(button_pin)
17 :
18 :             if buttonInput and not buttonInputPrev:
19 :                     print("rising edge")
20 :                     ledOn = True if not ledOn else False
21 :                     GPIO.output(led_pin, ledOn)
22 :             elif not buttonInput and buttonInputPrev:
23 :                     print("falling edge")
24 :             else: pass
25 :
26 :             buttonInputPrev = buttonInput
```

```
27 :
28 :  except KeyboardInterrupt:
29 :      pass
30 :
31 :  GPIO.cleanup()
```

11 : buttonInputPrev 변수를 선언한 후, False 값으로 초기화합니다. buttonInputPrev 변수는 바로 전 GPIO.input 함수가 호출되었을 때의 버튼의 상태 값을 저장하는 변수입니다.

12 : ledOn 변수를 선언한 후, False 값으로 초기화합니다. ledOn 변수는 LED가 켜진 상태를 저장하는 변수입니다.

16 : GPIO.input 함수를 호출하여 button_pin 값을 읽어 buttonInput 변수가 가리키도록 합니다.

18 : buttonInput 변수가 True를 가리키고, 즉, 현재 버튼이 눌려졌고, buttonInputPrev 변수가 True가 아닌 False를 가리키고, 즉, 이전에 버튼이 눌려지지 않았으면

19 : print 함수를 호출하여 "rising edge" 문자열을 출력하고

20 : ledOn 변수가 True 또는 False를 가리키게 합니다. ledOn 변수가 False를 가리키고 있었다면 True를 가리키도록 변경하고 그렇지 않을 경우, 즉, ledOn 변수가 True를 가리키고 있었다면 False를 가리키도록 변경합니다.

21 : GPIO.output 함수를 호출하여 led_pin에 ledOn 값을 씁니다.

22 : 그렇지 않고 buttonInput 변수가 False를 가리키고, 즉, 현재 버튼이 눌려져있지 않고, buttonInputPrev 변수가 True를 가리키고 있으면, 즉, 이전에 버튼이 눌려져 있으면

23 : print 함수를 호출하여 "falling edge" 문자열을 출력하고

24 : 그렇지 않으면, 즉, buttonInput 값과 buttonInputPrev 값이 동시에 True이거나 동시에 False이면 아무것도 수행하지 않습니다.

26 : buttonInput이 가리키는 값을 buttonInputPrev 변수가 가리키도록 합니다.

02 다음과 같이 예제를 실행합니다.

```
$ sudo python3 _11_gpio_input_3.py
```

버튼을 누르면 LED가 켜지고 버튼을 떼면 LED가 꺼지는 것을 확인합니다.

프로그램을 강제 종료하기 위해서는 Ctrl 키를 누른 채로 C 키를 눌러줍니다.

06 _ RPi.GPIO.add_event_callback 함수

이전 예제에서 버튼을 한 번 누르면 LED가 켜지고, 한 번 더 누르면 LED가 꺼지도록 해 보았습니다. 이 경우 외부 인터럽트를 이용해서 해결할 수도 있습니다.

여기서는 외부 인터럽트에 대해 살펴보고, 외부 인터럽트 처리기를 구현해 봅니다.

06-1 외부 인터럽트 살펴보기

WiringPi GPIO 핀은 모두 외부 인터럽트를 발생시키도록 설정할 수 있습니다.

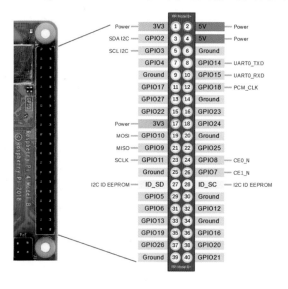

외부 인터럽트 처리하기

GPIO 핀으로 입력되는 값이 0에서 1로 또는 1에서 0으로 신호가 바뀌면 GPIO 모듈을 통해서 BCM2835 내부에 있는 CPU로 인터럽트 신호를 보낼 수 있습니다. CPU는 인터럽트 신호를 받으면, 하드웨어적으로 함수를 호출하게 되는데, 이 때 수행되는 함수가 외부 인터럽트 처리 함수가 됩니다. CPU는 인터럽트 처리 함수를 수행하고 나서는 원래 수행되던 코드로 돌아갑니다.

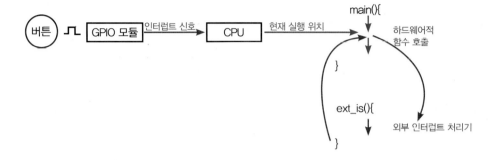

버튼 ┌┐ GPIO 모듈 ─인터럽트 신호→ CPU ─현재 실행 위치→ main(){

하드웨어적
함수 호출

}

ext_is(){

외부 인터럽트 처리기

}

06-2 버튼 인터럽트로 LED 켜기

여기서는 외부 인터럽트를 이용하여 LED를 켜고 끄도록 해봅니다.

01 다음과 같이 예제를 작성합니다.

_12_ext_int.py

```
01 : import RPi.GPIO as GPIO
02 :
03 : led_state = False
04 : led_state_changed = False
05 : def buttonPressed(channel):
06 :     global led_state
07 :     global led_state_changed
08 :     led_state = True if not led_state else False
09 :     led_state_changed = True
10 :
11 : button_pin =27
12 : led_pin =22
13 :
14 : GPIO.setmode(GPIO.BCM)
15 :
16 : GPIO.setup(led_pin, GPIO.OUT)
17 :
18 : GPIO.setup(button_pin, GPIO.IN)
19 : GPIO.add_event_detect(button_pin, GPIO.RISING)
20 : GPIO.add_event_callback(button_pin, buttonPressed)
21 :
22 : try:
23 :     while True:
24 :             if led_state_changed == True:
25 :                     led_state_changed = False
26 :                     GPIO.output(led_pin, led_state)
27 :
28 : except KeyboardInterrupt:
29 :     pass
30 :
31 : GPIO.cleanup()
```

03 : led_state 변수를 선언하여 False를 가리키게 합니다. led_state 변수는 LED의 상태 값을 가리키는 변수입니다.

04 : led_state_changed 변수를 선언하여 False를 가리키게 합니다. led_state_changed 변수는 LED의 상태가 바뀌었다는 것을 알리는 변수입니다.

05~09 : buttonPressed 함수를 정의합니다. 버튼이 눌렸을 경우 수행되는 함수입니다.

06 : led_state 변수를 전역으로 선언합니다. 8 번째 줄에서 led_state 변수 값을 변경하는데, 전역 변수를 함수 내에서 변경하고자 할 경우엔 global 키워드를 붙여주어야 합니다. 그렇지 않을 경우 같은 이름을 가진 buttonPressed 함수의 지역 변수를 생성하려고 시도합니다.

07 : led_state_changed 변수를 전역으로 선언합니다. 9 번째 줄에서 led_state_changed 변수 값을 변경하는데, 전역 변수를 함수 내에서 변경하고자 할 경우엔 global 키워드를 붙여주어야 합니다. 그렇지 않을 경우 같은 이름을 가진 buttonPressed 함수의 지역 변수가 생성됩니다.

08 : led_state 변수 값이 False이면 True를 led_state 변수에 대입합니다. led_state 변수 값이 True이면 False 값을 led_state 변수에 대입합니다.

09 : led_state_changed 변수 값을 True로 설정하여 led_state 변수 값이 바뀌었다는 것을 표시합니다.

18 : GPIO.setup 함수를 호출하여 button_pin을 GPIO 입력으로 설정합니다. 인터럽트 핀으로 사용할 경우에도 GPIO 입력으로 설정해 주어야 합니다.

19 : GPIO.add_event_detect 함수를 호출하여 button 핀의 값이 LOW에서 HIGH로 상승하는 순간 인터럽트가 발생하도록 설정합니다.

20 : GPIO.add_event_callback 함수를 호출하여 button 핀으로부터 인터럽트가 발생할 경우 buttonPressed 함수가 호출될 수 있도록 buttonPressed 함수를 등록합니다.

23 : 계속해서 23~26줄을 수행합니다.

24 : led_state_changed 변수 값이 True이면

25 : led_state_changed 변수 값을 False로 돌려놓고

26 : GPIO.output 함수를 호출하여 led_pin에 led_state 값을 씁니다.

02 다음과 같이 예제를 실행합니다.

```
$ sudo python3 _12_ext_int.py
```

버튼을 누르면 LED가 켜지고, 다시 버튼을 누르면 LED가 꺼지는 것을 확인합니다.

프로그램을 강제 종료하기 위해서는 Ctrl 키를 누른 채로 C 키를 눌러줍니다.

※ 버튼을 누르면 LED가 깜빡이며 이전상태를 유지하는 경우도 있습니다. 이런 현상을 채터링이라고 하며, 문제를 해결하기 위해서는 회로 상에는 축전지를 장착하고, 소프트웨어적으로는 일정 시간동안 버튼의 상태가 유지되는 것을 확인하는 루틴을 추가해주어야 합니다.

07 _ threading.Thread 클래스

라즈베리파이는 리눅스 운영체제를 기반으로 동작합니다. 리눅스 운영체제는 쓰레드 프로그램을 지원합니다. 쓰레드 프로그램은 하나의 프로그램에서 여러 가지 입력을 받아 처리해야하는 경우에 필요합니다. 예를 들어, 하나의 프로그램에서 키보드 입력, 버튼 입력, 시간 지연을 위한 시간 입력을 동시에 처리해야 할 경우에 필요합니다. 여기서는 쓰레드 생성을 위해 threading.Thread 클래스를 소개합니다.

07-1 쓰레드 이해하기

우리가 작성하는 프로그램은 하나의 프로세스 상에서 수행됩니다. 프로세스란 CPU가 수행하는 작업의 단위로 하나의 프로그램을 수행하기 위한 환경을 나타냅니다. 하나의 프로세스는 기본적으로 하나의 쓰레드를 갖습니다. 이 쓰레드를 주 쓰레드라고 합니다. 우리가 작성하는 프로그램은 주 쓰레드 상에서 수행됩니다. 주 쓰레드는 키보드 입력을 기다리다가 키보드 입력이 있으면 키보드 입력을 처리하고 다시 키보드 입력을 기다리는 형태로 동작합니다. 주 쓰레드가 키보드 입력을 기다리는 동안에는 CPU에 의해 수행되지 않는 상태가 됩니다.

쓰레드는 하나의 입력을 처리하는 프로그램의 흐름을 나타냅니다. 주 쓰레드의 입력은 키보드 입력이 됩니다. 우리가 작성하는 대부분의 프로그램은 키보드 입력을 기다리다 처리하는 구조로 되어 있습니다. 그러다보니 하나의 쓰레드로 처리가 가능했습니다.

둘 이상의 쓰레드가 필요한 환경은 통신 프로그램입니다. 예를 들어, 온라인 게임과 같은 프로그램입니다. 통신 프로그램의 경우엔 지역 사용자의 키보드 입력도 처리해야 하지만 소켓을 통해 입력되는 원격 사용자의 키보드 입력도 처리해야 합니다. 그래서 원격 사용자의 입력을 처리하기 위한 쓰레드가 하나 더 필요합니다. 이 때 추가되는 쓰레드를 부 쓰레드라고 합니다.

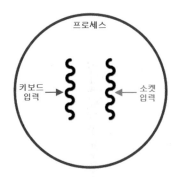

새로 추가된 부 쓰레드는 소켓 입력을 기다리다가 소켓 입력이 있으면 소켓 입력을 처리하고 다시 소켓 입력을 기다리는 형태로 동작합니다. 부 쓰레드가 소켓 입력을 기다리는 동안에는 CPU에 의해 수행되지 않는 상태가 됩니다.

라즈베리파이의 경우 입력은 더 다양해집니다. 키보드 입력, 버튼 입력, Serial 통신 입력, I2C 통신 입력, SPI 통신 입력, 시간 지연을 위한 시간 입력을 모두 하나의 프로세스 내에서 처리해야 할 수도 있습니다. 버튼 입력의 경우 버튼 개수에 따라 입력이 늘어날 수도 있습니다. 이 경우 버튼 입력의 개수만큼 쓰레드가 필요할 수도 있습니다. Serial 통신의 경우 HC06 또는 HM10과 같은 블루투스 모듈을 연결하여 입력을 받을 수 있습니다. I2C 통신의 경우 MPU6050과 같은 가속도 자이로 센서 모듈, HMC5883L 기압계 센서 모듈, MS5611 지자계 센서 모듈을 연결하여 입력을 받을 수 있습니다. SPI 통신의 경우 MCP3208과 같은 ADC 센서 모듈을 연결하여 입력을 받을 수 있습니다.

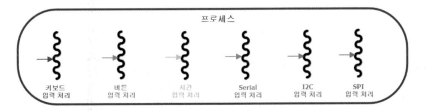

키보드 입력 처리 쓰레드의 경우 input 함수에서 입력을 대기하게 됩니다. 버튼 입력 처리 쓰레드의 경우 RPi.GPIO.add_event_callback 함수를 통해 등록한 함수로부터 전달되는 입력을 기다리게 됩니다. 이 경우 메시지 큐를 통해 입력을 받게 됩니다. 메시지 큐는 뒤에서 살펴봅니다. 시간 입력 처리 쓰레드의 경우, time.sleep 함수에서 시간이 지나기를 기다리게 됩니다.

07-2 쓰레드 생성하기

여기서는 threading.Thread 클래스를 이용하여 쓰레드를 하나 생성한 후, 파이썬 프로그램을 읽고 수행하는 파이썬 쉘과 동시에 작업을 수행해 보도록 합니다.

01 다음과 같이 예제를 작성합니다.

_13_threading.py

```
01 : import threading
02 : import time
03 :
04 : flag_exit = False
05 : def t1_main():
06 :     while True:
07 :             print("\tt1")
08 :             time.sleep(0.5)
09 :             if flag_exit: break
10 :
11 : t1 = threading.Thread(target=t1_main)
12 : t1.start()
13 :
14 : try:
15 :     while True:
16 :             print("main")
17 :             time.sleep(1.0);
18 :
19 : except KeyboardInterrupt:
20 :     pass
21 :
22 : flag_exit = True
23 : t1.join()
```

01   : threading 모듈을 불러옵니다. threading 모듈은 11,12,23 줄에 있는 Thread 생성자 함수, start, join 함수를 가지고 있으며 쓰레드를 사용하기 위해 필요합니다.

04   : flag_exit 변수를 선언하여 False 값으로 초기화합니다. flag_exit 변수가 True값을 가질 경우 9줄에서 쓰레드가 종료되도록 합니다. flag_exit 변수를 True로 설정하는 부분은 22줄입니다.

05~09 : 쓰레드가 수행할 t1_main 함수를 정의합니다.

06   : 계속 반복해서 6~9줄을 수행합니다.

07   : 탭,t1 문자열을 출력하고,

08   : 0.5초간 기다립니다.

09   : flag_exit 값이 True이면 while 문을 빠져 나온 후, 종료합니다.

11   : threading.Thread 객체를 생성하여 t1_main 함수를 수행할 t1 쓰레드를 하나 생성합니다.

12   : t1 객체에 대해 start 함수를 호출하여 쓰레드를 수행 가능한 상태로 변경합니다. 이제 쓰레드는 임의의 순간에 수행될 수 있습니다.

15   : 계속 반복해서 15~17줄을 수행합니다.

16   : main 문자열을 출력하고,

18   : 1.0초간 기다립니다.

22 : 키보드 인터럽트가 발생하면 flag_exit를 True로 설정하여 쓰레드가 종료되도록 합니다.

23 : t1.join 함수를 호출하여 쓰레드가 종료되기를 기다립니다. 쓰레드가 종료되면 주 루틴도 종료됩니다.

02 다음과 같이 예제를 실행합니다.

```
$ sudo python3 _13_threading.py
```

주 루틴과 t1 함수가 동시에 수행되는 것을 확인합니다. 주 루틴은 파이썬 쉘이 직접 수행하며 t1 함수는 threading.Thread 함수에 의해 생성된 쓰레드에서 수행됩니다.

프로그램을 강제 종료하기 위해서는 Ctrl 키를 누른 채로 C 키를 눌러줍니다.

07-3 쓰레드로 다중 작업하기

여기서는 threading.Thread 클래스를 이용하여 쓰레드를 하나 더 생성한 후, 파이썬 쉘과 함께 3개의 쓰레드가 동시에 수행되도록 해 봅니다.

01 다음과 같이 예제를 수정합니다.

_13_threading_2.py

```
01 : import threading
02 : import time
03 :
04 : flag_exit = False
05 : def t1_main():
06 :     while True:
07 :             print("\tt1")
08 :             time.sleep(0.5)
09 :             if flag_exit: break
10 :
11 : def t2_main():
12 :     while True:
13 :             print("\t\tt2")
14 :             time.sleep(0.2)
15 :             if flag_exit: break
16 :
17 : t1 = threading.Thread(target=t1_main)
18 : t1.start()
```

```
19 :  t2 = threading.Thread(target=t2_main)
20 :  t2.start()
21 :
22 :  try:
23 :      while True:
24 :              userInput = input()
25 :              print(userInput)
26 :
27 :  except KeyboardInterrupt:
28 :      pass
29 :
30 :  flag_exit = True
31 :  t1.join()
32 :  t2.join()
```

11~15 : 쓰레드가 수행할 t2_main 함수를 정의합니다.

12   : 계속 반복해서 13~15줄을 수행합니다.

13   : 탭,탭,t2 문자열을 출력하고,

14   : 0.2초간 기다립니다.

15   : flag_exit 값이 True이면 while 문을 빠져 나온 후, 종료합니다.

19   : threading.Thread 객체를 생성하여 t2_main 함수를 수행할 t2 쓰레드를 하나 더 생성합니다.

20   : t2 객체에 대해 start 함수를 호출하여 쓰레드를 수행 가능한 상태로 변경합니다. 이제 쓰레드는 임의의 순간에
          수행될 수 있습니다.

24   : 주 쓰레드는 input 함수를 호출하여 사용자 입력을 기다립니다.

25   : 사용자 입력을 출력합니다.

32   : t2.join 함수를 호출하여 쓰레드가 종료되기를 기다립니다. 쓰레드가 종료되면 주 루틴도 종료됩니다.

02 다음과 같이 예제를 실행합니다.

```
$ sudo python3 _13_threading_2.py
```

주 루틴과 t1_main, t2_main 함수가 동시에 수행되는 것을 확인합니다. 주 루틴은 파이썬 쉘이 수행하며 t1_
main, t2_main 함수는 threading.Thread 클래스에 의해 생성된 2개의 쓰레드에서 수행됩니다. 키보드에
hello 문자열을 입력한 후, 엔터키를 쳐 봅니다. t1_main, t2_main 함수를 수행하는 쓰레드는 주기적으로 화
면으로 출력을 하고, 파이썬 쉘은 사용자 입력을 기다리다가 사용자 입력이 있으면 입력받은 문자열을 출력
합니다.

프로그램을 강제 종료하기 위해서는 Ctrl 키를 누른 채로 C 키를 눌러줍니다.

07-4 쓰레드로 LED 점멸 반복해보기

여기서는 쓰레드를 생성하여 LED의 점멸을 반복해보도록 합니다.
우리는 앞에서 다음과 같은 예제를 수행해 보았습니다.

_06_gpio_output_3.py

```
1  : import RPi.GPIO as GPIO
2  : import time
3  :
4  : led_pin =17
5  :
6  : GPIO.setmode(GPIO.BCM)
7  :
8  : GPIO.setup(led_pin, GPIO.OUT)
9  :
10 : try:
11 :     while True:
12 :             GPIO.output(led_pin, True)
13 :             time.sleep(0.5)
14 :             GPIO.output(led_pin, False)
15 :             time.sleep(0.5)
16 : except KeyboardInterrupt:
17 :     pass
18 :
19 : GPIO.cleanup()
```

이 예제는 단일 작업에 대한 테스트를 수행하는 데는 문제가 없지만 여러 가지 작업을 동시에 수행하고자 할 경우엔 문제가 생깁니다. threading.Thread 클래스를 이용하면 간단하게 LED의 점멸을 반복할 수 있습니다.

01 핀 맵을 참조하여 다음과 같이 회로를 구성합니다.

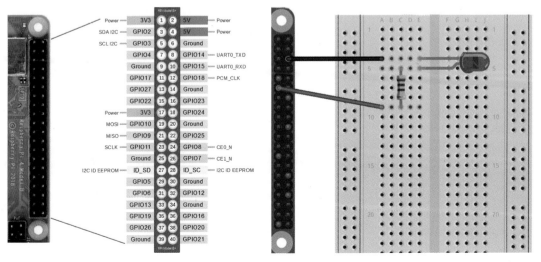

LED의 긴 핀(+)을 220 Ohm 저항을 통해 라즈베리파이 보드의 0번 핀에 연결합니다. LED의 짧은 핀(-)은
GND 핀에 연결합니다.

02 다음과 같이 예제를 수정합니다.

_13_threading_3.py

```
01 : import threading
02 : import time
03 : import RPi.GPIO as GPIO
04 :
05 : led_pin =17
06 :
07 : flag_exit = False
08 : def blink_led():
09 :     while True:
10 :             GPIO.output(led_pin, True)
11 :             time.sleep(0.5)
12 :             GPIO.output(led_pin, False)
13 :             time.sleep(0.5)
14 :
15 :             if flag_exit: break
16 :
17 : GPIO.setmode(GPIO.BCM)
18 : GPIO.setup(led_pin, GPIO.OUT)
19 :
20 : tBL = threading.Thread(target=blink_led)
21 : tBL.start()
22 :
23 : try:
24 :     while True:
25 :             print("main")
26 :             time.sleep(1.0);
27 :
28 : except KeyboardInterrupt:
29 :     pass
30 :
31 : flag_exit = True
32 : tBL.join()
```

08~15 : 쓰레드가 수행할 blink_led 함수를 정의합니다.

09   : 계속 반복해서 9~15줄을 수행합니다.

10~13 : 앞의 예제와 똑같이 작성합니다.

20   : threading.Thread 객체를 생성하여 blink_led 함수를 수행할 tBL 쓰레드를 하나 생성합니다.

21   : tBL 객체에 대해 start 함수를 호출하여 쓰레드를 수행 가능한 상태로 변경합니다. 이제 쓰레드는 임의의 순간에
          수행될 수 있습니다.

24   : 계속 반복해서 24~26줄을 수행합니다.

25   : main 문자열을 출력하고,

26   : 1.0초간 기다립니다.

03 다음과 같이 예제를 실행합니다.

```
$ sudo python3 _13_threading_3.py
```

주 루틴에서는 1초에 한 번씩 main 문자열이 출력되고, blink_led 함수에서는 1초 주기로 LED 점멸을 반복합니다. 주 루틴은 파이썬 쉘에 의해서 수행되며 blink_led 함수는 threading.Thread 클래스에 의해서 생성된 tBL 쓰레드에 의해서 수행됩니다.

프로그램을 강제 종료하기 위해서는 Ctrl 키를 누른 채로 C 키를 눌러줍니다.

07-5 쓰레드로 LED 밝기 조절해보기

여기서는 쓰레드를 이용하여 LED의 밝기를 조절해봅니다.

우리는 앞에서 다음과 같은 예제를 수행해 보았습니다.

_07_pwm_output_8.py

```python
1  : import RPi.GPIO as GPIO
2  : import time
3  :
4  : led_pin =18
5  :
6  : GPIO.setmode(GPIO.BCM)
7  :
8  : GPIO.setup(led_pin, GPIO.OUT)
9  :
10 : pwm = GPIO.PWM(led_pin, 1000.0) # 1.0Hz
11 : pwm.start(0.0) # 0.0~100.0
12 :
13 : try:
14 :     while True:
15 :             for t_high in range(0,101):
16 :                     pwm.ChangeDutyCycle(t_high)
17 :                     time.sleep(0.01)
18 :             for t_high in range(100,-1,-1):
19 :                     pwm.ChangeDutyCycle(t_high)
20 :                     time.sleep(0.01)
21 : except KeyboardInterrupt:
22 :     pass
23 :
24 : pwm.stop()
25 : GPIO.cleanup()
```

이 예제의 경우도 threading.Thread 클래스를 이용하면 쉽게 해결할 수 있습니다.

01 핀 맵을 참조하여 다음과 같이 회로를 구성합니다.

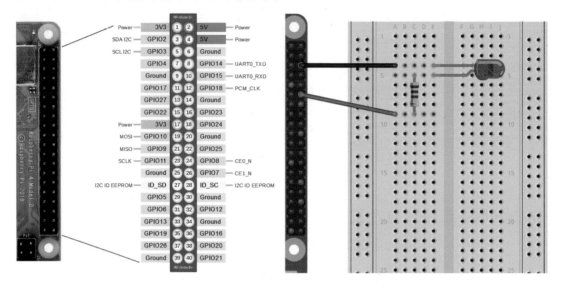

LED의 긴 핀(+)을 220 Ohm 저항을 통해 라즈베리파이 보드의 1번 핀에 연결합니다. LED의 짧은 핀(-)은 GND 핀에 연결합니다.

02 다음과 같이 예제를 수정합니다.

_13_threading_4.py

```
01 : import threading
02 : import time
03 : import RPi.GPIO as GPIO
04 :
05 : led_pin =18
06 : GPIO.setmode(GPIO.BCM)
07 : GPIO.setup(led_pin, GPIO.OUT)
08 : pwm = GPIO.PWM(led_pin, 1000.0)
09 : pwm.start(0)
10 :
11 : flag_exit = False
12 : def fading_led():
13 :     while True:
14 :         for t_high in range(0,101):
15 :             pwm.ChangeDutyCycle(t_high)
16 :             time.sleep(0.01)
17 :         for t_high in range(100,-1,-1):
18 :             pwm.ChangeDutyCycle(t_high)
19 :             time.sleep(0.01)
20 :
```

```
21 :                 if flag_exit: break
22 :
23 : tFL = threading.Thread(target=fading_led)
24 : tFL.start()
25 :
26 : try:
27 :     while True:
28 :             print("main")
29 :             time.sleep(1.0);
30 :
31 : except KeyboardInterrupt:
32 :     pass
33 :
34 : flag_exit = True
35 : tFL.join()
36 :
37 : pwm.stop()
38 : GPIO.cleanup()
```

12~21 : 쓰레드가 수행할 fading_led 함수를 정의합니다.

13 : 계속 반복해서 13~21줄을 수행합니다.

14~19 : 앞의 예제와 똑같이 작성합니다.

23 : threading.Thread 객체를 생성하여 fading_led 함수를 수행할 tFL 쓰레드를 하나 생성합니다.

24 : tFL 객체에 대해 start 함수를 호출하여 쓰레드를 수행 가능한 상태로 변경합니다. 이제 쓰레드는 임의의 순간에 수행될 수 있습니다.

27 : 계속 반복해서 27~29줄을 수행합니다.

28 : main 문자열을 출력하고,

29 : 1.0초간 기다립니다.

03 다음과 같이 예제를 실행합니다.

```
$ sudo python3 _13_threading_4.py
```

파이썬 쉘이 수행하는 주 루틴에서는 1초에 한 번씩 main 문자열이 출력되고, fading_led 함수에서는 약 2초 주기로 LED가 밝아지고 어두워지기를 반복합니다.

프로그램을 강제 종료하기 위해서는 Ctrl 키를 누른 채로 C 키를 눌러줍니다.

08 _ 메시지 큐 통신

우리는 앞에서 쓰레드 프로그램을 작성해 보았습니다. 프로그램을 두 개 이상의 쓰레드로 구성할 경우, 쓰레드 간에 데이터를 주고받아야 하는 경우가 있을 수 있습니다. 또, 인터럽트를 사용해야 할 경우 인터럽트 처리 함수에서 쓰레드로 데이터를 보내야 하는 경우가 있을 수 있습니다. 이 때, 사용할 수 있는 방법이 바로 메시지 큐입니다.

예를 들어, 인터넷을 통한 원격 키보드 입력과 초음파 센서 입력을 받아 RC카의 모터와 전조등/후미등을 제어하는 프로그램을 쓰레드로 구성하는 경우를 생각해 보도록 합니다. 일단 입력이 2개이므로 적어도 2개의 쓰레드가 필요합니다. 즉, 원격 키보드 입력 쓰레드, 초음파 입력 쓰레드가 필요합니다. 기본적으로는 원격 키보드 입력을 통해 모터와 전조등/후미등의 제어가 이루어지게 됩니다. 또, 초음파 센서를 통해 물체가 감지될 경우 모터의 동작을 멈추고 비상 상황을 나타내도록 전조등/후미등을 제어해야 할 수도 있습니다. 하나의 출력에 대해 2 이상의 쓰레드가 접근할 경우에 출력을 위한 쓰레드가 있으면 편리합니다. 따라서 모터 출력과 전조등/후미등 출력을 담당할 쓰레드 2개가 더 필요합니다. 즉, 모터 제어 쓰레드, 전조등/후미등 제어 쓰레드가 필요합니다. 이상에서 프로그램의 구성을 원격 키보드 입력 쓰레드, 물체를 감지하기 위한 초음파 센서 입력 쓰레드, 바퀴에 장착된 모터를 제어하는 쓰레드, 전조등과 후미 등 역할을 하는 LED를 제어하는 쓰레드로 구성할 수 있습니다. 사용자가 전진 명령을 보낼 경우 키보드 입력 쓰레드는 명령을 해석한 후, 전진 메시지를 만들어 모터 제어 쓰레드로 보냅니다. 사용자가 전조등 후미 등 점등 명령을 보내면 키보드 입력 쓰레드는 명령을 해석한 후, 전조등 후미 등 점등 메시지를 만들어 LED 제어 쓰레드로 보냅니다. 초음파 입력 쓰레드는 초음파 센서를 통해 전방에 물체를 감지할 경우, 정지 메시지를 만들어 모터 제어 쓰레드로 보냅니다. 또 비상 상태를 나타내도록 후미등 깜빡이 메시지를 만들어 LED 제어 쓰레드로 보냅니다.

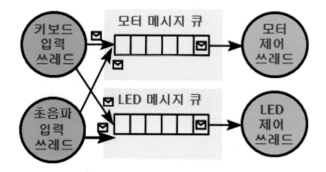

프로그램을 쓰레드로 구성할 경우 이와 같이 쓰레드 간에 메시지를 주고받는 경우가 필요해지며, 이
때, 메시지 큐를 통해 메시지를 주고받게 됩니다.

여기서는 쓰레드와 쓰레드 간, 인터럽트 처리 함수와 쓰레드 간에 데이터를 주고받기 위한 메시지
큐의 사용법을 살펴봅니다.

08-1 주 루틴과 쓰레드 간 메시지 큐 통신하기

여기서는 queue.Queue 클래스를 이용하여 메시지 큐를 생성한 후, 메시지 큐를 이용하여 파이썬
쉘과 쓰레드 간에 메시지를 주고받아 봅니다.

01 다음과 같이 예제를 작성합니다.

_14_mqueue.py

```
01 : import queue
02 : import threading
03 : import time
04 :
05 : HOW_MANY_MESSAGES =10
06 : mq = queue.Queue(HOW_MANY_MESSAGES)
07 :
08 : flag_exit = False
09 : def t1():
10 :     value =0
11 :
12 :     while True:
13 :             value = value +1
14 :             mq.put(value)
15 :             time.sleep(0.1)
16 :
17 :             if flag_exit: break
```

```
18 :
19 : tMQ = threading.Thread(target=t1)
20 : tMQ.start()
21 :
22 : try:
23 :     while True:
24 :             value = mq.get()
25 :             print("Read Data %d" %value)
26 :
27 : except KeyboardInterrupt:
28 :     pass
29 :
30 : flag_exit = True
31 : tMQ.join()
```

01 : queue 모듈을 불러옵니다. queue 모듈은 6,14,24 줄에 있는 Queue 생성자 함수, put, get 함수를 가지고 있으며 메시지 큐를 사용하기 위해 필요합니다.

05 : HOW_MANY_MESSAGES 변수를 선언한 후, 10으로 설정합니다. HOW_MANY_MESSAGES는 메시지 큐에 저장할 수 있는 최대 메시지의 개수를 나타냅니다.

06 : queue.Queue 객체를 생성하여 메시지 큐를 생성합니다. 객체 생성 시 최대 메시지의 개수를 인자로 줍니다.

08 : flag_exit 변수를 선언하여 False 값으로 초기화합니다. flag_exit 변수가 True값을 가질 경우 17줄에서 쓰레드가 종료되도록 합니다. flag_exit 변수를 True로 설정하는 부분은 30줄입니다.

09~17 : 쓰레드가 수행할 t1 함수를 정의합니다.

10 : 보내고자 하는 메시지를 저장할 value 변수를 하나 선언합니다.

12 : 계속 반복해서 12~17줄을 수행합니다.

13 : value 변수의 값을 하나 증가시킵니다.

14 : mq.put 함수를 호출하여 메시지 큐에 value 값을 씁니다.

15 : 0.1 초 동안 기다립니다.

17 : flag_exit 값이 True이면 while 문을 빠져 나온 후, 종료합니다.

18 : threading.Thread 객체를 생성하여 t1 함수를 수행할 tMQ 쓰레드를 하나 생성합니다.

19 : tMQ 객체에 대해 start 함수를 호출하여 쓰레드를 수행 가능한 상태로 변경합니다. 이제 쓰레드는 임의의 순간에 수행될 수 있습니다.

23 : 계속 반복해서 23~25줄을 수행합니다.

24 : mq.get 함수를 호출하여 메시지 큐에 있는 메시지를 value 변수로 읽어냅니다. 읽을 메시지가 없을 경우 쓰레드는 메시지를 기다리게 됩니다. 24줄에 있는 value 변수는 주 루틴의 변수이며, 10줄에 있는 value 변수는 t1 함수의 변수로 서로 다른 변수입니다.

25 : value 값을 출력합니다.

30 : 키보드 인터럽트가 발생하면 flag_exit를 True로 설정하여 쓰레드가 종료되도록 합니다.

31 : tMQ.join 함수를 호출하여 쓰레드가 종료되기를 기다립니다. 쓰레드가 종료되면 주 루틴도 종료됩니다.

02 다음과 같이 예제를 실행합니다.

```
$ sudo python3 _14_mqueue.py
```

다음과 같이 메시지가 전달되어 출력되는 것을 확인합니다.

```
Read Data 20
Read Data 21
Read Data 22
Read Data 23
Read Data 24
Read Data 25
Read Data 26
Read Data 27
Read Data 28
Read Data 29
```

프로그램을 강제 종료하기 위해서는 `Ctrl` 키를 누른 채로 `C` 키를 눌러줍니다.

08-2 인터럽트 처리 함수와 쓰레드 간 메시지 큐 통신하기

여기서는 인터럽트 처리 함수와 파이썬 셀 간에 메시지를 주고받아 봅니다.

우리는 앞에서 다음과 같은 예제를 수행해 보았습니다.

_12_ext_int.py

```
1  : import RPi.GPIO as GPIO
2  :
3  : led_state = False
4  : led_state_changed = False
5  : def buttonPressed(channel):
6  :     global led_state
7  :     global led_state_changed
8  :     led_state = True if not led_state else False
9  :     led_state_changed = True
10 :
11 : button_pin =27
12 : led_pin =22
13 :
14 : GPIO.setmode(GPIO.BCM)
15 :
16 : GPIO.setup(led_pin, GPIO.OUT)
17 :
18 : GPIO.setup(button_pin, GPIO.IN)
19 : GPIO.add_event_detect(button_pin, GPIO.RISING)
20 : GPIO.add_event_callback(button_pin, buttonPressed)
```

```
21 :
22 :  try:
23 :      while True:
24 :              if led_state_changed == True:
25 :                      led_state_changed = False
26 :                      GPIO.output(led_pin, led_state)
27 :
28 :  except KeyboardInterrupt:
29 :      pass
30 :
31 :  GPIO.cleanup()
```

이 예제의 경우엔 파이썬 프로그램의 주 루틴에 있는 while 문(23줄)에서 바쁜 대기를 수행하게 됩니다. 리눅스에는 많은 프로세스와 쓰레드들이 작업을 수행하는 환경이며, 바쁜 대기를 수행할 경우엔 쓰레드가 특별히 하는 일 없이 while 루프를 돌게 됩니다. 이럴 경우 시스템 전체적으로 성능을 떨어뜨릴 수가 있습니다. 여기서는 메시지 큐를 이용하여 데이터가 새로 들어올 때만 처리하도록 루틴을 수정해 보도록 합니다.

01 다음과 같이 예제를 작성합니다.

_14_mqueue_2.py

```
01 : import queue
02 : import RPi.GPIO as GPIO
03 : import time
04 :
05 : HOW_MANY_MESSAGES =10
06 : mq =queue.Queue(HOW_MANY_MESSAGES)
07 :
08 : led_state = False
09 : def buttonPressed(channel):
10 :     global led_state
11 :     led_state = True if not led_state else False
12 :     mq.put(led_state)
13 :
14 : button_pin =27
15 : led_pin =22
16 :
17 : GPIO.setmode(GPIO.BCM)
18 :
19 : GPIO.setup(led_pin, GPIO.OUT)
20 :
```

```
21 : GPIO.setup(button_pin, GPIO.IN)
22 : GPIO.add_event_detect(button_pin, GPIO.RISING)
23 : GPIO.add_event_callback(button_pin, buttonPressed)
24 :
25 : try:
26 :     while True:
27 :             value = mq.get()
28 :             GPIO.output(led_pin, value)
29 :
30 : except KeyboardInterrupt:
31 :     pass
32 :
33 : GPIO.cleanup()
```

23 : GPIO.add_event_callback 함수를 호출하여 버튼을 눌러 신호가 올라갈 때 수행될 buttonPressed 함수를 등록합니다.

27 : mq.get 함수를 호출하여 메시지 큐에 있는 메시지를 value 변수로 읽어냅니다. 읽을 메시지가 없을 경우 쓰레드는 메시지를 기다리게 됩니다.

28 : GPIO.output 함수를 호출하여 led_pin에 value 변수 값을 출력합니다.

08 : 보내고자 하는 메시지를 저장할 정수 변수 led_state를 선언합니다.

11 : led_state 값이 False이면 True로 그렇지 않으면 False로 led_state 값을 변경합니다.

12 : mq.put 함수를 호출하여 메시지 큐에 led_state 값을 씁니다.

02 다음과 같이 예제를 실행합니다.

```
$ sudo python3 _14_mqueue_2.py
```

버튼을 누르면 LED가 켜지고, 다시 버튼을 누르면 LED가 꺼지는 것을 확인합니다.

프로그램을 강제 종료하기 위해서는 Ctrl 키를 누른 채로 C 키를 눌러줍니다.

Raspberry Pi

우리는 지금까지 화면 출력, LED 출력, 부저 출력, 서보 출력, 키보드 입력, 버튼 입력 프로그램 작성법을 배웠습니다. 필자가 강의를 하면서 입력과 출력을 연결하는 프로그램을 작성하지 못하는 수강생이 의외로 많다는 것을 알게 되었습니다. 그러한 수강생들은 입력과 출력을 연결하는 프로그램을 작성한 후 아주 신기해하고 기뻐했습니다. 여기서는 입력과 출력을 연결하는 프로그램을 독자 여러분이 직접 작성해 보며, 스스로의 하드웨어 입출력 프로그래밍 실력을 가늠해봅니다. 또 그러한 과정에서 프로그래밍의 기쁨을 독자 여러분께 드리고자 합니다.

Chapter **03**

입출력 함수 조합하기

01 _ 단위 입력 단위 출력 연결하기

여기서는 키보드 입력, 버튼 입력을 받아 LED를 켜고 끄거나, LED의 밝기를 조절하거나, 부저의 음을 조절하거나, 서보의 각도를 조절하는 프로그램을 독자 여러분이 스스로 작성해 봅니다.

01-1 직접 만들기 1

여기서는 키보드 입력을 받아 LED를 켜고 끄거나, LED의 밝기를 조절하거나, 부저의 음을 조절하거나, 서보의 각도를 조절하는 프로그램을 작성해 봅니다.

도전과제 1

라즈베리파이 보드의 GPIO 17번 핀으로 제어하는 LED 회로를 구성하시오.

키보드 입력을 받아 GPIO17 번 핀에 연결된 LED를 켜고 끄는 프로그램을 작성하시오.
n 키를 누르면 LED가 켜지고,
f 키를 누르면 LED가 꺼지도록 합니다.

파일 이름은 challange111.py로 합니다.

[해답 소스 파일 경로는 4쪽을 참조합니다.]

도전과제 2

라즈베리파이 보드의 GPIO18번 핀으로 제어하는 LED 회로를 구성하시오.

키보드 입력을 받아 GPIO18번 핀에 연결된 LED 밝기를 0%, 50%, 100%로 조절하는 프로그램을 작성하시오.
숫자 0 키를 누르면 0%,
숫자 5 키를 누르면 50%,
t 키를 누르면 100%로 조절하도록 합니다.

파일 이름은 challange112.py로 합니다.

[해답 소스 파일 경로는 4쪽을 참조합니다.]

라즈베리파이 보드의 GPIO19번 핀으로 제어하는 부저 회로를 구성하시오.

키보드 입력을 받아 GPIO19번 핀에 연결된 부저로 도, 레, 미, 파, 솔, 라, 시, 도 음을 내는 피아노 프로그램을 작성하시오.

a 키를 누르면 4 옥타브 도를 0.5초 동안,

s 키를 누르면 4 옥타브 레를 0.5초 동안,

d 키를 누르면 4 옥타브 미를 0.5초 동안,

f 키를 누르면 4 옥타브 파를 0.5초 동안,

g 키를 누르면 4 옥타브 솔을 0.5초 동안,

h 키를 누르면 4 옥타브 라를 0.5초 동안,

j 키를 누르면 4 옥타브 시를 0.5초 동안,

k 키를 누르면 5 옥타브 도를 0.5초 동안 소리가 나도록 합니다.

파일 이름은 challange113.py로 합니다.

[해답 소스 파일 경로는 4쪽을 참조합니다.]

라즈베리파이 보드의 GPIO19번 핀으로 제어하는 서보 회로를 구성하시오.

키보드 입력을 받아 GPIO19번 핀에 연결된 서보의 각도를 0도, 90도, 180도로 조절하는 프로그램을 작성하시오.

q 키를 누르면 0도,

w 키를 누르면 90도,

e 키를 누르면 180도로 조절하도록 합니다

파일 이름은 challange114.py로 합니다.

[해답 소스 파일 경로는 4쪽을 참조합니다.]

01-2 직접 만들기 2

여기서는 버튼 입력을 받아 LED를 켜고 끄거나, LED의 밝기를 조질하거나, 부저의 음을 조절하거나, 서보의 각도를 조절하는 프로그램을 작성해 봅니다.

도전과제 1

라즈베리파이 보드의 GPIO22번 핀으로 버튼 입력을 받고,
GPIO17번 핀으로 제어하는 LED 회로를 구성하시오.

버튼 입력을 GPIO22번 핀으로 받아 GPIO17번 핀에 연결된 LED를 켜고 끄는 프로그램을 작성하시오. 버튼 입력은 인터럽트로 처리합니다.
첫 번째 버튼 누름에 LED가 켜지고,
두 번째 버튼 누름에 LED가 꺼지도록 합니다.

파일 이름은 challange121.py로 합니다.

[해답 소스 파일 경로는 4쪽을 참조합니다.]

도전과제 2

라즈베리파이 보드의 GPIO22번 핀으로 버튼 입력을 받고,
GPIO18번 핀으로 제어하는 LED 회로를 구성하시오.

버튼 입력을 GPIO22번 핀으로 받아 GPIO18번 핀에 연결된 LED 밝기를 0%, 50%, 100%로 조절하는 프로그램을 작성하시오. 버튼 입력은 인터럽트로 처리합니다.
첫 번째 버튼 누름에 0%,
두 번째 버튼 누름에 50%,
세 번째 버튼 누름에 100%로 조절하도록 합니다.

파일 이름은 challange122.py로 합니다.

[해답 소스 파일 경로는 4쪽을 참조합니다.]

도전과제 3

라즈베리파이 보드의 GPIO22번 핀으로 버튼 입력을 받고,
GPIO19번 핀으로 제어하는 부저 회로를 구성하시오.

버튼 입력을 GPIO22번 핀으로 받아 GPIO19번 핀에 연결된 부저로 도, 레, 미, 파, 솔, 라, 시, 도 음을 내는
프로그램을 작성하시오. 버튼 입력은 인터럽트로 처리합니다.

첫 번째 버튼 누름에 4 옥타브 도를 0.5초 동안,

두 번째 버튼 누름에 4 옥타브 레를 0.5초 동안,

세 번째 버튼 누름에 4 옥타브 미를 0.5초 동안,

네 번째 버튼 누름에 4 옥타브 파를 0.5초 동안,

다섯 번째 버튼 누름에 4 옥타브 솔을 0.5초 동안,

여섯 번째 버튼 누름에 4 옥타브 라를 0.5초 동안,

일곱 번째 버튼 누름에 4 옥타브 시를 0.5초 동안,

여덟 번째 버튼 누름에 5 옥타브 도를 0.5초 동안 소리가 나도록 합니다.

파일 이름은 challange123.py로 합니다.

[해답 소스 파일 경로는 4쪽을 참조합니다.]

도전과제 4

라즈베리파이 보드의 GPIO22번 핀으로 버튼 입력을 받고,
GPIO19번 핀으로 제어하는 서보 회로를 구성하시오.

버튼 입력을 GPIO22번 핀으로 받아 GPIO19번 핀에 연결된 서보의 각도를 0도, 90도, 180도로 조절하는 프
로그램을 작성하시오. 버튼 입력은 인터럽트로 처리합니다.

첫 번째 버튼 누름에 0도,

두 번째 버튼 누름에 90도,

세 번째 버튼 누름에 180도로 조절하도록 합니다.

파일 이름은 challange124.py로 합니다.

[해답 소스 파일 경로는 4쪽을 참조합니다.]

02 _ 사용자 입력 다중 출력 연결하기

여기서는 사용자 입력을 받아 LED를 켜고 끄거나, LED의 밝기를 조절하거나, 서보의 각도를 조절하는 프로그램을 독자 여러분이 스스로 작성해 봅니다.

도전과제

라즈베리파이 보드의 GPIO17번 핀으로 제어하는 빨간색 LED 회로,

리즈베리파이 보드의 GPIO18번 핀으로 제어하는 파란색 LED 회로,

라즈베리파이 보드의 GPIO19번 핀으로 제어하는 서보 회로를 구성하시오.

다음 예제를 완성하시오. 파일 이름은 challange200.py로 합니다.

```python
def showMenu():
    print("==<<MENU>>==");
    print("n. 빨간색 LED 켜기");
    print("f. 빨간색 LED 끄기");
    print("0. 파란색 LED 밝기 0%");
    print("5. 파란색 LED 밝기 50%");
    print("t. 파란색 LED 밝기 100%");
    print("q. Servo 180도");
    print("w. Servo  90도");
    print("e. Servo   0도");

showMenu()
while True:
    userInput = input(">>>");
    # 여기를 채워 예제를 완성합니다.
```

[해답 소스 파일 경로는 4쪽을 참조합니다.]

164 진짜 코딩하며 배우는 라즈베리파이 4

03 _ 다중 입력 다중 출력 연결하기

여기서는 키보드 입력을 받아 서보의 각도를 조절하거나, 버튼 입력을 받아 3개의 LED를 차례대로 켜고 끄는 프로그램을 독자 여러분이 스스로 작성해 봅니다.

도전과제

회로 구성

라즈베리파이 보드의 GPIO22번 핀으로 버튼 입력을 받는 회로,
라즈베리파이 보드의 GPIO17번 핀으로 제어하는 빨간색 LED 회로,
라즈베리파이 보드의 GPIO27번 핀으로 제어하는 초록색 LED 회로,
라즈베리파이 보드의 GPIO23번 핀으로 제어하는 파란색 LED 회로,
라즈베리파이 보드의 GPIO19번 핀으로 제어하는 서보 회로를 구성하시오.

프로그래밍

키보드 입력을 받아 GPIO19번 핀에 연결된 서보의 각도를 0도, 90도, 180도로 조절하고,
버튼 입력을 GPIO22번 핀으로 받아 GPIO17, GPIO27, GPIO23 번 핀에 연결된 빨간색, 초록색, 파란색 LED를 차례로 켜는 프로그램을 작성하시오. 버튼 입력은 인터럽트로 처리합니다.
키보드 q 키를 누르면 서보 모터 0도,
키보드 w 키를 누르면 서보 모터 90도,
키보드 e 키를 누르면 서보 모터 180도로 조절하도록 합니다.
첫 번째 버튼 누름에 빨간색 LED가 켜지고,
두 번째 버튼 누름에 초록색 LED가 켜지고,
세 번째 버튼 누름에 파란색 LED가 켜지고,
네 번째 버튼 누름에 모든 LED가 꺼지도록 합니다.

파일 이름은 challange300.py로 합니다.

[해답 소스 파일 경로는 4쪽을 참조합니다.]

04 _ 쓰레드로 다중 주기 작업 처리하기

여기서는 쓰레드를 이용하여 다중 주기 작업을 처리해봅니다.

도전과제 1

회로 구성

라즈베리파이 보드의 GPIO17번 핀으로 제어하는 빨간색 LED 회로,
라즈베리파이 보드의 GPIO27번 핀으로 제어하는 초록색 LED 회로,
라즈베리파이 보드의 GPIO23번 핀으로 제어하는 파란색 LED 회로를 구성하시오.

프로그래밍

빨간색 LED는 0.7초 주기로 깜빡이고,
초록색 LED는 1.3초 주기로 깜빡이고,
파란색 LED는 1.7초 주기로 깜빡이는 프로그램을 작성하시오.
2 개의 쓰레드를 생성하여
파이썬 쉘이 직접 수행하는 주 루틴은 빨간색 LED를 0.7초 주기로 깜빡이고,
첫 번째 하위 쓰레드는 초록색 LED를 1.3초 주기로 깜빡이고,
두 번째 하위 쓰레드는 파란색 LED를 1.7초 주기로 깜빡이도록 합니다.

파일 이름은 challange410.py로 합니다.

[해답 소스 파일 경로는 4쪽을 참조합니다.]

도전과제 2

회로 구성

라즈베리파이 보드의 GPIO18번 핀으로 제어하는 빨간색 LED 회로,
라즈베리파이 보드의 GPIO19번 핀으로 제어하는 초록색 LED 회로를 구성하시오.

프로그래밍

빨간색 LED는 0.7초 주기로 밝아지고 어두워지고를 반복하고,
초록색 LED는 1.3초 주기로 밝아지고 어두워지고를 반복하는 프로그램을 작성하시오.
1 개의 쓰레드를 생성하여
파이선 쉘이 직접 수행하는 주 루틴은 빨간색 LED를 0.7초 주기로 밝아지고 어두워지고를 반복하게 하고,
하위 쓰레드는 초록색 LED를 1.3초 주기로 밝아지고 어두워지고를 반복하게 합니다.

파일 이름은 challange420.py로 합니다.

[해답 소스 파일 경로는 4쪽을 참조합니다.]

도전과제 3

회로 구성

라즈베리파이 보드의 GPIO17번 핀으로 제어하는 빨간색 LED 회로,
라즈베리파이 보드의 GPIO27번 핀으로 제어하는 초록색 LED 회로,
라즈베리파이 보드의 GPIO18번 핀으로 제어하는 파란색 LED 회로,
라즈베리파이 보드의 GPIO19번 핀으로 제어하는 서보 회로를 구성하시오.

프로그래밍

빨간색 LED는 0.6초 주기로 깜빡이고,
초록색 LED는 1.2초 주기로 깜빡이고,
파란색 LED는 2.048초 주기로 1024 단계로 밝아지고 어두워지고를 반복하고,
서보 모터는 3.6초 주기로 0~180도를 반 회전하는 프로그램을 작성하시오.
3 개의 쓰레드를 생성하여
파이선 쉘이 직접 수행하는 주 루틴은 빨간색 LED를 0.6초 주기로 깜빡이고,
첫 번째 하위 쓰레드는 초록색 LED를 1.2초 주기로 깜빡이고,
두 번째 하위 쓰레드는 파란색 LED를 2.048초 주기로 1024 단계로 밝아지고 어두워지고를 반복하게 하고,
세 번째 하위 쓰레드는 서보 모터를 3.6초 주기로 0~180도를 반 회전하게 합니다.

파일 이름은 challange430.py로 합니다.

[해답 소스 파일 경로는 4쪽을 참조합니다.]

05 _ 쓰레드로 다중 입력 다중 출력 처리하기

도전과제

회로 구성

라즈베리파이 보드의 GPIO22번 핀으로 버튼 입력을 받는 회로,
라즈베리파이 보드의 GPIO17번 핀으로 제어하는 빨간색 LED 회로,
라즈베리파이 보드의 GPIO27번 핀으로 제어하는 초록색 LED 회로,
라즈베리파이 보드의 GPIO23번 핀으로 제어하는 파란색 LED 회로,
라즈베리파이 보드의 GPIO24번 핀으로 제어하는 투명색 LED 회로,
라즈베리파이 보드의 GPIO18번 핀으로 제어하는 노란색 LED 회로,
라즈베리파이 보드의 GPIO19번 핀으로 제어하는 서보 회로를 구성하시오.

프로그래밍

첫 번째 버튼 누름에 빨간색 LED가 켜지고,
두 번째 버튼 누름에 초록색 LED가 켜지고,
세 번째 버튼 누름에 파란색 LED가 켜지고,
네 번째 버튼 누름에 모든 LED가 꺼지도록 하고,
투명색 LED는 1.2초 주기로 깜빡이고,
노란색 LED는 2.048초 주기로 1024 단계로 밝아지고 어두워지고를 반복하고,
키보드 입력을 받아 GPIO19번 핀에 연결된 서보의 각도를 0도, 90도, 180도로 조절하는 프로그램을 작성하시오. 버튼 입력은 인터럽트로 처리합니다.
1 개의 버튼 인터럽트 처리 함수를 등록하고, 3 개의 쓰레드를 생성하여
버튼 인터럽트 처리 함수에서는
 첫 번째 버튼 누름에 빨간색 LED를 켜라는 메시지를 주 쓰레드로 보내고,
 두 번째 버튼 누름에 초록색 LED를 켜라는 메시지를 주 쓰레드로 보내고,
 세 번째 버튼 누름에 파란색 LED를 켜라는 메시지를 주 쓰레드로 보내고,
 네 번째 버튼 누름에 모든 LED를 끄라는 메시지를 주 쓰레드로 보냅니다.
파이썬 쉘이 수행하는 주 루틴은
 버튼 인터럽트 처리함수로부터 메시지를 기다리다가
 빨간색 LED를 켜라는 메시지를 받으면 빨간색 LED를 켜고,
 초록색 LED를 켜라는 메시지를 받으면 초록색 LED를 켜고,
 파란색 LED를 켜라는 메시지를 받으면 파란색 LED를 켜고,
 모든 LED를 끄라는 메시지를 받으면 모든 LED를 끄게 합니다.
 첫 번째 하위 쓰레드는 투명색 LED를 1.2초 주기로 깜빡이게 합니다.
 두 번째 하위 쓰레드는 노란색 LED를 2.048초 주기로 1024 단계로 밝아지고 어두워지고를 반복하게 합니다.

세 번째 하위 쓰레드는

키보드 q키를 누르면 서보 모터 0도,

키보드 w키를 누르면 서보 모터 90도,

키보드 e키를 누르면 서보 모터 180도로 조절하게 합니다.

파일 이름은 challange500.py로 합니다.

[해답 소스 파일 경로는 4쪽을 참조합니다.]

Raspberry Pi

여기서는 라즈베리파이에 외부 디바이스를 붙이는 방법을 소개합니다. 그 과정에서 UART, SPI, I2C 버스를 활용하는 방법도 소개합니다. 첫 번째, 라즈베리파이로 RC카를 만들고자 하는 상황을 가정하여, L9110S 모터 드라이버를 붙이고 제어하는 방법을 소개합니다. 두 번째, 시리얼 입력을 위해 UART 포트에 HM10 디바이스를 붙이고 제어하는 방법을 소개합니다. 세 번째, 아날로그 센서 입력을 위하여 SPI 버스에 MCP3208 디바이스를 붙이고 제어하는 방법을 소개합니다. 네 번째, PWM 출력을 위하여 I2C 버스에 PCA9685 디바이스를 붙이고 제어하는 방법과 기울어진 정도를 측정할 수 있는 MPU6050 기울기 센서를 붙이고 센서를 읽어 기울기를 구하는 방법을 소개합니다.

외부 디바이스 붙이기

01 _ L9110S 모터 드라이버 붙이기

여기서는 라즈베리파이를 이용하여 DC 모터를 제어하는 방법을 소개합니다. DC 모터를 제어하면
RC카 등의 모터를 제어할 수 있습니다. DC 모터를 제어하기 위해서는 모터 드라이버가 필요합니다.
여기서는 L9110S 모터 드라이버를 제어하는 방법을 소개합니다.

01-1 L9110S 모터 드라이버 소개

다음은 L9110S 모터 드라이버입니다.

L9110S 모터 드라이버는 저용량의 모터를 구동하기 위한 드라이버로 2개의 DC 모터를 구동할 수
있습니다. 모터 드라이버 상에 있는 L9110S 칩은 모터로 각각 800mA 의 전류를 공급할 수 있으며
동작전압은 2.5V~12V입니다.

01-2 L9110S 핀 살펴보기

모터 제어 인터페이스

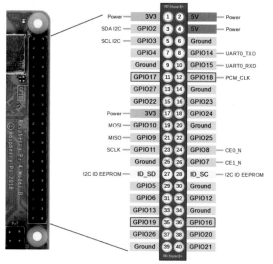

핀	설명	비고
B-IA	모터 B 입력 A (IA)	PWM 핀에 연결(GPIO18번핀)
B-IB	모터 B 입력 B (IB)	디지털 핀에 연결(GPIO17번핀)
GND	Ground	
VCC	동작 전압 2.5~12V	
A-IA	모터 A 입력 A (IA)	PWM 핀에 연결(GPIO19번핀)
A-IB	모터 A 입력 B (IB)	디지털 핀에 연결(GPIO16번핀)

L9110S 모터 드라이버는 2 개의 DC 모터를 제어할 수 있습니다. 왼쪽에 있는 핀은 모터 제어 핀과
모터 전원 핀입니다. 오른쪽 부분은 모터를 연결하는 부분입니다. B-IA, B-IB는 모터B 제어를 위
해 라즈베리파이에 연결해 줍니다. 이 책에서는 B-IA, B-IB를 각각 GPIO18, GPIO17번 핀에 연결
합니다. 라즈베리파이 핀은 위 왼쪽 그림을 참조합니다. A-IA, A-IB는 모터A 제어를 위해 라즈베
리파이에 연결해 줍니다. 이 책에서는 A-IA, A-IB를 각각 GPIO19, GPIO16번핀번 핀에 연결합니
다. GND, VCC 핀은 모터 구동 전원으로 연결해줍니다. GND의 경우엔 라즈베리파이에도 연결해
주어 전압의 기준을 잡아주어야 합니다.

모터 진리표

다음은 IA, IB의 신호 값에 따른 모터의 구동 상태를 나타냅니다.

IA	IB	모터 상태
LOW	LOW	꺼짐
HIGH	LOW	후진/전진
LOW	HIGH	전진/후진
HIGH	HIGH	꺼짐

IA, IB에 동시에 같은 신호 값이 들어가면 모터는 동작하지 않습니다. IA, IB에 각각 HIGH, LOW 값이 들어가면 모터는 모터 연결부에 연결된 상태에 따라 전진 또는 후진 상태로 회전합니다. IA, IB에 각각 LOW, HIGH 값이 들어가면 모터는 이전과 반대 상태로 회전합니다. IA 핀에 연결된 PWM 신호로 모터의 속도를 조절하며 IB 핀에 연결된 디지털 신호로 모터의 방향을 결정합니다.

01-3 L9110S 모터 드라이버 회로 구성하기

라즈베리파이, L9110S 모터 드라이버, 모터, 배터리는 다음과 같이 연결합니다.

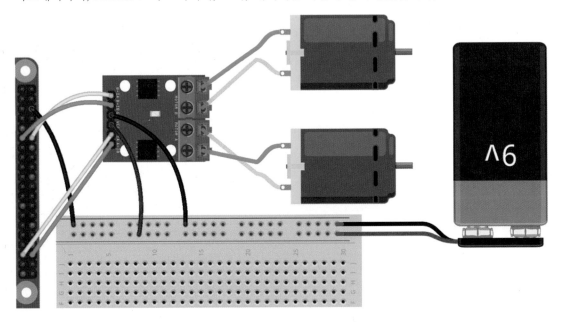

L9110S의 B-IA, B-IB를 각각 라즈베리파이 보드의 GPIO18, GPIO17번 핀에 연결합니다. L9110S의 A-IA, A-IB를 각각 라즈베리파이 보드의 GPIO19, GPIO16번 핀에 연결합니다. L9110S의 VCC, GND는 각각 모터 배터리의 VCC, GND에 연결합니다. 모터 배터리의 GND는 라즈베리파이 보드의 GND에 연결합니다. 2개의 모터를 L9110S의 모터 연결부에 연결합니다.

01-4 모터 회전시켜보기

여기서는 두 개의 모터에 대한 주행 테스트를 수행하도록 합니다. 주행 테스트는 전진, 후진, 정지 테스트로 구성됩니다.

왼쪽 모터 회전시켜보기

먼저 왼쪽 모터에 대한 전진, 후진, 정지 테스트를 수행하도록 합니다.

01 다음과 같이 예제를 작성합니다.

_15_l9110s_motor.py

```
01 : import RPi.GPIO as GPIO
02 : import time
03 :
04 : B_IA_pwm =18
05 : B_IB =17
06 :
07 : GPIO.setmode(GPIO.BCM)
08 :
09 : GPIO.setup(B_IA_pwm, GPIO.OUT)
10 : GPIO.setup(B_IB, GPIO.OUT)
11 :
12 : pwm = GPIO.PWM(B_IA_pwm, 1000.0)
13 : pwm.start(0.0)
14 :
15 : try:
16 :     while True:
17 :             GPIO.output(B_IB, False)
18 :             pwm.ChangeDutyCycle(0.0)
19 :             time.sleep(1.0)
20 :             GPIO.output(B_IB, True)
21 :             pwm.ChangeDutyCycle(0.0)
22 :             time.sleep(1.0)
23 :             GPIO.output(B_IB, True)
24 :             pwm.ChangeDutyCycle(100.0)
25 :             time.sleep(1.0)
26 :             GPIO.output(B_IB, False)
27 :             pwm.ChangeDutyCycle(100.0)
28 :             time.sleep(1.0)
29 : except KeyboardInterrupt:
30 :     pass
31 :
32 : pwm.ChangeDutyCycle(0.0)
33 :
34 : pwm.stop()
35 : GPIO.cleanup()
```

04 : B_IA_pwm 변수에 18번 핀을 할당합니다. B_IA_pwm 변수는 왼쪽 모터 전진, 후진 속도 조절에 사용됩니다.

05 : B_IB 변수에 17번 핀을 할당합니다. B_IB 변수는 왼쪽 모터 전진, 후진 방향 조절에 사용됩니다.

07 : GPIO.setmode 함수를 호출하여 BCM GPIO 핀 번호를 사용히도록 설정합니다.

09 : B_IA_pwm을 GPIO 출력으로 설정합니다.

10 : B_IB를 GPIO 출력으로 설정합니다.

17 : B_IB를 False로 설정합니다. False로 설정할 경우, 왼쪽 모터는 후진 상태가 됩니다.

18 : pwm 변수가 가리키는 객체에 대해 ChangeDutyCycle 함수를 호출하여 HIGH 구간의 값을 0.0%로 설정합니다. 이렇게 하면 왼쪽 모터의 속도 값이 0이 됩니다.

19 : 1.0초간 지연을 줍니다.

20 : B_IB를 True로 설정하여 왼쪽 모터를 전진 상태로 만듭니다.

21 : pwm 변수가 가리키는 객체에 대해 ChangeDutyCycle 함수를 호출하여 HIGH 구간의 값을 0.0%로 설정하여 왼쪽 모터의 속도 값이 최대가 되게 합니다.

22 : 1.0초간 지연을 줍니다.

23, 24 : B_IB를 True로, pwm 변수가 가리키는 객체에 대해 ChangeDutyCycle 함수를 호출하여 HIGH 구간의 값을 100.0%로 설정하여 왼쪽 모터를 멈춥니다.

25 : 1.0초간 지연을 줍니다.

26 : B_IB를 False로 설정하여 왼쪽 모터를 후진 상태로 만듭니다.

27 : pwm 변수가 가리키는 객체에 대해 ChangeDutyCycle 함수를 호출하여 HIGH 구간의 값을 100.0%로 설정하여 왼쪽 모터의 속도 값이 최대가 되게 합니다.

28 : 1.0초간 지연을 줍니다.

02 다음과 같이 예제를 실행합니다.

```
$ sudo python3 _15_l9110s_motor.py
```

왼쪽 모터가 전진, 정지, 후진, 정지를 반복합니다.

프로그램을 강제 종료하기 위해서는 Ctrl + C 키를 눌러줍니다.

오른쪽 모터 회전시켜보기

다음은 오른쪽 모터에 대한 전진, 후진, 정지 테스트를 수행하도록 합니다.

01 다음과 같이 예제를 수정합니다.

_15_l9110s_motor_2.py

```
01 : import RPi.GPIO as GPIO
02 : import time
03 :
04 : A_IA_pwm =19
05 : A_IB =16
06 :
07 : GPIO.setmode(GPIO.BCM)
08 :
09 : GPIO.setup(A_IA_pwm, GPIO.OUT)
```

```
10 : GPIO.setup(A_IB, GPIO.OUT)
11 :
12 : pwm = GPIO.PWM(A_IA_pwm, 1000)
13 : pwm.start(0.0)
14 :
15 : try:
16 :     while True:
17 :             GPIO.output(A_IB, False)
18 :             pwm.ChangeDutyCycle(0.0)
19 :             time.sleep(1.0)
20 :             GPIO.output(A_IB, True)
21 :             pwm.ChangeDutyCycle(0.0)
22 :             time.sleep(1.0)
23 :             GPIO.output(A_IB, True)
24 :             pwm.ChangeDutyCycle(100.0)
25 :             time.sleep(1.0)
26 :             GPIO.output(A_IB, False)
27 :             pwm.ChangeDutyCycle(100.0)
28 :             time.sleep(1.0)
29 : except KeyboardInterrupt:
30 :     pass
31 :
32 : pwm.ChangeDutyCycle(0.0)
33 :
34 : pwm.stop()
35 : GPIO.cleanup()
```

04 : A_IA_pwm 변수에 19번 핀을 할당합니다. A_IA_pwm 변수는 오른쪽 모터 전진, 후진 속도 조절에 사용됩니다.

05 : A_IB 변수에 16번 핀을 할당합니다. A_IB 변수는 오른쪽 모터 전진, 후진 방향 조절에 사용됩니다.

07 : GPIO.setmode 함수를 호출하여 BCM GPIO 핀 번호를 사용하도록 설정합니다.

09 : A_IA_pwm을 GPIO 출력으로 설정합니다.

10 : A_IB를 GPIO 출력으로 설정합니다.

17 : A_IB를 False로 설정합니다. False로 설정할 경우, 왼쪽 모터는 후진 상태가 됩니다.

18 : pwm 변수가 가리키는 객체에 대해 ChangeDutyCycle 함수를 호출하여 HIGH 구간의 값을 0.0%로 설정합니다. 이렇게 하면 오른쪽 모터의 속도 값이 0이 됩니다.

19 : 1.0초간 지연을 줍니다.

20 : A_IB를 True로 설정하여 오른쪽 모터를 전진 상태로 만듭니다.

21 : pwm 변수가 가리키는 객체에 대해 ChangeDutyCycle 함수를 호출하여 HIGH 구간의 값을 0.0%로 설정하여 오른쪽 모터의 속도 값이 최대가 되게 합니다.

22 : 1.0초간 지연을 줍니다.

23, 24 : A_IB를 True로, pwm 변수가 가리키는 객체에 대해 ChangeDutyCycle 함수를 호출하여 HIGH 구간의 값을 100.0%로 설정하여 오른쪽 모터를 멈춥니다.

25 : 1.0초간 지연을 줍니다.

26 : A_IB를 False로 설정하여 오른쪽 모터를 후진 상태로 만듭니다.

27 : pwm 변수가 가리키는 객체에 대해 ChangeDutyCycle 함수를 호출하여 HIGH 구간의 값을 100.0%로 설정하여 오른쪽 모터의 속도 값이 최대가 되게 합니다.

28 : 1.0초간 지연을 줍니다.

02 다음과 같이 예제를 실행합니다.

```
$ sudo python3 _15_l9110s_motor_2.py
```

오른쪽 모터가 전진, 정지, 후진, 정지를 반복합니다.

프로그램을 강제 종료하기 위해서는 `Ctrl` + `C` 키를 눌러줍니다.

01-5 모터 속도 조절해보기

여기서는 왼쪽 모터에 대한 속도 테스트를 수행해 봅니다.

01 다음과 같이 예제를 수정합니다.

_15_l9110s_motor_3.py

```
01 : import RPi.GPIO as GPIO
02 : import time
03 :
04 : B_IA_pwm =18
05 : B_IB =17
06 :
07 : GPIO.setmode(GPIO.BCM)
08 :
09 : GPIO.setup(B_IA_pwm, GPIO.OUT)
10 : GPIO.setup(B_IB, GPIO.OUT)
11 :
12 : pwm = GPIO.PWM(B_IA_pwm, 1000)
13 : pwm.start(0.0)
14 :
15 : try:
16 :     while True:
17 :             GPIO.output(B_IB, False)
18 :             pwm.ChangeDutyCycle(0.0)
19 :             time.sleep(1.0)
20 :
21 :             for speed in range(0,101,20):
22 :                     pwm.ChangeDutyCycle(speed)
23 :                     time.sleep(0.5)
24 :             for speed in range(100,-1,-20):
25 :                     pwm.ChangeDutyCycle(speed)
26 :                     time.sleep(0.5)
27 :
28 :             GPIO.output(B_IB, True)
29 :             pwm.ChangeDutyCycle(100.0)
30 :             time.sleep(1.0)
```

```
31 :
32 :                     for speed in range(100,-1,-20):
33 :                             pwm.ChangeDutyCycle(speed)
34 :                             time.sleep(0.5)
35 :                     for speed in range(0,101,20):
36 :                             pwm.ChangeDutyCycle(speed)
37 :                             time.sleep(0.5)
38 :
39 : except KeyboardInterrupt:
40 :     pass
41 :
42 : pwm.ChangeDutyCycle(0.0)
43 :
44 : pwm.stop()
45 : GPIO.cleanup()
```

17   : B_IB를 False로 설정합니다. False로 설정할 경우, 왼쪽 모터는 후진 상태가 됩니다.

18   : pwm 변수가 가리키는 객체에 대해 ChangeDutyCycle 함수를 호출하여 HIGH 구간의 값을 0.0%로 설정합니다.
        이렇게 하면 왼쪽 모터의 속도 값이 0이 됩니다.

20   : speed 값을 0부터 100까지 20씩 더해가며, 즉, 0, 20, 40, 60, 80, 100에 대해 22,23줄을 수행합니다.

21   : pwm 변수가 가리키는 객체에 대해 ChangeDutyCycle 함수를 호출하여 HIGH 구간의 값을 speed로 설정합니다. 이
        렇게 하면 왼쪽 모터의 속도 값이 for 문을 돌면서 차례대로 0, 20, 40, 60, 80, 100으로 설정되어 속도가 빨라집니다.

22   : 0.5초간 지연을 줍니다.

24   : speed 값을 100부터 0까지 20씩 빼가며, 즉, 100, 80, 60, 40, 20, 0에 대해 26,27줄을 수행합니다.

25   : pwm 변수가 가리키는 객체에 대해 ChangeDutyCycle 함수를 호출하여 HIGH 구간의 값을 speed로 설정합니다. 이
        렇게 하면 왼쪽 모터의 속도 값이 for 문을 돌면서 차례대로 100, 80, 60, 40, 20, 0으로 설정되어 속도가 느려집니다.

26   : 0.5초간 지연을 줍니다.

29, 30 : B_IB를 True로, pwm 변수가 가리키는 객체에 대해 ChangeDutyCycle 함수를 호출하여 HIGH 구간의 값을
        100.0%로 설정하여 왼쪽 모터를 멈춥니다.

32   : speed 값을 100부터 0까지 20씩 빼가며, 즉, 100, 80, 60, 40, 20, 0에 대해 33,34줄을 수행합니다.

33   : pwm 변수가 가리키는 객체에 대해 ChangeDutyCycle 함수를 호출하여 HIGH 구간의 값을 speed로 설정합니다.
        이렇게 하면 왼쪽 모터의 속도 값이 for 문을 돌면서 차례대로 100, 80, 60, 40, 20, 0으로 설정되어 속도가 빨라
        집니다.

34   : 0.5초간 지연을 줍니다.

35   : speed 값을 0부터 100까지 20씩 더해가며, 즉, 0, 20, 40, 60, 80, 100에 대해 36,37줄을 수행합니다.

36   : pwm 변수가 가리키는 객체에 대해 ChangeDutyCycle 함수를 호출하여 HIGH 구간의 값을 speed로 설정합니다. 이
        렇게 하면 왼쪽 모터의 속도 값이 for 문을 돌면서 차례대로 100, 80, 60, 40, 20, 0으로 설정되어 속도가 느려집니다.

37   : 0.5초간 지연을 줍니다.

02 다음과 같이 예제를 실행합니다.

```
$ sudo python3 _15_l9110s_motor_3.py
```

왼쪽 모터의 속도가 점점 빨라졌다 느려지는 것을 반복하는 것을 확인합니다.

프로그램을 강제 종료하기 위해서는 Ctrl + C 키를 눌러줍니다.

02 _ Serial에 HM10 블루투스 디바이스 붙이기

여기서는 라즈베리파이의 Serial에 HM10 블루투스 디바이스를 붙여보도록 합니다. HM10 블루투스 디바이스를 이용하여 사용자로부터 원격 입력을 받을 수 있습니다.

02-1 HM10 블루투스 디바이스 소개

다음은 HM10 블루투스 디바이스입니다.

HM10은 블루투스 통신과 Serial 통신을 연결해주는 디바이스로서 모바일 기기의 블루투스 마스터 모듈을 라즈베리파이의 Serial 통신 모듈로 연결해줍니다.

02-2 Serial 핀 살펴보기

라즈베리파이는 다음과 같이 Serial 핀을 가지고 있습니다. GPIO14, GPIO15번 핀이 각각 TX, RX 핀으로 라즈베리파이 칩 내부에 있는 UART 모듈이 사용하는 핀입니다.

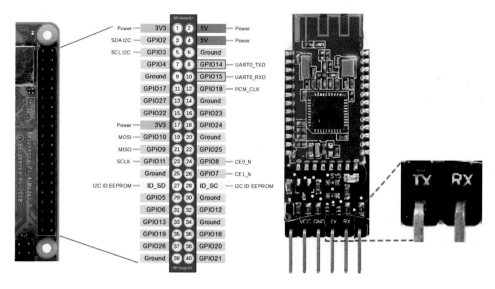

HM10 디바이스의 TX, RX 핀을 각각 라즈베리파이의 RX, TX 핀에 연결하면 됩니다.

02-3 HM10 회로 구성하기

라즈베리파이와 HM10 디바이스는 다음과 같이 연결합니다.

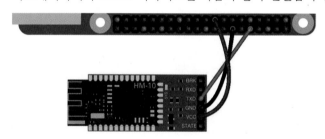

HM10 디바이스의 TX 핀을 라즈베리파이의 RX 핀에 연결합니다.

HM10 디바이스의 VCC, GND 핀을 각가 라즈베리파이의 3.3V, GND 핀에 연결합니다.

02-4 Serial 모듈 활성화하기

HM10 디바이스와 Serial 통신을 하기 위해서는 먼저 라즈베리파이의 Serial 모듈을 활성화해야 합니다. 다음과 같이 Serial 모듈을 활성화합니다.

01 다음과 같이 명령을 수행합니다.

```
pi@raspberrypi:~ $ sudo raspi-config
```

raspi-config는 명령어 기반 라즈베리파이 설정 프로그램입니다.

02 그러면 다음과 같은 창이 열립니다.

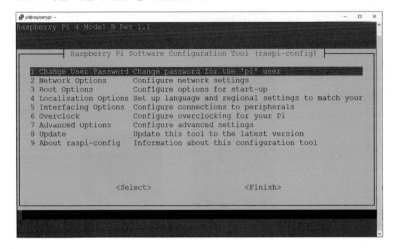

03 방향키를 이용하여 [5 Interfacing Options]로 이동한 후, Enter 키를 눌러 선택합니다.

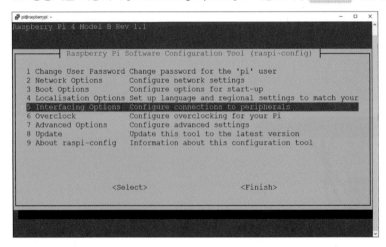

04 그러면 다음과 같은 창이 열립니다.

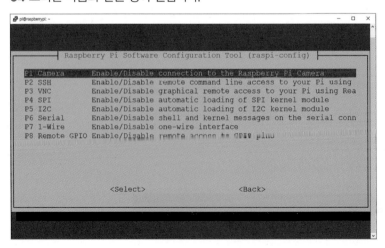

05 방향키를 이용하여 [P6 Serial]로 이동하여 엔터키를 칩니다.

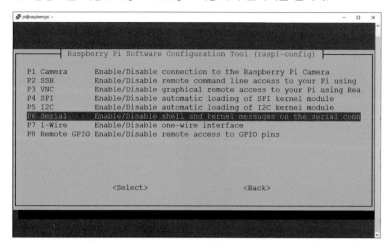

06 그러면 다음과 같은 창이 뜹니다.

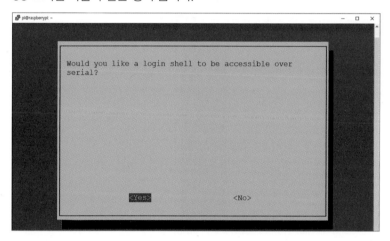

07 탭 키를 한 번 눌러 [⟨No⟩]로 이동한 후, 엔터키를 눌러 login shell의 serial 접근을 비활성화합니다. 이렇게 하지 않으면 login shell 프로그램이 Serial을 사용하게 됩니다.

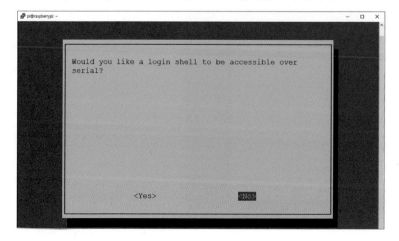

08 그러면 다음과 같은 창이 뜹니다.

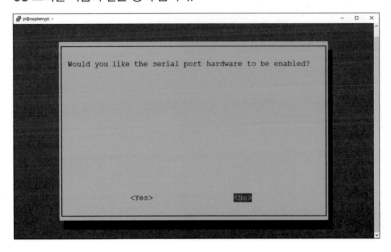

09 탭 키를 한 번 눌러 [〈Yes〉]로 이동한 후, 엔터키를 눌러 serial port hardware를 활성화합니다.

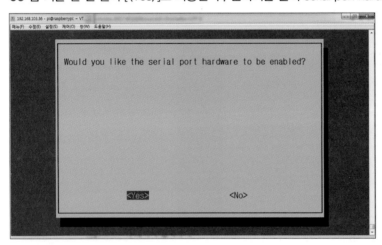

10 그러면 다음과 같은 창이 뜹니다. 엔터키를 눌러 창을 빠져 나옵니다.

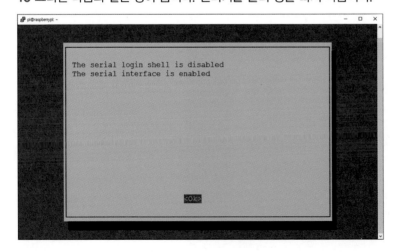

11 다음과 같이 이전 화면으로 나옵니다.

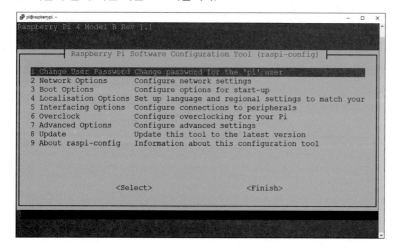

12 탭 키를 눌러 [〈Finish〉]로 이동한 후, 엔터키를 눌러 창을 닫습니다.

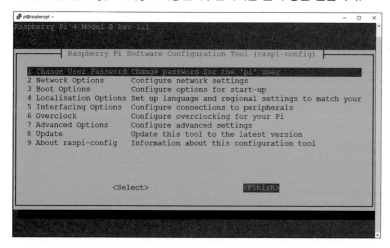

13 그러면 다음과 같이 재부팅 창이 나옵니다. [〈Yes〉]가 선택된 상태에서 엔터키를 눌러 재부팅을 수행합니다.

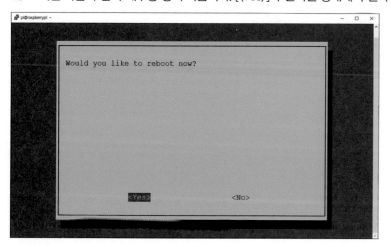

14 다음과 같이 명령을 수행해 ttyS0를 확인합니다.

```
pi@raspberrypi:~ $ ls -l /dev/ | grep serial
lrwxrwxrwx  1 root root            5 Jun 16 10:57 serial0 -> ttyS0
lrwxrwxrwx  1 root root            7 Jun 16 10:57 serial1 -> ttyAMA0
pi@raspberrypi:~ $
```

02-5 블루투스 통신 테스트하기

여기서는 HM10 디바이스를 이용하여 안드로이드 디바이스로부터 라즈베리파이로 데이터를 보내봅니다. serial.Serial 함수를 이용하여 /dev/ttyS0을 연 후, BLEJoystick 앱으로부터 데이터를 받아봅니다.

01 다음과 같이 예제를 작성합니다.

_16_serial.py

```
01 : import serial
02 :
03 : serialP = serial.Serial("/dev/ttyS0", baudrate=9600, timeout=3.0)
04 :
05 : try:
06 :     while True:
07 :             dat = serialP.read(1)
08 :             print(dat)
09 : except KeyboardInterrupt:
10 :     pass
11 :
12 : serialP.close()
```

01 : serial 모듈을 불러옵니다. serial 모듈은 3,7,12 줄에 있는 Serial 생성자 함수, read, close 함수를 가지고 있으며 시리얼을 사용하기 위해 필요합니다.

03 : serial.Serial 객체를 생성하여 /dev/ttyS0 디바이스 파일을 엽니다. 시리얼 통신 속도는 9600으로 설정하고, 입력 대기 시간을 3초로 설정합니다. 입력을 기다리다가 3초가 지나면 입력이 없더라도 입력 대기 함수(7줄)를 빠져나옵니다.

07 : serialP가 가리키는 객체에 대해 read 함수를 호출하여 1 바이트 데이터를 기다립니다. 데이터 입력이 없을 경우 3초 후에 함수를 빠져 나옵니다.

08 : 데이터를 화면으로 출력합니다.

12 : 키보드 인터럽트 발생시 serial 디바이스를 닫습니다.

02 다음과 같이 예제를 실행합니다.

```
$ sudo python3 _16_serial.py
```

03 구글 플레이 스토어에서 BLEJoystick 앱을 받아 설치합니다.

04 BLEJoystick 앱을 실행시킵니다.

05 다음과 같이 앱이 실행됩니다.

06 우 측 상단에 있는 다음 아이콘을 눌러줍니다.

07 그러면 다음과 같이 블루투스 디바이스를 검색합니다. 적당한 디바이스를 선택합니다. 필자의 경우엔 HMSoft로 표시된 디바이스를 선택했습니다.

08 그러면 디바이스와 연결이 되면서 아이콘의 모양이 다음과 같이 바뀝니다.

09 좌우측의 상하좌우 버튼을 눌러봅니다.

다음과 같이 데이터가 전달되는 것을 확인합니다.

프로그램을 강제 종료하기 위해서는 Ctrl + C 키를 눌러줍니다.

03 _ SPI 버스에 MCP3208 디바이스 붙이기

여기서는 라즈베리파이의 SPI 버스에 MCP3208 ADC 입력 디바이스를 붙여보도록 합니다. MCP3208 ADC 입력 디바이스를 이용하여 가변저항을 포함해 여러 가지 센서 값을 읽을 수 있습니다.

03-1 MCP3208 ADC 디바이스 소개

다음은 MCP3208 ADC 변환기입니다.

MCP3208
12Bit 8Ch AD Converter
50Ksps/2.7V
100Ksps/5V

MCP3208 디바이스는 12비트 해상도(0~4095 값)의 ADC 변환기입니다. MCP3208은 8개의 단일 종단 입력 또는 4개의 차동 입력을 받을 수 있습니다. 디바이스와의 통신은 SPI 프로토콜과 호환가능한 간단한 직렬 인터페이스를 사용하여 이루어집니다. 디바이스는 최대 100ksps의 속도로 변환을 수행할 수 있습니다.

03-2 SPI 버스 구조 살펴보기

다음은 라즈베리파이에 2개의 SPI 모듈을 연결한 그림입니다.

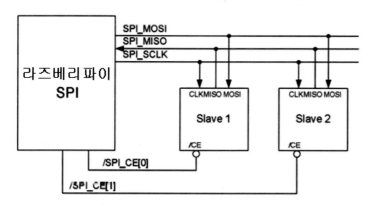

SPI 통신을 하기 위해서는 CE, SCLK, MOSI, MISO와 같이 4개의 핀이 필요합니다. CE(Chip Enable)는 칩을 선택하는 핀으로 SPI 디바이스 당 하나의 핀이 연결됩니다. SCLK(SPI CLK)는 클록 핀으로 여기서 나오는 클록 신호에 맞춰 데이터를 주고받습니다. MOSI(Master Output Slave Input)는 라즈베리파이에서 디바이스로 나가는 데이터 핀입니다. MISO(Master Input Slave Output)은 디바이스로부터 라즈베리파이로 들어오는 데이터 핀입니다. SPI 통신은 데이터 핀이 2개이기 때문에 동시에 양방향 통신이 가능합니다.

03-3 SPI 버스 핀 살펴보기

라즈베리파이는 다음과 같이 SPI 핀을 가지고 있습니다. GPIO8, GPIO7, GPIO10, GPIO9, GPIO11번 핀이 각각 CE0, CE1, MOSI, MISO, SCLK 핀으로 라즈베리파이 칩 내부에 있는 SPI 모듈이 사용하는 핀입니다.

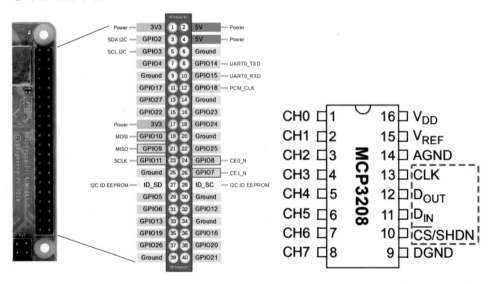

MCP3208 디바이스의 CS/SHDN, CLK, Dout, Din 핀을 각각 라즈베리파이의 CE0, SCLK, MISO, MOSI핀에 연결하면 됩니다. CS/SHDN 핀의 경우 CE1에 연결할 수도 있습니다.

03-4 SPI 내부 블록도 살펴보기

다음은 MCP3208 디바이스의 내부 블록도입니다.

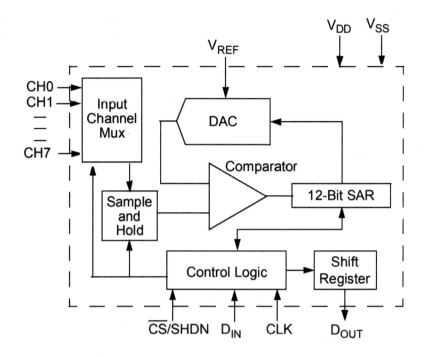

우측에 있는 CH0~CH7 핀에는 센서가 연결됩니다. CH0~CH7의 입력 값은 센서의 상태에 따른 전압 값이 됩니다. CH0~CH7에 연결된 센서는 [Input Channel Mux]를 거쳐 [Sample and Hold] 모듈에 의해 그 전압 값이 채취됩니다. 이 때, 채널에 대한 선택은 [Control Logic]을 통해 [Input Channel Mux]로 전달됩니다. [채취된 전압 값은 [DAC] 모듈을 거쳐 들어오는 VREF 값과 [Comparator]를 통해 비교되어 [12-Bit SAR] 레지스터에 저장됩니다. 예를 들어, VREF 값은 3.3V이고 채취된 전압 값이 1V라면 1241(=1/3.3*4096) 값이 [12-Bit SAR] 레지스터에 저장됩니다. [12-Bit SAR] 레지스터에 저장된 값은 [Control Logic]을 통해 [Shift Register]에 저장됩니다. [Shift Register]에 저장된 값은 CLK 핀을 통해 전달되는 클록 신호에 맞춰 DOUT 핀으로 1 비트씩 외부로 나갑니다.

03-5 MCP3208 통신 프로토콜 살펴보기

다음은 MCP3208 통신 프로토콜을 나타냅니다.

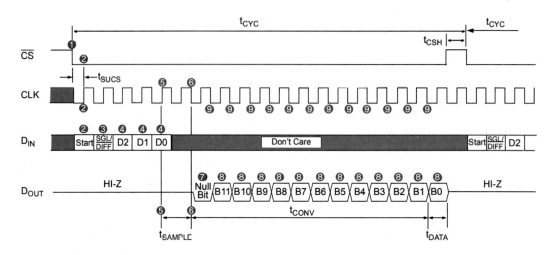

MCP3208 디바이스와의 통신은 표준 SPI 호환 시리얼 인터페이스를 사용하여 수행됩니다. ❶ 디바이스와의 통신은 CS 핀을 LOW로 떨어뜨리면서 시작합니다. CS 핀이 LOW인 상태로 전원이 들어왔을 경우에 통신을 시작하기 위해서는 CS핀을 먼저 HIGH로 올렸다가 다시 LOW로 떨어뜨려야합니다. ❷ CS가 LOW이고 DIN이 HIGH인 상태에서 첫 번째 클록은 시작 비트를 구성합니다. ❸ 시작 비트 다음에 오는 SGL/DIFF 비트는 단일종단 입력 모드로 변환을 수행할지 차동방식 입력 모드로 변환을 수행할지를 결정합니다. ❹ 다음으로 오는 세 비트(D2, D1, D0)는 입력 채널 설정을 선택하기 위해 사용됩니다. ❺ 디바이스는 시작 비트를 받고 나서 네 번째 클록의 상승에지에서 아날로그 입력을 샘플링하기 시작합니다. ❻ 샘플링 주기는 시작 비트 이후의 다섯 번째 클록의 하강 에지에서 끝납니다. 샘플링을 완료하기 위해 D0 비트가 들어오고 나서 한 클록이 더 필요합니다(이 클록에 대해 DIN은 "don't care" 상태입니다). ❼ 다섯 번째 클록의 하강에지에서 디바이스는 LOW 상태의 Null 비트를 내보냅니다. ❽ 다음에 오는 12 클록은 MSB로 시작하여 변환 결과를 출력으로 내보냅니다. ❾ 데이터는 항상 클록의 하강에지에서 디바이스로부터 나옵니다.

다음 표는 MCP3208의 설정 비트를 보여줍니다.

Control Bit Selections				Input Configuration	Channel Selection
Single/Diff	D2	D1	D0		
1	0	0	0	single-ended	CH0
1	0	0	1	single-ended	CH1
1	0	1	0	single-ended	CH2
1	0	1	1	single-ended	CH3
1	1	0	0	single-ended	CH4
1	1	0	1	single-ended	CH5
1	1	1	0	single-ended	CH6
1	1	1	1	single-ended	CH7
0	0	0	0	differential	CH0 = IN+ CH1 = IN-
0	0	0	1	differential	CH0 = IN- CH1 = IN+
0	0	1	0	differential	CH2 = IN+ CH3 = IN-
0	0	1	1	differential	CH2 = IN- CH3 = IN+
0	1	0	0	differential	CH4 = IN+ CH5 = IN-
0	1	0	1	differential	CH4 = IN- CH5 = IN+
0	1	1	0	differential	CH6 = IN+ CH7 = IN-
0	1	1	1	differential	CH6 = IN- CH7 = IN+

Single/Diff 비트가 1일 경우엔 CH0~CH7까지 8개의 채널을 사용합니다. Single/Diff 비트가 0일 경우엔 CH0:CH1~CH6:CH7까지 4개의 채널을 사용합니다. D2,D1,D0 비트를 이용하여 채널을 선택할 수 있습니다. 예를 들어, Single/Diff 비트가 1이고, D2,D1,D0 비트가 1,1,0일 경우 MCP3208은 CH6의 값을 읽게 됩니다.

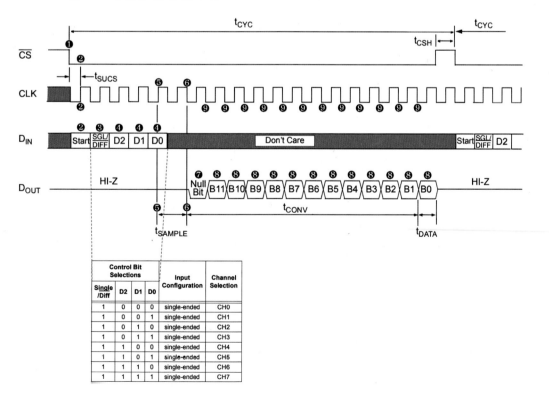

다음은 8 비트 데이터를 이용한 SPI 통신을 나타냅니다.

MCU가 MCP3208로부터 변환 데이터를 받기 위해서는 먼저 3바이트의 요구 데이터를 보냅니다. 데이터 형식은 다음과 같습니다.

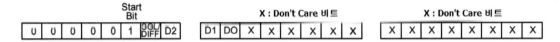

첫 번째 바이트 데이터에 Start Bit, SGL/DIFF, D2 비트를 실어 보냅니다. 두 번째 바이트 데이터에 D1, D0 비트를 싫어 보냅니다. X로 표시된 비트는 임의의 데이터를 실어 보내면 됩니다. 첫 번째 바이트 데이터는 0,0,0,0,0,1로 시작합니다.

그러면 MCP3208은 MCU로 3바이트의 응답 데이터를 보냅니다. 데이터 형식은 다음과 같습니다.

?	?	?	?	?	?	?	?

?	?	?	0(Null)	B11	B10	B9	B8

B7	B6	B5	B4	B3	B2	B1	B0

두 번째 바이트와 세 번째 바이트에 센서 값이 12비트(0~4095)로 실려 오게 됩니다.

03-6 MCP3208 기본 회로 구성하기

라즈베리파이와 MCP3208 디바이스는 다음과 같이 연결합니다.

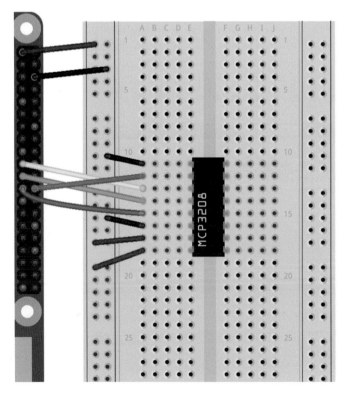

다음 핀 맵을 참조합니다.

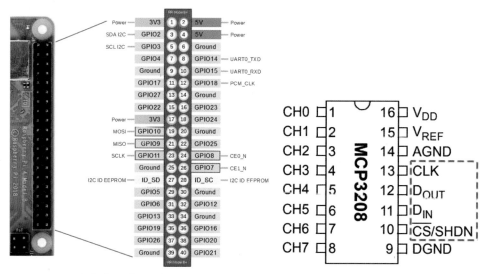

MCP3208 디바이스의 CS/SHDN, CLK, Dout, Din 핀을 각각 라즈베리파이의 CE0, SCLK, MISO, MOSI핀에 연결합니다.

MCP3208 디바이스의 AGND, DGND 핀을 라즈베리파이의 GND 핀에 연결합니다.

MCP3208 디바이스의 VDD, VREF 핀을 라즈베리파이의 3.3V 핀에 연결합니다.

03-7 SPI 모듈 활성화하기

MCP3208 디바이스와 SPI 통신을 하기 위해서는 먼저 라즈베리파이의 SPI 모듈을 활성화해야 합니다. 다음과 같이 SPI 모듈을 활성화합니다.

데스크 탑 기반 활성화

데스크 탑 화면에서는 다음과 같이 활성화합니다.

※ 원격에서 명령행 기반으로 활성화하기 위해서는 다음에 오는 명령행 기반으로 활성화합니다.

01 다음과 같이 라즈베리파이 데스크 탑에서 [시작(딸기 아이콘)]–[Preferences]–[Raspberry Pi Configuration] 메뉴를 선택합니다.

02 다음은 [Raspberry Pi Configuration] 창입니다. [Interfaces] 탭을 선택한 후, Camera [Enable] 버튼을 체크해 활성화합니다. [OK] 버튼을 누릅니다.

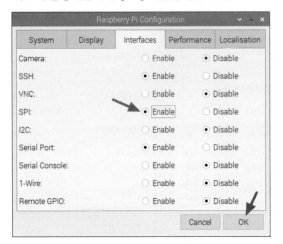

명령행 기반 활성화

명령행 기반에서는 다음과 같이 활성화합니다.

※ 데스크 탑 기반으로 활성화하였으면 명령행 기반 활성화는 수행하지 않습니다.

01 다음과 같이 명령을 수행합니다.

```
pi@raspberrypi:~ $ sudo raspi-config
```

02 그러면 다음과 같은 창이 열립니다.

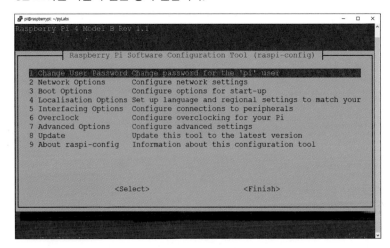

03 방향키를 이용하여 [5 Interfacing Options]로 이동한 후, 엔터키를 눌러 선택합니다.

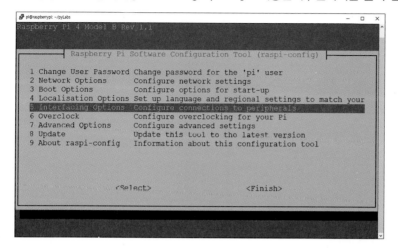

04 그러면 다음과 같은 창이 열립니다.

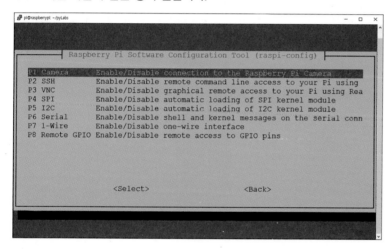

05 방향키를 이용하여 [P4 SPI]로 이동하여 엔터키를 칩니다.

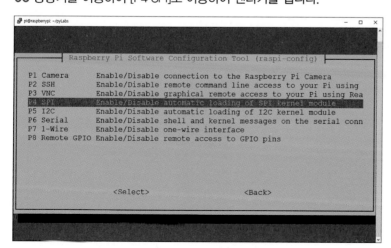

06 그러면 다음과 같은 창이 뜹니다.

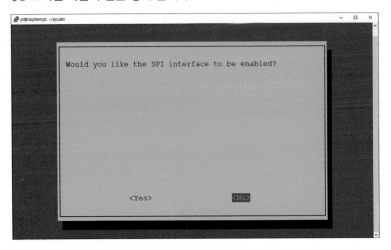

07 탭 키를 한 번 눌러 [⟨Yes⟩]로 이동한 후, 엔터키를 눌러 SPI 기능을 활성화합니다.

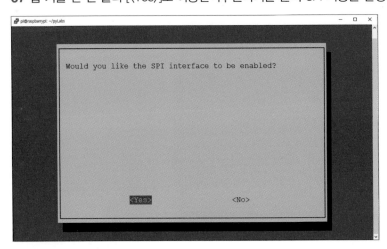

08 다음과 같이 SPI 기능이 활성화됩니다. 엔터키를 눌러 창을 빠져 나옵니다.

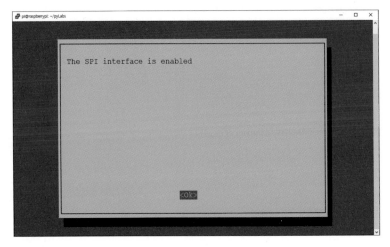

09 다음과 같이 이전 화면으로 나옵니다.

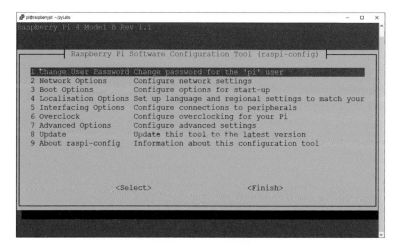

10 탭 키를 2 번 눌러 [〈Finish〉]로 이동한 후, 엔터키를 눌러 창을 닫습니다.

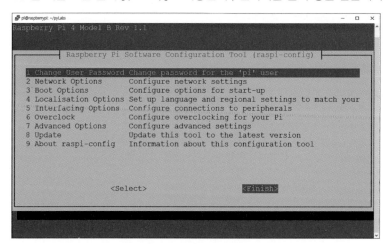

11 다음과 같이 명령 행으로 나옵니다.

```
pi@raspberrypi:~/pyLabs $
```

03-8 ADC값 읽어보기

여기서는 MCP3208 디바이스의 CH0을 3.3V와 GND에 직접 연결하여 그 값을 읽어 보도록 합니다.

01 다음과 같이 예제를 작성합니다.

_17_mcp3208_adc.py

```
01 : import spidev
02 : import time
03 :
04 : bus =0
05 : device =0
06 :
07 : spi = spidev.SpiDev()
08 : spi.open(bus, device)
9 : spi.max_speed_hz =1000000
10 :
11 : def analogRead(channel):
12 :     buf = [(1<<2)|(1<<1)|(channel&4)>>2, (channel&3)<<6, 0]
13 :     buf = spi.xfer(buf)
14 :     adcValue = ((buf[1]&0xF)<<8)|buf[2]
15 :     return adcValue
16 :
17 : try:
18 :     while True:
19 :             sensorInput = analogRead(0)
20 :             print(sensorInput)
21 :
22 : except KeyboardInterrupt:
23 :     pass
24 :
25 : spi.close()
```

01 : spidev 모듈을 불러옵니다. serial 모듈을 불러옵니다. spidev 모듈은 7,8,9,13 줄에 있는 SpiDev 생성자 함수, open 함수, max_speed_hz 변수, xfer 함수를 가지며 SPI 기능을 사용하기 위해 필요합니다.

04 : bus 변수를 선언한 후, SPI 버스 값 0으로 초기화합니다. 라즈베리파이에서 사용하는 SPI 버스는 0번 버스입니다.

05 : device 변수를 선언한 후, CE 값 0으로 설정합니다. MCP3208은 CE0에 연결되어 있습니다.

11~15 : analogRead 함수를 정의합니다. analogRead 함수의 인자는 읽고자 하는 MCP3208의 채널 번호를 받습니다. 채널 번호는 0~7까지 받으며 CH0~CH7을 의미합니다. 반환 값은 채널 번호에 대한 센서 값입니다.

12 : buf 변수를 선언한 후, 라즈베리파이가 MCP3208로 보낼 3바이트 데이터로 초기화합니다. 라즈베리파이가 MCP3208로부터 변환 데이터를 받기 위해서는 먼저 3바이트의 요구 데이터를 보내야 합니다. 데이터 형식은 다음과 같습니다.

Start Bit

0	0	0	0	0	1	SGL/DIFF	D2

X : Don't Care 비트

D1	DO	X	X	X	X	X	X

X : Don't Care 비트

X	X	X	X	X	X	X	X

13   : spi.xfer 함수를 호출하여 MCP3208로 buf 값을 보냅니다. 그러면 MCP3208은 라즈베리파이로 3바이트의 응답 데이터를 보냅니다. 데이터 형식은 다음과 같습니다.

?	?	?	?	?	?	?	?		?	?	?	0 (Null)	B11	B10	B9	B8		B7	B6	B5	B4	B3	B2	B1	B0

그래서 spi.xfer 함수 호출이 정상적으로 완료되면 buf로 그림과 같은 3바이트의 데이터가 도착해 있게 됩니다. 즉, 두 번째 바이트와 세 번째 바이트에 센서 값이 12비트(0~4095)로 실려 오게 됩니다.

14   : buf[1][3:0], buf[2][7:0]으로부터 12비트 데이터를 추출해 adcValue 변수에 저장합니다.

15   : 센서 값을 가진 adcValue 값을 돌려줍니다.

02 다음과 같이 예제를 실행합니다.

```
$ sudo python3 _17_mcp3208_adc.py
```

다음과 같이 테스트를 수행합니다.

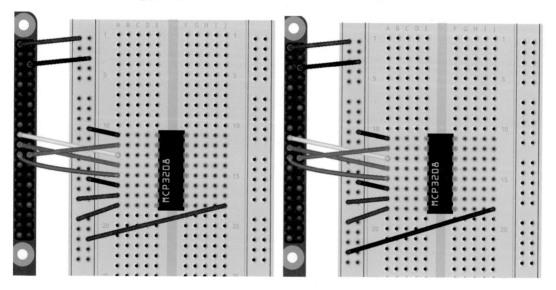

MCP3208의 CH0을 3.3V로 연결한 후, 출력 값을 확인합니다.

MCP3208의 CH0을 GND로 연결한 후, 출력 값을 확인합니다.

프로그램을 강제 종료하기 위해서는 Ctrl + C 키를 눌러줍니다.

03-9 ADC 값 전체 읽어보기

여기서는 MCP3208 디바이스의 CH0~CH7까지 하나씩 3.3V와 GND에 직접 연결해 가며 그 값을 읽어 보도록 합니다.

01 다음과 같이 예제를 수정합니다.

_17_mcp3208_adc_2.py

```
01 : import spidev
02 : import time
03 :
04 : bus =0
05 : device =0
06 :
07 : spi = spidev.SpiDev()
08 : spi.open(bus, device)
09 : spi.max_speed_hz =1000000
10 :
11 : def analogRead(channel):
12 :     buf = [(1<<2)|(1<<1)|(channel&4)>>2, (channel&3)<<6, 0]
13 :     buf = spi.xfer(buf)
14 :     adcValue = ((buf[1]&0xF)<<8)|buf[2]
15 :     return adcValue
16 :
17 : try:
18 :     while True:
19 :         for channel in range(8):
20 :             sensorInput = analogRead(channel)
21 :             print("%d:%4d " %(channel,sensorInput), end='')
22 :         print()
23 :
24 : except KeyboardInterrupt:
25 :     pass
26 :
27 : spi.close()
```

19 : channel 값을 0부터 8 미만의 정수에 대해, 즉, 0, 1, 2, 3, 4, 5, 6, 7에 대해,
20 : analogRead 함수를 호출하여 mcp3208의 channel번 채널의 센서 값을 읽습니다.
21 : 센서 값을 출력합니다.
22 : 새 줄을 출력합니다.

다른 부분은 이전 예제의 설명과 같습니다.

02 다음과 같이 예제를 실행합니다.

```
$ sudo python3 _17_mcp3208_adc_2.py
```

다음과 같이 테스트를 수행합니다.

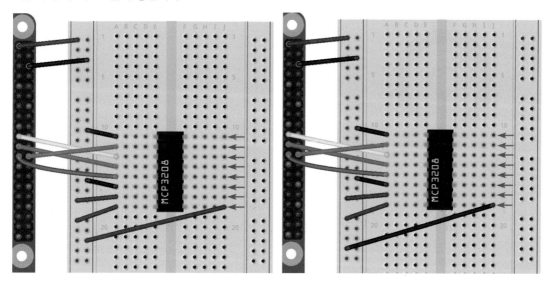

MCP3208의 CH0~CH7을 차례대로 3.3V로 연결한 후, 출력 값을 확인합니다.

MCP3208의 CH0~CH7을 차례대로 GND로 연결한 후, 출력 값을 확인합니다.

프로그램을 강제 종료하기 위해서는 Ctrl + C 키를 눌러줍니다.

03-10 가변저항 살펴보기

본 책에서 사용할 가변 저항의 모양은 다음과 같습니다. 가변 저항은 세 개의 핀으로 구성됩니다.

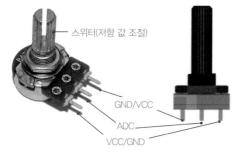

스위터(저항 값 조절)
GND/VCC
ADC
VCC/GND

※ 가변저항의 양쪽 끝에 있는 핀은 VCC와 GND에 연결해 줍니다. 한쪽 핀을 VCC에 연결했다면 반대쪽 핀을 GND에 연결해 줍니다.

가변 저항의 내부 구조는 다음과 같습니다.

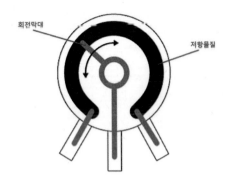

가변 저항은 극성이 없으며 A 핀을 VCC, B 핀을 GND 또는 반대로 A 핀을 GND, B 핀을 VCC로 연결을 해줍니다. W 핀은 아두이노 우노의 아날로그 입력 핀으로 연결되며 내부 막대의 위치에 따라 W 핀에 연결된 아날로그 값이 정해집니다.

앞의 그림은 다음과 같이 표시할 수 있습니다.

A와 B를 잡아 늘리면 다음 그림과 같이 표시할 수 있습니다.

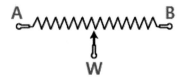

회전 막대가 움직이는 것은 W 핀이 A와 B 사이를 움직이는 것과 같습니다. A 핀을 VCC, B 핀을 GND에 연결한 상태에서 W 핀이 A 핀에 가까워질수록 W 핀은 VCC에 가까워지고, 반대로 B핀에 가까워질수록 GND에 가까워집니다. W 핀이 아날로그 핀에 연결되어 있으면 해당 전압이 아날로그 핀으로 입력됩니다.

가변 저항의 기호는 다음과 같습니다.

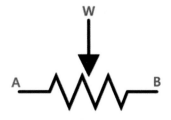

또는 다음과 같이 표시합니다.

03-11 가변저항 회로 구성하기

MCP3208에 다음과 같이 가변 저항 회로를 구성합니다.

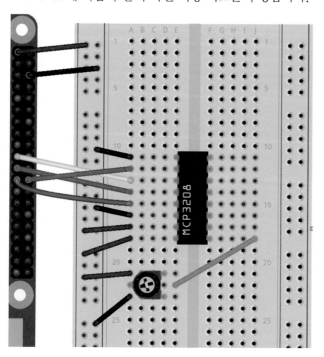

가변 저항의 양쪽 끝 핀을 각각 3.3V, GND에 연결합니다. 가변 저항의 중앙 핀을 MCP3208의
CH0 핀에 연결합니다.

다음과 같이 mcp3208_read 프로그램을 수행하여 테스트를 수행합니다.

```
$ sudo python3 _17_mcp3208_adc.py
```

가변 저항을 돌려서 값이 변하는 것을 확인합니다.

03-12 가변저항 입력에 따라 LED 밝기 조절하기

여기서는 가변 저항 값에 따라 LED의 밝기를 조절하는 예제를 수행해 보도록 합니다.

01 먼저 다음과 같이 회로를 구성합니다.

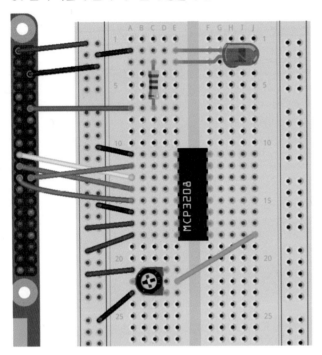

이전에 구성한 회로에 LED 회로를 추가합니다.

02 다음과 같이 예제를 수정합니다.

_17_mcp3208_adc_3.py

```
01 : import spidev
02 : import time
03 : import RPi.GPIO as GPIO
04 :
05 : bus =0
06 : device =0
07 :
08 : spi = spidev.SpiDev()
09 : spi.open(bus, device)
10 : spi.max_speed_hz =1000000
11 :
12 : def analogRead(channel):
13 :     buf = [(1<<2)|(1<<1)|(channel&4)>>2, (channel&3)<<6, 0]
```

```
14 :        buf = spi.xfer(buf)
15 :        adcValue = ((buf[1]&0xF)<<8)|buf[2]
16 :        return adcValue
17 :
18 : led_pin =18
19 :
20 : GPIO.setmode(GPIO.BCM)
21 :
22 : GPIO.setup(led_pin, GPIO.OUT)
23 :
24 : pwm = GPIO.PWM(led_pin, 1000.0) # 1000.0Hz
25 : pwm.start(0.0) # 0.0~100.0
26 :
27 : try:
28 :     while True:
29 :                sensorInput = analogRead(0)
30 :                pwm.ChangeDutyCycle(sensorInput/4095*100.0)
31 :                print(sensorInput/4095*100.0)
32 :
33 : except KeyboardInterrupt:
34 :     pass
35 :
36 : spi.close()
37 : pwm.stop()
38 : GPIO.cleanup()
```

18 : led_pin 변수를 선언한 후, 18로 초기화합니다. 여기서 18은 BCM GPIO 핀 번호를 나타냅니다.

24 : GPIO.PWM 객체를 하나 생성한 후, pwm 변수가 가리키도록 합니다. GPIO.PWM 객체 생성 시, 첫 번째 인자는 핀 번호가 되며, 두 번째 인자는 주파수 값이 됩니다. 예제에서는 1000.0을 주고 있으며, 이 경우 1000.0Hz의 주파수가 led_pin에 생성됩니다.

25 : pwm 객체에 대해 start 함수를 호출하여 PWM 파형을 내보내기 시작합니다. start 함수는 상하비의 HIGH 구간의 비율을 나타냅니다. 여기서는 PWM 파형의 HIGH 구간을 0.0%로 설정하고 있습니다.

28 : while 문을 돌면서 28~31줄을 무한 반복합니다.

29 : analogRead 함수를 호출하여 mcp3208의 0번 채널의 센서 값을 읽습니다.

30 : pwm 객체에 대해 ChangeDutyCycle 함수를 호출하여 PWM 파형의 상하비를 변경해 줍니다. sensorInput 값을 4095로 나눈 후, 100.0을 곱해 0.0~100.0 사이의 값으로 변경합니다. 이렇게 하면 sensorInput 값에 따라 LED의 밝기가 변경됩니다.

37 : pwm 객체에 대해 stop 함수를 호출하여 PWM 기능을 멈춥니다.

02 다음과 같이 예제를 실행합니다.

```
$ sudo python3 _17_mcp3208_adc_3.py
```

가변 저항을 돌려서 LED의 밝기가 변하는 것을 확인합니다.

프로그램을 깅제 종료히기 위해서는 Ctrl + C 키를 눌러줍니다.

03-13 추가 센서 살펴보기

TMP36 온도 센서

온도 센서란 열을 감지하여 전기신호를 내는 센서입니다.

다음은 TMP36 온도센서입니다.

TMP36 온도 센시는 3 개의 핀으로 구성되어 있습니다.

TMP36 온도 센서의 양쪽 핀은 극성을 가지며, 사용시에는 그림과 같이 TMP36의 편평한 면을 보고, 왼쪽 핀을 3.3V, 오른쪽 핀을 0V로 연결해 줍니다. 가운데 핀은 MCP3208의 아날로그 핀으로 연결해 줍니다. TMP36 온도 센서의 동작원리는 가변 저항과 같습니다. 온도에 따라 아날로그 전압 출력 값이 달라집니다. 다음 그림은 온도에 따른 출력 전압을 나타낸 그림입니다.

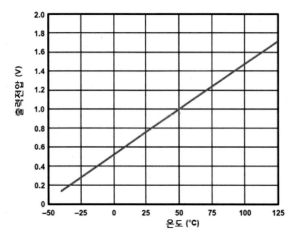

출력전압은 공급전압과는 상관없이 온도에 따라 일정하게 나옵니다. 예를 들어 라즈베리파이에서 TMP36으로 공급되는 전압은 3.3V이지만, 출력 전압은 온도에 의해서만 결정됩니다.

출력전압을 온도로 변형하는 공식은 다음과 같습니다.

온도= (출력전압 - 500) / 10 (온도 : ℃, 출력전압 : mV)

예를 들어, 출력전압이 1V이면 온도는 (1000mV - 500) / 10 = 50 ℃가 됩니다.

빛 센서

빛 센서(조도 센서)는 빛의 세기에 따라 저항 값이 변하는 전자부품입니다. 빛이 많이 들어오면 저항이 작아지고, 적게 들어오면 저항이 커집니다.

빛 센서(조도 센서)의 모양은 다음과 같습니다.

빛 센서는 두 개의 핀을 갖고, 극성은 없습니다.

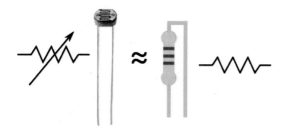

빛 센서는 빛의 양에 따라 값이 변하는 가변 저항과 같습니다.

빛 센서의 회로는 일반적으로 다음과 같이 구성합니다.

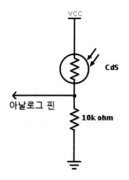

라즈베리파이의 경우 VCC는 3.3V가 됩니다.

10K Ω 저항과 직렬로 연결합니다. 빛 센서로 입력되는 빛의 양에 따라 저항 값이 달라집니다. 빛의 양이 적을수록, 즉 어두울수록 저항 값은 높아지고, 빛의 양이 많을수록 저항 값은 낮아집니다.

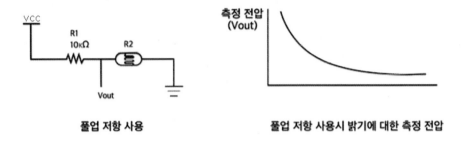

풀업 저항 사용   풀업 저항 사용시 밝기에 대한 측정 전압

적외선 거리 센서

다음은 적외선 거리 센서입니다.

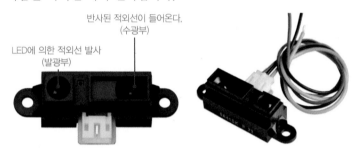

▲ 적외선 거리 센터

모델명은 GP2Y0A21YK로 측정 가능 거리는 10 ~ 80 cm 사이가 됩니다.

적외선 거리 센서는 다음과 같은 구조로 되어 있습니다.

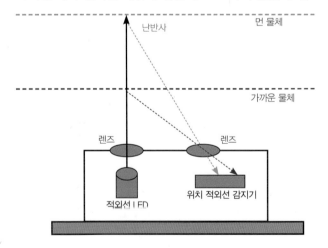

적외선 LED에서 출발한 적외선이 물체에 닿아 반사되어 적외선 감지기에 닿게 되는데, 이때 물체의 거리에 따라 적외선 감지기에 닿는 부분이 달라집니다.

그래서 다음과 같이 물체의 거리에 따라 달라지는 각도를 이용해 거리를 계산하게 됩니다.

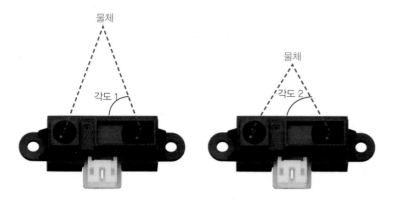

적외선 센서는 세 개의 선이 있고, 극성이 있습니다. 빨강색 선을 3.3V(VCC), 검정색 선을 0V(GND), 노랑색 선을 아날로그 입력(Vo)으로 연결합니다.

입력 전압에 따른 반사 물체와의 거리는 다음 그림과 같이 계산할 수 있습니다.

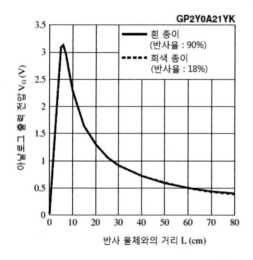

예를 들어, 출력 전압이 0.5V 이면 물체와의 거리가 60 cm가 됩니다. 거리가 10 cm 이하가 되거나 80 cm 이상이 되면 정확한 거리 계산이 안 됩니다.

03-14 빛 센서 회로 구성하기

다음과 같이 회로를 구성합니다.

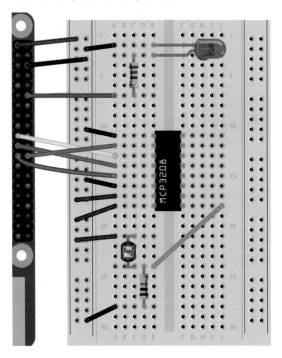

가변 저항 회로를 빛 센서 회로로 대체합니다.

다음과 같이 _17_mcp3208_adc.py 프로그램을 수행하여 테스트를 수행합니다.

```
$ sudo python3 _17_mcp3208_adc.py
```

센서를 빛으로부터 가려가면서 값이 변하는 것을 확인합니다.

04 _ I2C 버스에 PCA9685 디바이스 붙이기

여기서는 라즈베리파이의 I2C 버스에 PCA9685 PWM 출력 디바이스를 붙여보도록 합니다.
PCA9685 PWM 출력 디바이스를 이용하여 LED의 밝기, DC 모터의 속도, 서보모터의 각도를 조절
할 수 있습니다.

04-1 PCA9685 PWM 디바이스 소개

다음은 PCA9685 PWM 디바이스입니다.

PCA9685
16 PWM
Servo Motor
LED Drive

▲ PCA9685 PWM 디바이스

PCA9685 디바이스는 I2C 버스로 제어하는 16 채널 LED 제어기로 LCD RGBA 컬러 후면광 응용
에 최적화되어있습니다. PCA9685는 40~1000Hz 주파수를 가질 수 있습니다. 모든 출력은 하나의
PWM 주파수에 고정됩니다. 각 LED 출력은 개별적으로 12 비트 해상도인 4096 단계를 갖습니다.

04-2 I2C 버스 구조 살펴보기

다음은 일반적인 I2C 버스 연결 그림입니다.

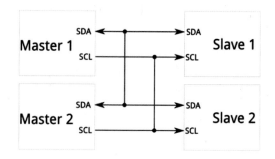

I2C 버스는 하나 이상의 마스터와 하나 이상의 슬레이브로 구성됩니다. 마스터는 라즈베리파이나 아두이노와 같은 보드들이 되며, 슬레이브는 라즈베리파이나 아두이노 보드에 붙여서 기능을 확장할 수 있는 디바이스들이 됩니다. 예를 들어, 이 단원에서 살펴볼 PCA9685 PWM 디바이스 또는 다음 단원에서 살펴볼 MPU6050 가속도 자이로 센서가 I2C 슬레이브가 됩니다.

I2C 통신을 하기 위해서는 SCL, SDA와 같이 2개의 핀이 필요합니다. SCL은 클록 핀으로 여기서 나오는 클록 신호에 맞춰 마스터와 슬레이브 간에 데이터를 주고받습니다. SCL의 클록 신호는 일반적으로 마스터에서 생성합니다. SDA는 데이터를 주고받는 핀으로 양 방향으로 데이터 이동이 가능합니다. 즉, 마스터에서 슬레이브로, 슬레이브에서 마스터로 데이터 이동이 가능합니다.
마스터와 슬레이브는 주소를 가지고 있으며, 이 주소를 이용하여 특정한 마스터나 슬레이브를 지정할 수 있습니다.

04-3 I2C 버스 핀 살펴보기

라즈베리파이는 다음과 같이 I2C 핀을 가지고 있습니다. GPIO2, GPIO3번 핀이 각각 SDA, SCL 핀으로 라즈베리파이 칩 내부에 있는 I2C 모듈이 사용하는 핀입니다.

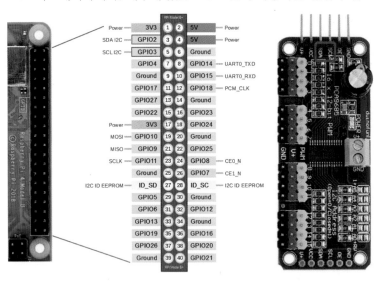

PCA9685 디바이스의 SDA, SCL 핀을 각각 라즈베리파이의 SDA, SCL핀에 연결하면 됩니다.

04-4 PCA9685 블록도 살펴보기

다음은 PCA9685 디바이스의 내부 블록도입니다.

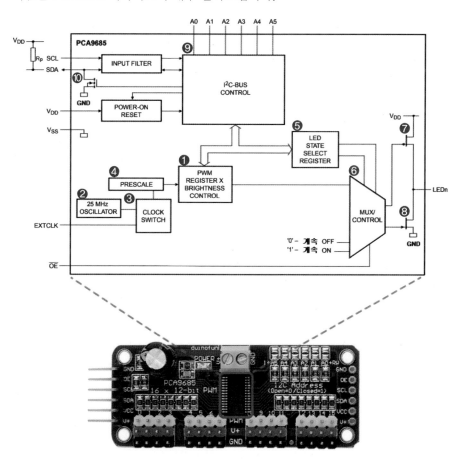

블록도 중앙 하단에 있는 ❶[PWM REGISTER X BRIGHTNESS CONTROL] 블록은 12 비트 COUNTER 레지스터를 가지며 0~4095의 값을 가질 수 있습니다.

좌측 하단에 있는 ❷[25 MHz OSCILLATOR]는 ❸[CLOCK SWITCH] 블록과 ❹[PRESCALE] 레지스터를 거쳐 COUNTER 레지스터로 25MHz 클록을 공급합니다. COUNTER 레지스터는 이 클록에 맞춰 숫자를 0~4095사이에서 반복적으로 증가시킵니다.

❸[CLOCK SWITCH]는 내부에 있는 ❷ [25 MHz OSCILLATOR]에서 오는 클록과 외부에서 EXTCLK 핀을 통해 공급되는 클록 중 하나를 선택하는 역할을 합니다. 기본 상태에서는 내부에 있는 ❷ [25 MHz OSCILLATOR]에서 오는 클록이 선택됩니다.

25MHz로 들어오는 클록은 ❹[PRESCALE] 레지스터를 거치게 되는데 ❹[PRESCALE] 레지스터 값을 설정하여 COUNTER 레지스터로 들어가는 클록의 속도를 줄일 수 있습니다. ❹[PRESCALE] 레지스터는 8비트 크기로 다음 공식을 기준으로 한 값을 갖습니다.

$$prescale\ 값 = 반올림\left(\frac{25\ MHz}{4096 \times frequency}\right) - 1$$

주파수는 40~1000Hz 사이의 값을 가질 수 있습니다. 예를 들어, 주파수를 1000Hz로 맞추고자 할 경우 ❹[PRESCALE] 레지스터 값은 5(반올림(2500000/4096/1000) −1)가 됩니다.

우측 중앙에 있는 ❺[LED STATE SELECT REGISTER]는 우측 하단에 있는 ❻[MUX/CONTROL] 모듈의 입력을 제어하는 역할을 합니다. ❺[LED STATE SELECT REGISTER]를 설정하여 ❻[MUX/CONTROL] 모듈의 좌측에 있는 3 입력 중 하나를 선택할 수 있습니다. ❻[MUX/CONTROL] 모듈의 우측에는 ❼, ❽ [2개의 JFET 트랜지스터]가 있습니다. 트랜지스터는 전자 스위치로 초고속으로 제어가 가능합니다. ❼ [상단 스위치]는 0이 입력되면 연결되는 스위치이고 ❽ [하단 스위치]는 1이 입력되면 연결되는 스위치입니다.

트랜지스터는 구현하는 방식에 따라 여러 가지 형태가 있습니다.

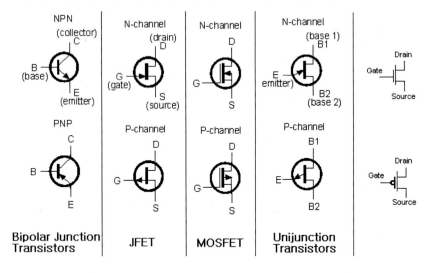

위 그림에서 가로로 논리적으로 같은 기능을 하는 트랜지스터입니다. NPN과 3개의 N−channel은 B, G, E로 논리적으로 1을 주면 C와 E, D와 S, B1과 B2가 연결됩니다. PNP와 3개의 P−channel 은 B, G, E로 논리적으로 0을 주면 C와 E, D와 S, B1과 B2가 연결됩니다.

❻ [MUX/CONTROL]의 입력이 0이 되면 ❼ [상단 스위치]는 활성화되고 ❽ [하단 스위치]는 비 활성화되어 LEDn 핀은 VDD로 연결됩니다. VDD는 VCC와 같은 역할을 합니다. 즉, LEDn 핀은 VCC

로 연결됩니다. ❻ [MUX/CONTROL]의 입력이 1이 되면 ❼ [상단 스위치]는 비 활성화되고 ❽ [하단 스위치]는 활성화되어 LEDn 핀은 GND로 연결됩니다. 즉, LEDn 핀은 GND로 연결됩니다. ❶ [PWM REGISTER X BRIGHTNESS CONTROL] 블록으로부터 오는 입력은 0또는 1이 들어오게 되며 들어오는 값에 따라 LEDn 핀은 VCC 또는 GND로 연결됩니다.

❻ [MUX/CONTROL]의 하단에서 입력되는 제어신호 /OE는 LEDn 핀으로의 출력을 활성화하거나 비 활성화하는 역할을 합니다.

상단에 있는 ❾[I2C-BUS CONTROL] 블록은 PCA9685 전체 블록을 제어합니다. 상단으로 들어오는 A0~A5 핀은 0또는 1이 입력되며 주소를 결정하는 역할을 합니다. 총 6비트의 주소 핀으로 0~63의 주소 값을 가질 수 있습니다. PCA9685 모듈 하나당 제어할 수 있는 LED 핀은 총 16개의 핀입니다.

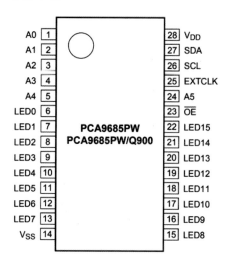

I2C 버스에 64개의 PCA9685 모듈을 연결할 경우 총 1024(64x16)개의 LED를 제어할 수 있습니다. PCA9685 좌측 상단에 있는 SCL, SDA 핀은 라즈베리파이로 연결됩니다. [INPUT FILTER] 모듈은 SCL, SDA 핀으로 들어오는 신호를 깨끗한 신호로 바꿔 ❾ [I2C-BUS CONTROL] 블록으로 전달하는 역할을 합니다. SDA 핀에 연결된 ❿ [MOSFET 트랜지스터]는 데이터를 내보낼 때 사용합니다. ❾ [I2C-BUS CONTROL]에서 ❿ [SDA 핀 스위치]로 연결된 선으로 1값이 전달되면 ❿ [SDA 핀 스위치]가 활성화되어 SDA는 GND로 연결되어 0값이 나가게 됩니다. ❾ [I2C-BUS CONTROL]에서 ❿ [SDA 핀 스위치]로 연결된 선으로 0값이 전달되면 ❿ [SDA 핀 스위치]는 비 활성화되어 SDA는 외부에서 풀업 저항을 통해서 VCC로 연결되어 1값이 나가게 됩니다.
[POWER ON RESET] 블록은 내부 레지스터들을 기본 상태로 초기화하여 출력 값이 LOW가 되게 합니다.

04-5 PCA9685 레지스터 살펴보기

전체 레지스터

다음은 PCA9685 내부 레지스터를 나타냅니다.

레지스터 주소(16진주(	레지스터 이름	레지스터 기능
00	MODE 1	모드 레지스터 1
01	MODE 2	모드 레지스터 2
02	SUBADR 1	I2C 버스 하위 주소 1
03	SUBAER 2	I2C 버스 하위 주소 2
04	SUBAER 3	I2C 버스 하위 주소 3
05	ALLCALLADR	LED 전체 호출 I2C 버스 주소
06	LED0_ON_L	LED0 출력과 밝기 조절 바이트 0
07	LED0_ON_H	LED0 출력과 밝기 조절 바이트 1
08	LED0_OFF_L	LED0 출력과 밝기 조절 바이트 2
09	LED0_OFF_H	LED0 출력과 밝기 조절 바이트 3
10~65	LED1~LED14 레지스터 생략	
42	LED15_ON_L	LED15 출력과 밝기 조절 바이트 0
43	LED15_ON_H	LED15 출력과 밝기 조절 바이트 1
44	LED15_OFF_L	LED15 출력과 밝기 조절 바이트 2
45	LED15_OFF_H	LED15 출력과 밝기 조절 바이트 3
사용하지 않는 영역		
FA	ALL_LED_ON_L	LED 전체 출력과 밝기 조절 바이트 0
FB	ALL_LED_ON_H	LED 전체 출력과 밝기 조절 바이트 1
FC	ALL_LED_OFF_L	LED 전체 출력과 밝기 조절 바이트 2
FD	ALL_LED_OFF_H	LED 전체 출력과 밝기 조절 바이트 3
FE	PRE_SCALE	출력 주파수용 분주기
FF	TestMode	테스트 모드 레지스터

레지스터는 디바이스 내부에 있는 미리 정해진 이름을 갖는 변수와 같습니다. 우리가 메모리에 만드는
변수의 경우엔 프로그래밍 과정에서 그 용도에 따라 우리가 직접 이름을 붙여주지만 디바이스 레지스터
의 경우엔 그 용도가 미리 정해지며 그 용도에 따른 이름을 갖고 있게 됩니다. 또, 메모리 변수의 경우엔
CPU가 읽고 쓰지만, 디바이스 변수의 경우엔 CPU와 디바이스가 같이 읽고 쓰며 상호 통신용으로 사용
하게 됩니다. 따라서 CPU가 디바이스 변수에 쓴 값은 그대로 남아있지 않을 수도 있습니다.

MODE1 레지스터

다음은 MODE1 레지스터에 대한 비트 설명입니다.

비트	이름	접근	값	설명
7	RESTART	R		RESTART 로직의 상태를 보여줌
		W		0일때 : 1로 쓰면 1로 설정, 1일때 : 1로 써야 0으로 설정
			0	재구동 비활성화 됨
			1	재구동 활성화 됨
6	EXTCLK	R/W	0	내부 클록 사용
			1	EXTCLK 핀 클록 사용
5	AI	R/W	0	레지스터 자동 증가 비활성화
			1	레지스터 자동 증가 활성화
4	SLEEP	R/W	0	일반 모드(오실레이터 구동, 0 설정 후 500us 이후 PWM 제어)
			1	저전력 모드(오실레이터 끔, PWM 제어 안됨)
3	SUB1	R/W	0	I2C 버스 하위주소 1에 대해 PCA9685 응답안함
			1	I2C 버스 하위주소 1에 대해 PCA9685 응답함
2	SUB2	R/W	0	I2C 버스 하위주소 2에 대해 PCA9685 응답안함
			1	I2C 버스 하위주소 2에 대해 PCA9685 응답함
1	SUB3	R/W	0	I2C 버스 하위주소 3에 대해 PCA9685 응답안함
			1	I2C 버스 하위주소 3에 대해 PCA9685 응답함
0	ALLCALL	R/W	0	LED 전체 호출 I2C 주소에 1에 대해 PCA9685 응답안함
			1	LED 전체 호출 I2C 주소에 1에 대해 PCA9685 응답함

SLEEP 비트는 내부 오실레이터를 동작시키거나 멈출 때 사용합니다. 1로 설정하면 오실레이터의 동작을 멈추며, PWM 제어가 멈춥니다. 0으로 설정하면 오실레이터의 동작을 시작하게 되며, 0으로 설정한 후, 정상적으로 동작할 때까지 500us(마이크로 초)를 기다립니다. 그리고 모든 PWM 채널을 재시작하기 위해 RESTART 비트를 1로 설정해 줍니다. 모든 PWM 채널이 재 시작된 후, RESTART 비트는 0으로 초기화됩니다. RESTART 비트는 내부 오실레이터 구동 후, 모든 PWM 채널을 재시작하기 위해 사용합니다.

AI 비트는 I2C 버스를 통해 데이터를 받거나 보낸 후에 자동으로 주소 값을 증가시키는 역할을 합니다. 예를 들어, AI 비트가 1로 설정된 상태에서 라즈베리파이에서 I2C 버스를 통해 LED0_ON_L 레지스터가 있는 6번지로 2 바이트의 데이터를 보내면, PCA9685는 먼저 온 1 바이트를 LED0_ON_L 레지스터에 저장한 후, 주소 값을 7번지로 변경한 후, 나중에 온 1 바이트를 LED0_ON_H 레지스터에 저장합니다.

나머지 비트는 여기서는 살펴보지 않습니다.

LED_ON, LED_OFF 제어 레지스터

다음은 LED_ON, LED_OFF 제어 레지스터에 대한 비트 설명입니다.

번지	레지스터	비트	이름	접근	초기값	설명
06h	LED0_ON_L	7 : 0	LED0_ON_L[7 : 0]	R/W	0000 0000	LED의 LEDn−ON 비교, 하위 8비트
07h	LED0_ON_H	7 : 5	reserved	R	000	쓰기불가(사용안함)
		4	LED0_ON_H[4]	R/W	0	LED 계속 켜기
		3 : 0	LED0_ON_H[3 : 0]	R/W	0000	LED의 LEDn−ON 비교, 상위 4비트
08h	LED0_OFF_L	7 : 0	LED0_OFF_L[7 : 0]	R/W	0000 0000	LED의 LEDn−OFF 비교, 하위 8비트
09h	LED0_OFF_H	7 : 5	reserved	R	000	쓰기불가(사용안함)
		4	LED0_OFF_H[4]	R/W	1	LED 계속 끄기
		3 : 0	LED0_OFF_H[3 : 0]	R/W	0000	LED의 LEDn−OFF 비교, 상위 4비트

LED0_ON_H[3:0], LED0_ON_L[7:0]은 내부적으로 합쳐져서 12비트의 LED0_ON[11:0] 레지스터를 구성하며, LED0이 켜지기 시작하는 값을 가집니다. 예를 들어, LED0_ON[11:0]의 값이 0으로 설정되어 있으면, 내부 COUNTER 레지스터 값이 0일 때, LED0이 켜집니다. LED0_ON[11:0]의 값이 511로 설정 되어 있으면 내부 COUNTER 레지스터 값이 511일 때, LED0이 켜집니다.

LED0_OFF_H[3:0], LED0_OFF_L[7:0]는 합쳐져서 12비트의 LED0_OFF[11:0] 레지스터를 구성하며, LED0이 꺼지기 시작하는 값을 가집니다. 예를 들어, LED0_OFF[11:0]의 값이 2048로 설정되어 있으면, 내부 COUNTER 레지스터 값이 2048일 때, LED0이 꺼집니다.

LED0_ON_H[4]가 1로 설정되었을 때에는 LED0은 계속 켜져 있게 됩니다. 이 때, LED0_OFF[11:0] 값은 무시됩니다.

LED0_OFF_H[4]가 1로 설정되었을 때에는 LED0은 계속 꺼져 있게 됩니다. 이 때, LED0_ON[11:0] 값은 무시됩니다.

LED0_ON_H[4]와 LED0_OFF_H[4]가 동시에 1로 설정되었을 때에는 LED0_OFF_H[4]가 우선순위가 있어 LED0은 계속 꺼져 있게 됩니다.

ALL_LED_ON, ALL_LED_OFF, PRE_SCALE 레지스터

다음은 ALL_LED_ON, All_LED_OFF 제어 레지스터와 PRE_SCALE 레지스터에 대한 비트 설명입니다.

번지	레지스터	비트	이름	접근	값	설명
FAh	ALL_LED_ON_L	7 : 0	ALL_LED_ON_L[7 : 0]	W only	0000 0000	ALL_LED의 LEDn-ON 비교, 하위 8비트
		7 : 5	reserved	R	000	쓰기불가(사용안함)
FBh	ALL_LED_ON_H	4	ALL_LED_ON_H[4]	W only	1	ALL_LED 계속 켜기
		3 : 0	ALL_LED_ON_H[3 : 0]	W only	0000	ALL_LED의 LEDn-ON 비교, 상위 4비트
FCh	ALL_LED_OFF_L	7 : 0	ALL_LED_OFF_L[7 : 0]	W only	0000 0000	ALL_LED의 LEDn-OFF 비교, 하위 8비트
		7 : 5	reserved	R	000	쓰기불가(사용안함)
FDh	ALL_LED_OFF_H	4	ALL_LED_OFF_H[4]	W only	1	ALL_LED 계속 끄기
		3 : 0	ALL_LED_OFF_H[3 : 0]	W only	0000	ALL_LED의 LEDn-OFF 비교, 상위 4비트
FEh	PRE_SCALE	7 : 0	PRE_SCALE[7 : 0]	R/W	0001 1110	출력 주파수 프로그램 분주기(변경 시 MODEL1레지스터의 SLEEP 비트를 1로 설정해야함)

ALL_LED_ON_H[3:0], ALL_LED_ON_L[7:0]은 내부적으로 합쳐져서 12비트의 ALL_LED_ON[11:0] 레지스터를 구성하며, LED 전체가 켜지기 시작하는 값을 가집니다. 예를 들어, ALL_LED_ON[11:0]의 값이 0으로 설정되어 있으면, 내부 COUNTER 레지스터 값이 0일 때, LED 전체가 켜집니다. ALL_LED_ON[11:0]의 값이 511로 설정 되어 있으면 내부 COUNTER 레지스터 값이 511일 때, LED 전체가 켜집니다.

ALL_LED_OFF_H[3:0], ALL_LED_OFF_L[7:0]는 합쳐져서 12비트의 ALL_LED_OFF[11:0] 레지스터를 구성하며, LED 전체가 꺼지기 시작하는 값을 가집니다. 예를 들어, ALL_LED_OFF[11:0]의 값이 2048로 설정되어 있으면, 내부 COUNTER 레지스터 값이 2048일 때, LED 전체가 꺼집니다.

ALL_LED_ON_H[4]가 1로 설정되었을 때에는 LED 전체는 계속 켜져 있게 됩니다. 이 때, ALL_LED_OFF[11:0] 값은 무시됩니다.

ALL_LED_OFF_H[4]가 1로 설정되었을 때에는 LED 전체는 계속 꺼져 있게 됩니다. 이 때, ALL_LED_ON[11:0] 값은 무시됩니다.

ALL_LED_ON_H[4]와 ALL_LED_OFF_H[4]가 동시에 1로 설정되었을 때에는 ALL_LED_OFF_H[4]가 우선순위가 있어 LED 전체는 계속 꺼져 있게 됩니다.

PRE_SCALE 레지스터는 8비트 크기로 다음 공식을 기준으로 한 값을 갖습니다.

$$prescale\ 값\ =\ 반올림\left(\frac{25\ MHz}{4096 \times frequency}\right) - 1$$

주파수는 40~1000Hz 사이의 값을 가질 수 있습니다. 예를 들어, 주파수를 1000Hz로 맞추고자 할 경우 PRE_SCALE 레지스터 값은 5(반올림(2500000/4096/1000) −1)가 됩니다.

PRE_SCALE 레지스터는 MODE1 레지스터의 SLEEP 비트가 1로 설정되어 있어야 설정될 수 있습니다.

04-6 PCA9685 PWM 제어 살펴보기

다음은 LED0_ON, LED0_OFF 레지스터 설정 값에 따른 LED0 PWM 출력을 파형을 보여주는 예입니다.

LED 출력 예

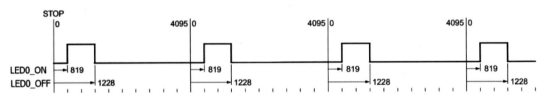

LED0 제어기 출력의 ON(HIGH) 시작 시간과 OFF(LOW) 시작 시간은 두 개의 레지스터 LED0_ON, LED0_OFF를 사용하여 조절할 수 있습니다. 이 레지스터들은 12 비트 크기로 0~4095값을 가질 수 있습니다. LED0_ON 레지스터는 ON(켜기) 시작 시간에 대한 값을 가지고, LED0_OFF 레지스터는 OFF(끄기) 시작 시간에 대한 값을 가지고 있습니다. ON과 OFF 시간은 12 비트 COUNTER 레지스터 값과 비교됩니다. COUNTER 레지스터는 0~4095 사이에서 계속해서 증가합니다.

04-7 PCA9685 기본 회로 구성하기

라즈베리파이와 PCA9685 디바이스는 다음과 같이 연결합니다.

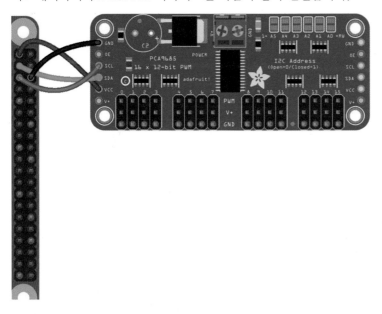

다음 핀 맵을 참조합니다.

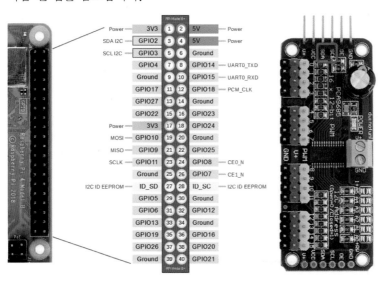

PCA9685 디바이스의 SDA, SCL 핀을 각각 라즈베리파이의 SDA, SCL핀에 연결합니다.

PCA9685 디바이스의 VCC, GND 핀을 각각 라즈베리파이의 3.3V, GND 핀에 연결합니다.

04-8 I2C 모듈 활성화하기

PCA9685 디바이스와 I2C 통신을 하기 위해서는 먼저 라즈베리파이의 I2C 모듈을 활성화해야 합니다. 다음과 같이 I2C 모듈을 활성화합니다.

데스크 탑 기반 활성화

데스크 탑 화면에서는 다음과 같이 활성화합니다.

※ 원격에서 명령행 기반으로 활성화하기 위해서는 다음에 오는 명령행 기반으로 활성화합니다.

01 다음과 같이 라즈베리파이 데스크 탑에서 [시작(딸기 아이콘)]–[Preferences]–[Raspberry Pi Configuration] 메뉴를 선택합니다.

02 다음은 [Raspberry Pi Configuration] 창입니다. [Interfaces] 탭을 선택한 후, Camera [Enable] 버튼을 체크해 활성화합니다. [OK] 버튼을 누릅니다.

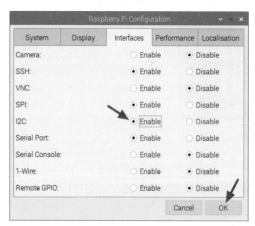

명령행 기반 활성화

명령행 기반에서는 다음과 같이 활성화합니다.

※ 데스크 탑 기반으로 활성화하였으면 명령행 기반 활성화는 수행하지 않습니다.

01 다음과 같이 명령을 수행합니다.

```
pi@raspberrypi:~ $ sudo raspi-config
```

02 그러면 다음과 같은 창이 열립니다.

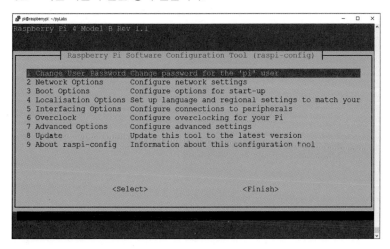

03 방향키를 이용하여 [5 Interfacing Options]로 이동한 후, 엔터키를 눌러 선택합니다.

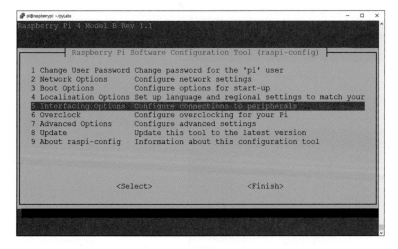

04 그러면 다음과 같은 창이 열립니다.

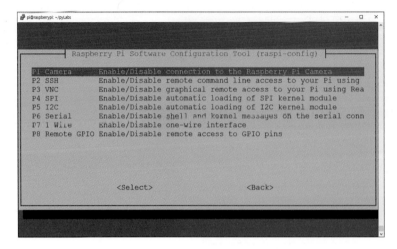

05 방향키를 이용하여 [P5 I2C]로 이동하여 엔터키를 칩니다.

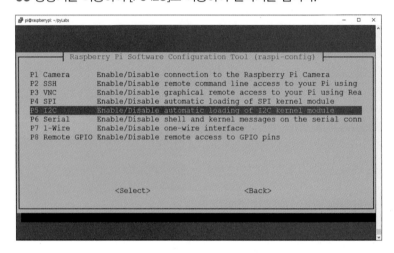

06 그러면 다음과 같은 창이 뜹니다.

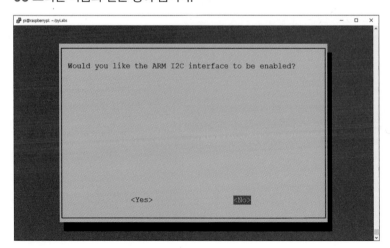

07 탭 키를 한 번 눌러 [⟨Yes⟩]로 이동한 후, 엔터키를 눌러 I2C 기능을 활성화합니다.

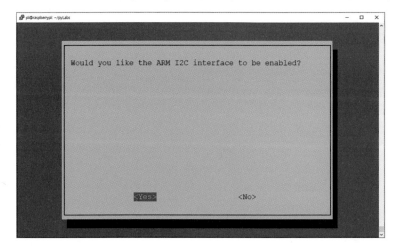

08 다음과 같이 I2C 기능이 활성화됩니다. 엔터키를 눌러 창을 빠져 나옵니다.

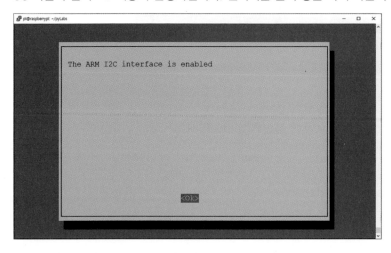

09 다음과 같이 이전 화면으로 나옵니다.

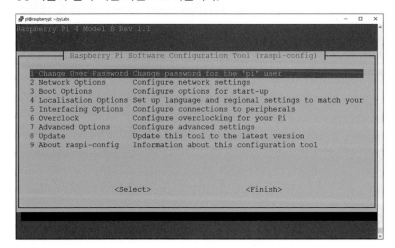

10 탭 키를 2 번 눌러 [〈Finish〉]로 이동한 후, 엔터키를 눌러 창을 닫습니다.

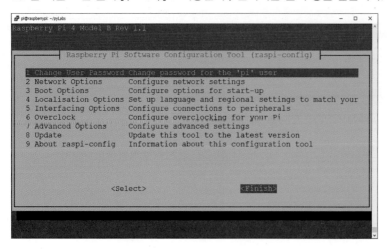

11 다음과 같이 명령 행으로 나옵니다.

```
pi@raspberrypi:~/pyLabs $
```

04-9 I2C 테스트하기

여기서는 라즈베리파이에서 제공하는 기본 I2C 명령들을 사용하여 PCA9685 디바이스를 확인해봅니다.

I2C 어댑터 검색

먼저 라즈베리파이 보드에 내장된 I2C 어댑터를 검색해봅니다. 다음과 같이 명령을 수행합니다.

i2cdetect −ℓ 명령은 라즈베리파이 보드에 내장된 I2C 어댑터를 검색합니다. 여기서는 i2c−1(숫자 1)로 표시됩니다. 라즈베리파이 보드에는 2 개의 I2C 어댑터가 존재하며 각각 0, 1이 됩니다. 여기서는 1번 어댑터가 활성화된 상태를 보여주고 있습니다.

I2C 디바이스 검색

다음은 I2C 어댑터에 연결된 I2C 디바이스를 검색해 봅니다. 다음과 같이 명령을 수행합니다.

```
pi@raspberrypi:~/pyLabs $ i2cdetect -y 1
     0  1  2  3  4  5  6  7  8  9  a  b  c  d  e  f
00:          -- -- -- -- -- -- -- -- -- -- -- -- --
10: -- -- -- -- -- -- -- -- -- -- -- -- -- -- -- --
20: -- -- -- -- -- -- -- -- -- -- -- -- -- -- -- --
30: -- -- -- -- -- -- -- -- -- -- -- -- -- -- -- --
40: 40 -- -- -- -- -- -- -- -- -- -- -- -- -- -- --
50: -- -- -- -- -- -- -- -- -- -- -- -- -- -- -- --
60: -- -- -- -- -- -- -- -- -- -- -- -- -- -- -- --
70: -- -- -- -- -- -- -- --
pi@raspberrypi:~/pyLabs $
```

i2cdetect *-y 1* 명령은 I2C 어댑터 1에 연결된 I2C 디바이스를 검색합니다. 여기서는 십육진수 40의 주소 값이 표시됩니다. 0x40은 PCA9685 디바이스의 주소를 나타냅니다.

I2C 디바이스 레지스터 전체 읽기

이제 I2C 디바이스의 레지스터를 읽어보도록 합니다. 다음과 같이 명령을 수행합니다.

```
pi@raspberrypi:~/pyLabs $ i2cdump -y 1 0x40
No size specified (using byte-data access)
     0  1  2  3  4  5  6  7  8  9  a  b  c  d  e  f    0123456789abcdef
00: 11 04 e2 c4 e8 e0 00 00 00 10 00 00 00 10 00 00    ??????...?...?..
10: 00 10 00 00 00 00 10 00 00 00 00 10 00 00 00 10 00 00    .?...?...?...?..
20: 00 10 00 00 00 00 10 00 00 00 00 10 00 00 00 10 00 00    .?...?...?...?..
30: 00 10 00 00 00 00 10 00 00 00 00 10 00 00 00 10 00 00    .?...?...?...?..
40: 00 10 00 00 00 00 10 XX XX XX XX XX XX XX XX XX XX    .?...?XXXXXXXXXX
50: XX XX XX XX XX XX XX XX XX XX XX XX XX XX XX XX    XXXXXXXXXXXXXXXX
60: XX XX XX XX XX XX XX XX XX XX XX XX XX XX XX XX    XXXXXXXXXXXXXXXX
70: XX XX XX XX XX XX XX XX XX XX XX XX XX XX XX XX    XXXXXXXXXXXXXXXX
80: XX XX XX XX XX XX XX XX XX XX XX XX XX XX XX XX    XXXXXXXXXXXXXXXX
90: XX XX XX XX XX XX XX XX XX XX XX XX XX XX XX XX    XXXXXXXXXXXXXXXX
a0: XX XX XX XX XX XX XX XX XX XX XX XX XX XX XX XX    XXXXXXXXXXXXXXXX
b0: XX XX XX XX XX XX XX XX XX XX XX XX XX XX XX XX    XXXXXXXXXXXXXXXX
c0: XX XX XX XX XX XX XX XX XX XX XX XX XX XX XX XX    XXXXXXXXXXXXXXXX
d0: XX XX XX XX XX XX XX XX XX XX XX XX XX XX XX XX    XXXXXXXXXXXXXXXX
e0: XX XX XX XX XX XX XX XX XX XX XX XX XX XX XX XX    XXXXXXXXXXXXXXXX
f0: XX XX XX XX XX XX XX XX XX XX 00 00 00 00 1e 00    XXXXXXXXXX....?.
pi@raspberrypi:~/pyLabs $
```

i2cdump -y 1 0x40 명령은 I2C 어댑터 1에 연결된 0x40 I2C 디바이스의 레지스터를 읽어냅니다. 0x00~0x45, 0xfa~0xff 번지에 있는 레지스터 값이 읽히는 것을 볼 수 있습니다. 앞에서 살펴본 PCA9685 내부 레지스터와 비교해봅니다.

레지스터 주소(16진주(	레지스터 이름	레지스터 기능
00	MODE 1	모드 레지스터 1
01	MODE 2	모드 레지스터 2
02	SUBADR 1	I2C 버스 하위 주소 1
03	SUBAER 2	I2C 버스 하위 주소 2
04	SUBAER 3	I2C 버스 하위 주소 3
05	ALLCALLADR	LED 전체 호출 I2C 버스 주소
06	LED0_ON_L	LED0 출력과 밝기 조절 바이트 0
07	LED0_ON_H	LED0 출력과 밝기 조절 바이트 1
08	LED0_OFF_L	LED0 출력과 밝기 조절 바이트 2
09	LED0_OFF_H	LED0 출력과 밝기 조절 바이트 3
10~65	LED1~LED14 레지스터 생략	
42	LED15_ON_L	LED15 출력과 밝기 조절 바이트 0
43	LED15_ON_H	LED15 출력과 밝기 조절 바이트 1
44	LED15_OFF_L	LED15 출력과 밝기 조절 바이트 2
45	LED15_OFF_H	LED15 출력과 밝기 조절 바이트 3
사용하지 않는 영역		
FA	ALL_LED_ON_L	LED 전체 출력과 밝기 조절 바이트 0
FB	ALL_LED_ON_H	LED 전체 출력과 밝기 조절 바이트 1
FC	ALL_LED_OFF_L	LED 전체 출력과 밝기 조절 바이트 2
FD	ALL_LED_OFF_H	LED 전체 출력과 밝기 조절 바이트 3
FE	PRE_SCALE	출력 주파수용 분주기
FF	TestMode	테스트 모드 레지스터

I2C 디바이스 레지스터 한 바이트 읽기

이제 I2C 디바이스의 레지스터 한 바이트를 읽어보도록 합니다. 다음과 같이 명령을 수행합니다.

```
pi@raspberrypi:~/pyLabs $ i2cget -y 1 0x40 0x00
0x11
pi@raspberrypi:~/pyLabs $
```

i2cget —y 1 0x40 0x00 명령은 I2C 어댑터 1에 연결된 0x40 I2C 디바이스의 0x00 번지에 있는 레지스터를 읽어냅니다. 0x11 값이 읽히는 것을 볼 수 있습니다.

04-10 PCA9685 라이브러리 작성하기

여기서는 PCA9685 디바이스를 제어하기 위한 라이브러리 파일을 작성합니다.

01 다음과 같이 파일을 작성합니다.

pca9685.py

```
01 : import time
02 :
03 : MODE1 =0x00
04 : PRE_SCALE =0xFE
05 : LED0_OFF_L =0x08
06 : LED0_OFF_H =0x09
07 :
08 : SLEEP =0x10
09 : RESTART =0x80
10 :
11 : class PWM:
12 :     def __init__(self, bus, address =0x40):
13 :         self.bus = bus
14 :         self.address = address
15 :         self._writeByte(MODE1, 0x00)
16 :
17 :     def setFreq(self, frequency):
18 :         baseMode = self._readByte(MODE1)&0xFF
19 :         self._writeByte(MODE1, baseMode|SLEEP)
20 :
21 :         prescale = (25000000.0/(4096*frequency)+0.5)-1
22 :         self._writeByte(PRE_SCALE, int(prescale))
23 :
24 :         self._writeByte(MODE1, baseMode)
25 :
26 :         time.sleep(0.001)
27 :
28 :         self._writeByte(MODE1, baseMode|RESTART)
29 :
30 :     def setDuty(self, pin, duty_cycle):
31 :         chan = pin*4
32 :         duty_off =int(duty_cycle)&0xFFFF
33 :         self._writeByte(LED0_OFF_L+chan, duty_off&0xFF)
34 :         self._writeByte(LED0_OFF_H+chan, duty_off>>8)
35 :
36 :     def _writeByte(self, reg, value):
37 :         try:
38 :             self.bus.write_byte_data(self.address, reg, value)
```

```
39 :             except:
40 :                     print ("Error while writing to I2C device")
41 :
42 :     def _readByte(self, reg):
43 :             try:
44 :                     value = self.bus.read_byte_data(self.address, reg)
45 :                     return value
46 :             except:
47 :                     print ("Error while reading from I2C device")
48 :                     return None
```

03 : MODE1 레지스터의 주소 값을 정의합니다.

04 : PRE_SCALE 레지스터의 주소 값을 정의합니다.

05 : LED0_OFF_L 레지스터의 주소 값을 정의합니다.

06 : LED0_OFF_H 레지스터의 주소 값을 정의합니다.

08 : MOED1 레지스터이 SLEEP 비트를 정의합니다.

09 : MOED1 레지스터의 RESTART 비트를 정의합니다.

11~48 : PWM 클래스를 정의합니다. PWM 클래스는 객체 생성 시의 초기화 함수인 __init__(12줄), 주파수 설정 함수인 setFreq(17줄), 상하비 설정 함수인 setDuty(30줄), I2C 버스에 1 바이트 데이터를 쓰는 함수인 _writeByte(36줄), I2C 버스에서 1 바이트를 읽는 함수인 _readByte(42줄)로 구성됩니다.

12~15 : PWM 객체 생성 시의 초기화 함수인 __init__ 함수를 정의합니다. __init__ 함수는 객체를 가리키는 self, I2C 버스를 가리키는 bus, I2C 버스의 디바이스의 주소를 가리키는 address를 인자로 갖습니다. address가 가리키는 기본 주소 값은 0x40입니다. 0x40은 PCA9685 디바이스의 주소 값입니다.

13~15 : PWM 객체는 객체 변수로 bus, address를 갖습니다.

15 : 객체 함수인 _writeByte 함수를 호출하여 MODE1 레지스터를 0x00값으로 초기화합니다.

17~28 : 주파수 설정 함수인 setFreq 함수를 정의합니다. setFreq 함수는 객체를 가리키는 self, 주파수를 가리키는 frequency 변수를 인자로 갖습니다.

18 : 객체 함수인 _readByte 함수를 호출하여 PCA9685 디바이스의 MODE1 레지스터를 값을 읽어 baseMode 변수가 가리키도록 합니다.

19 : 객체 함수인 _readByte 함수를 호출하여 PCA9685 디바이스의 MODE1 레지스터의 SLEEP 비트를 1로 설정합니다. 그러면 내부 오실레이터는 동작을 멈춥니다.

21 : 매개변수 frequency를 통해 넘어온 주파수를 위한 분주기 값을 구하여 prescale 변수가 가리키도록 합니다.

22 : 객체 함수인 _writeByte 함수를 호출하여 PCA9685 디바이스의 PRE_SCALE 레지스터에 분주기 값을 씁니다.

24 : 객체 함수인 _writeByte 함수를 호출하여 PCA9685 디바이스의 MODE1 레지스터의 baseMode 변수가 가리키는 값으로 설정합니다. 이렇게 하면 SLEEP 비트가 0으로 설정되어 내부 오실레이터가 재구동됩니다. 내부 오실레이터가 동작해야 PWM 출력을 수행할 수 있습니다.

26 : SLEEP 비트를 0으로 설정해서 오실레이터를 구동시킨 후, 최대 1ms(밀리 초)를 대기해야합니다.

28 : 객체 함수인 _writeByte 함수를 호출하여 PCA9685 디바이스의 MODE1 레지스터의 RESTART 비트를 1로 설정합니다. 그래야 모든 PWM 채널이 재 시작됩니다. 모든 PWM이 정상적으로 재 시작되면 RESTART 비트는 지워집니다.

30~34 : 상하비 설정 함수인 setDuty 함수를 정의합니다. setDuty 함수는 객체를 가리키는 self, 핀을 가리키는 pin, 듀티 사이클을 가리키는 duty_cycle 변수를 인자로 갖습니다.

31 : 채널 하나당 4바이트의 데이터를 이용하여 PWM 파형의 HIGH 구간을 설정하므로, 넘어온 pin 값에 4를 곱해 pin에 해당하는 채널의 시작 레지스터의 오프셋 값을 구합니다.

32 : 넘어온 duty_cycle 값을 정수 객체로 바꾼 후, 하위 16비트 부분에 해당하는 값을 구한 후, duty_off 변수가 가리키도록 합니다.

33   : 객체 함수인 _writeByte 함수를 호출하여 PCA9685 디바이스의 LED0_OFF_L+chan 번지에 duty_off의 하위 8 비트 값을 씁니다.

34   : 객체 함수인 _writeByte 함수를 호출하여 PCA9685 디바이스의 LED0_OFF_H+chan 번지에 duty_off의 상위 8 비트 값을 씁니다.

36~40 : I2C 버스에 1 바이트 데이터를 쓰는 함수인 _writeByte 함수를 정의합니다. _writeByte 함수 객체를 가리키는 self, PCA9685 디바이스 내부 레지스터 주소 값을 가리키는 reg, PCA9685 디바이스 내부 레지스터에 넣어줄 값을 가리키는 value 변수를 인자로 갖습니다.

38   : I2C 디바이스에 한 바이트 데이터를 쓰는 write_byte_data 함수를 호출하여 PCA9685 디바이스의 해당 레지스터에 값을 씁니다.

42~48 : I2C 버스에서 1 바이트를 읽는 함수인 _readByte 함수를 정의합니다. _readByte 함수는 객체를 가리키는 self, 읽고자 하는 PCA9685 디바이스 내부 레지스터 주소 값을 가리키는 reg 변수를 인자로 갖습니다.

44   : I2C 디바이스에서 한 바이트 데이터를 읽는 read_byte_data 함수를 호출하여 PCA9685 디바이스의 해당 레지스터에 값을 읽어, value 변수가 가리키도록 합니다.

45   : value 변수 값을 돌려줍니다.

04-11 LED 점멸 반복해보기

여기서는 PCA9685 디바이스를 이용하여 LED를 켜고 꺼 봅니다.

LED 회로 구성하기

PCA9685 디바이스와 LED는 다음과 같이 연결합니다.

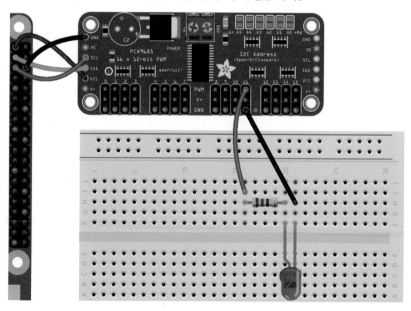

LED의 긴 핀(+)을 220 Ohm 저항을 통해 PCA9685 디바이스의 11번 핀에 연결합니다. LED의 짧은 핀(-)은 PCA9685 디바이스의 GND 핀에 연결합니다.

LED 제어하기

01 다음과 같이 예제를 작성합니다.

_18_pca9685_blink.py

```
01 : import smbus
02 : import pca9685
03 : import time
04 :
05 : led_pin =11
06 :
07 : i2c_bus = smbus.SMBus(1) # 1 :/dev/i2c-1 (port I2C1)
08 : pwm = pca9685.PWM(i2c_bus)
09 :
10 : pwm.setFreq(1000)
11 :
12 : try:
13 :     while True:
14 :             pwm.setDuty(led_pin, 0)
15 :             time.sleep(0.5)
16 :             pwm.setDuty(led_pin, 4095)
17 :             time.sleep(0.5)
18 :
19 : except KeyboardInterrupt:
20 :     pass
21 :
22 : pwm.setDuty(led_pin, 0)
23 : i2c_bus.close()
```

01 : I2C 버스를 사용하기 위해 smbus 모듈을 불러옵니다. smbus는 인텔에서 정의한 I2C 버스의 일종입니다. smbus 모듈은 7,23 줄에 있는 SMBus 생성자 함수, close 함수를 가지고 있습니다.

02 : pca9685 모듈을 불러옵니다.

05 : led_pin 변수를 선언한 후, 채널 11로 설정합니다.

07 : smbus.SMBus 객체를 생성하여 i2c 버스에 연결합니다. 인자로 넘어가는 숫자 1은 1번 버스를 의미합니다.

08 : pca9685.PWM 객체를 생성한 후, pwm 변수가 가리키도록 합니다. PWM 객체 생성 시, 첫 번째 인자로 i2c_bus 객체를 넘겨줍니다.

10 : pwm 객체에 대해 setFreq 함수를 호출하여 1000으로 설정합니다. 이렇게 하면 주파수가 1000Hz가 됩니다.

13 : 계속해서 13~17줄을 수행합니다.

14 : pwm 객체에 대해 setDuty 함수를 호출하여, led_pin으로 출력될 듀티 사이클 값을 0으로 설정합니다. 듀티 사이클은 사각 파형의 HIGH 구간에 해당합니다.

15 : 0.5 초 지연을 줍니다.

16 : pwm 객체에 대해 setDuty 함수를 호출하여, led_pin으로 출력될 듀티 사이클 값을 4095로 설정합니다.

17 : 0.5 초 지연을 줍니다.

22 : pwm 객체에 대해 setDuty 함수를 호출하여, led_pin으로 출력될 듀티 사이클 값을 0으로 설정합니다. 이렇게 하면 LED가 꺼집니다.

23 : i2c_bus 객체에 대해 close 함수를 호출하여 i2c 버스 연결을 해제합니다.

02 다음과 같이 예제를 실행합니다.

```
$ sudo python3 _18_pca9685_blink.py
```

LED가 켜지고 꺼지는 것을 반복하는 것을 확인합니다.

04-12 LED 밝기 4095 단계로 조절해보기

여기서는 PCA9685 디바이스를 이용하여 LED의 밝기를 조절해 봅니다. 회로는 이전 회로를 그대로 사용합니다.

01 다음과 같이 예제를 작성합니다.

_18_pca9685_fading.py

```
01 : import smbus
02 : import pca9685
03 : import time
04 :
05 : led_pin =11
06 :
07 : i2c_bus = smbus.SMBus(1) # 1 :/dev/i2c-1 (port I2C1)
08 : pwm = pca9685.PWM(i2c_bus)
09 :
10 : pwm.setFreq(1000)
11 :
12 : try:
13 :     while True:
14 :             for dutyCycle in range(0,4096,8):
15 :                     pwm.setDuty(led_pin, dutyCycle)
16 :                     time.sleep(0.001)
17 :             for dutyCycle in range(4095,-1,-8):
18 :                     pwm.setDuty(led_pin, dutyCycle)
19 :                     time.sleep(0.001)
20 :
21 : except KeyboardInterrupt:
22 :     pass
23 :
24 : pwm.setDuty(led_pin, 0)
25 : i2c_bus.close()
```

14 : for 문을 사용하여 dutyCycle 변수 값을 0부터 4095까지 8 간격으로 더해주면서 15,16줄을 수행합니다.

15 : pwm 객체에 대해 setDuty 함수를 호출하여, led_pin으로 출력될 듀티 사이클 값을 dutyCycle로 설정합니다. 듀티 사이클은 사각 파형의 HIGH 구간에 해당합니다.

16 : 0.001초(=1밀리초) 동안 기다립니다.

17 : for 문을 사용하여 duty_cycle 변수 값을 4095부터 0까지 8 간격으로 빼주면서 18,19줄을 수행합니다.

18 : pwm 객체에 대해 setDuty 함수를 호출하어, led_pin으로 줄력될 듀티 사이클 값을 dutyCycle로 설정합니다.

19 : 0.001초(=1밀리초) 초 동안 기다립니다.

02 다음과 같이 예제를 실행합니다.

```
$ sudo python3 _18_pca9685_fading.py
```

주기적으로 밝아지고 어두워지는 것을 반복하는 것을 확인합니다.

04-13 부저 소리내보기

여기서는 PCA9685 디바이스를 이용하어 부서를 제어해 봅니다.

부저 회로 구성하기

PCA9685 디바이스와 부저는 다음과 같이 연결합니다.

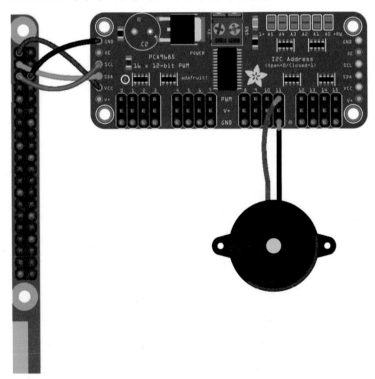

부저의 +핀을 PCA9685 디바이스의 11번 핀에 연결합니다. 부저의 다른 핀은 PCA9685 디바이스의 GND 핀에 연결합니다.

부저 제어하기

01 다음과 같이 예제를 작성합니다.

_18_pca9685_buzzer.py

```
01 : import smbus
02 : import pca9685
03 : import time
04 :
05 : buzzer_pin =11
06 :
07 : i2c_bus = smbus.SMBus(1) # 1 :/dev/i2c-1 (port I2C1)
08 : pwm = pca9685.PWM(i2c_bus)
09 :
10 : pwm.setDuty(buzzer_pin, 2047)
11 :
12 : try:
13 :     for cnt in range(3):
14 :             pwm.setFreq(262)
15 :             time.sleep(1.0)
16 :             pwm.setFreq(294)
17 :             time.sleep(1.0)
18 :
19 : except KeyboardInterrupt:
20 :     pass
21 :
22 : pwm.setDuty(buzzer_pin, 0)
23 : i2c_bus.close()
```

05 : pca9685 디바이스의 11 번 채널에 연결된 부저 핀 변수를 선언합니다.

10 : pwm 객체에 대해 setDuty 함수를 호출하여, led_pin으로 출력될 듀티 사이클 값을 2047로 설정합니다. 이렇게 하면 pca9685 디바이스의 buzzer_pin의 듀티 비가 1:1이 됩니다. pca9685 디바이스의 내부 레지스터인 COUNTER 레지스터의 값은 0~4095 사이의 값을 가지며, 중간 크기의 값은 2047이 됩니다. 즉, 0~2046까지는 HIGH 구간, 2047~4095까지는 LOW 구간이 됩니다.

13 : for 문을 사용하여 cnt 변수 값을 0부터 3미만의 정수에 대해 14~17줄을 수행합니다.

14 : pwm 객체에 대해 setFreq 함수를 호출하여 262로 설정합니다. 이렇게 하면 4옥타브의 도가 됩니다.

15 : 1.0초 동안 기다립니다.

16 : pwm 객체에 대해 setFreq 함수를 호출하여 294로 설정합니다. 이렇게 하면 4옥타브의 레가 됩니다.

17 : 1.0초 동안 기다립니다.

22 : pwm 객체에 대해 setDuty 함수를 호출하여, led_pin으로 출력될 듀티 사이클 값을 0으로 설정합니다. 이렇게 하면 소리가 꺼지게 됩니다.

02 다음과 같이 예제를 실행합니다.

```
$ sudo python3 _18_pca9685_buzzer.py
```

도 음과 레 음이 2초 주기로 3회 반복되는 것을 확인합니다.

04-14 부저 멜로디 연주하기

여기서는 PCA9685 디바이스와 부저를 이용하여 멜로디를 생성해 보도록 하겠습니다.

01 다음과 같이 예제를 작성합니다.

_18_pca9685_melody.py

```
01 : import smbus
02 : import pca9685
03 : import time
04 :
05 : buzzer_pin =11
06 : melody = [262,294,330,349,392,440,494,523]
07 :
08 : i2c_bus = smbus.SMBus(1) # 1 :/dev/i2c-1 (port I2C1)
09 : pwm = pca9685.PWM(i2c_bus)
10 :
11 : pwm.setDuty(buzzer_pin, 2047)
12 :
13 : try:
14 :     for note in range(8):
15 :             pwm.setFreq(melody[note])
16 :             time.sleep(0.5)
17 :
18 : except KeyboardInterrupt:
19 :     pass
20 :
21 : pwm.setDuty(buzzer_pin, 0)
22 : i2c_bus.close()
```

06 : 4 옥타브의 도, 레, 미, 파, 솔, 라, 시와 5 옥타브의 도에 해당하는 주파수를 값으로 갖는 목록 객체를 melody 변수를 생성하여 가리키도록 합니다.
14 : note 변수 값을 0부터 8 미만의 정수에 대해 15,16줄을 수행합니다.
15 : pwm 객체에 대해 setFreq 함수를 호출하여 PCA9685 디바이스의 주파수를 melody[note] 값으로 설정합니다.
16 : 0.5초간 기다립니다.

02 다음과 같이 예제를 실행합니다.

```
$ sudo python3 _18_pca9685_melody.py
```

0.5초 간격으로 도, 레, 미, 파, 솔, 라, 시, 도 음이 연주되는 것을 확인합니다.

04-15 서보모터 각도 조절해보기

여기서는 PCA9685 디바이스를 이용하여 서보 모터를 제어해 봅니다.

서보모터 회로 구성하기

PCA9685 디바이스와 서보 모터는 다음과 같이 연결합니다.

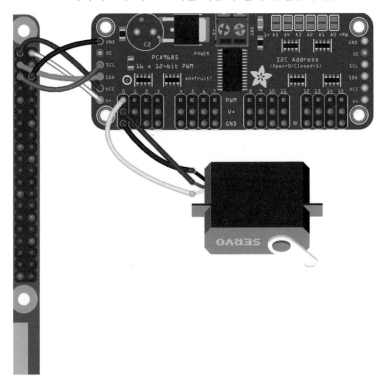

PCA9685 디바이스의 V+ 핀을 각각 라즈베리파이의 5V 핀에 연결합니다. V+의 경우 일반적으로 외부 전원을 연결해서 사용해야 하지만 여기서는 임시로 라즈베리파이의 5V 핀에 연결합니다. V+ 핀은 서보 모터를 구동하기 위해 사용합니다.

서보 모터의 노란색 전선을 PCA9685 디바이스의 0번 핀에 연결합니다. 서보 모터의 검은색 또는 갈색 전선을 PCA9685 디바이스의 GND 핀에 연결합니다. 서보 모터의 빨간색 전선을 PCA9685 디바이스의 5V 핀에 연결합니다.

서보 제어하기

01 다음과 같이 예제를 작성합니다.

_18_pca9685_servo.py

```
01 : import smbus
02 : import pca9685
03 : import time
04 :
05 : servo_pin =11
06 : servo_frequency =50
07 :
08 : i2c_bus = smbus.SMBus(1) # 1 :/dev/i2c-1 (port I2C1)
09 : pwm = pca9685.PWM(i2c_bus)
10 :
11 : pwm.setFreq(servo_frequency)
12 :
13 : try:
14 :     for cnt in range(3):
15 :             pwm.setDuty(servo_pin, (4095/20)*0.6)
16 :             time.sleep(1.0)
17 :             pwm.setDuty(servo_pin, (4095/20)*2.5)
18 :             time.sleep(1.0)
19 :
20 : except KeyboardInterrupt:
21 :     pass
22 :
23 : pwm.setDuty(servo_pin, 0)
24 : i2c_bus.close()
```

05 : pca9685 디바이스의 11 번 채널에 연결된 서보 핀 변수를 선언합니다.

06 : servo_frequency 변수를 생성한 후, 서보의 주파수를 나타내는 50으로 초기화합니다.

11 : pwm 객체에 대해 setFreq 함수를 호출하여 pca9685 디바이스의 주파수를 servo_frequency로 설정합니다.

14 : for 문을 사용하여 cnt 변수 값을 0부터 3 미만의 정수에 대해 15~18줄을 수행합니다.

15 : pwm 객체에 대해 setDuty 함수를 호출하여 pca9685 디바이스의 servo_pin의 HIGH 신호 구간을 0.6 밀리 초로 설정합니다. 이렇게 하면 우리가 사용하는 서보 모터는 0도 지점으로 회전합니다.

16 : 1.0초 동안 기다립니다.

17 : pwm 객체에 대해 setDuty 함수를 호출하여 pca9685 디바이스의 servo_pin의 HIGH 신호 구간을 2.5 밀리 초로 설정합니다. 이렇게 하면 우리가 사용하는 서보 모터는 180도 지점으로 회전합니다.

18 : 1.0초 동안 기다립니다.

23 : pwm 객체에 대해 setDuty 함수를 호출하여 pca9685 디바이스의 servo_pin의 HIGH 구간을 0으로 합니다. 이렇게 하면 서보의 동작이 멈추게 됩니다.

02 다음과 같이 예제를 실행합니다.

```
$ sudo python3 _18_pca9685_servo.py
```

서보가 0도과 90도를 2초 주기로 3회 회전하는 것을 확인합니다.

05 _ I2C 버스에 MPU6050 디바이스 붙이기

여기서는 라즈베리파이의 I2C 버스에 MPU6050 디바이스를 붙여보도록 합니다. MPU6050 디바이스를 이용하여 기울어진 각도와 회전 속도를 측정할 수 있습니다.

05-1 MPU6050 가속도 자이로 센서 소개

다음은 MPU6050 가속도 자이로 센서 디바이스입니다.

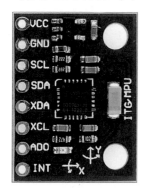

MPU6050 디바이스는 하나의 칩 안에 MEMS 가속도 센서와 MEMS 자이로 센서를 가지고 있습니다. MEMS란 Micro Electro Mechanical Systems의 약자로 미세 전자기계 시스템으로 불리며, 반도체 제조 공정 기술을 기반으로 한 마이크로미터(μm)나 밀리미터(mm)크기의 초소형 정밀기계 제작 기술을 말합니다. 아래 그림은 MEMS 기술로 만들어진 초소형 기계 시스템을 보여주고 있습니다.

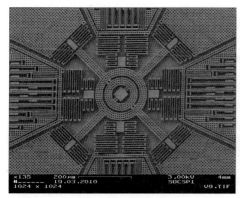

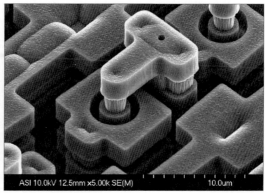

▲ 출처 : http://www.machinedesign.com   ▲ 출처 : http://www.kinews.net

MPU6050 센서는 각 채널에 대해 16 비트 크기의 값을 출력해 주는 ADC 모듈을 가지고 있습니다.

05-2 I2C 버스 핀 살펴보기

라즈베리파이는 다음과 같이 I2C 핀을 가지고 있습니다. GPIO2, GPIO3번 핀이 각각 SDA, SCL 핀으로 라즈베리파이 칩 내부에 있는 I2C 모듈이 사용하는 핀입니다.

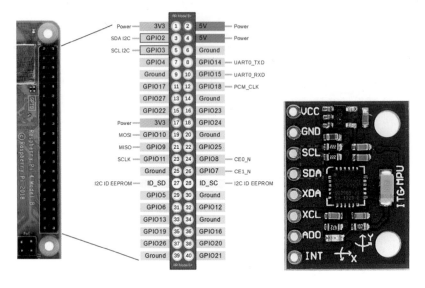

MPU6050 디바이스의 SDA, SCL 핀을 각각 라즈베리파이의 SDA, SCL 핀에 연결하면 됩니다.

05-3 MPU6050 내부 블록도 살펴보기

다음은 MPU-6050 센서의 내부 블록도입니다.

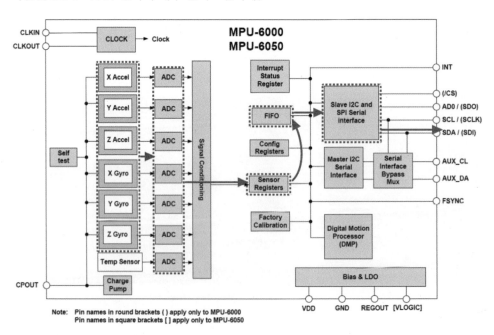

X, Y, Z 축에 대한 가속도와 자이로 값이 각각의 ADC 블록을 거쳐 센서 레지스터(Sensor Register)에 저장됩니다. 센서 레지스터에 저장된 값은 I2C 통신을 통해 라즈베리파이로 가져올 수 있습니다.

05-4 MUP6050 레지스터 살펴보기

여기서는 MPU6050을 초기화하기 위한 설정 레지스터와 자이로 센서 값을 저장하는 레지스터를 살펴보도록 합니다. 레지스터는 CPU와 디바이스가 통신하기 위한 디바이스가 가진 변수와 같습니다. 다음은 PWR_MGMT_1 레지스터를 나타냅니다.

6B	107	PWR_MGMT_1	R/W	DEVICE_RESET	SLEEP	CYCLE	-	TEMP_DIS	CLKSEL[2:0]

SLEEP 부분이 1로 설정되면 MPU6050은 sleep mode가 되며 반대로 0으로 설정되면 깨어나게 됩니다. 다음은 MPU6050의 내부 0x3B 번지 ~ 0x48 번지에 있는 14 바이트의 레지스터를 타냅니다. 0x3B 번지부터 시작해 총 14 바이트 크기의 레지스터에 가속도 자이로 센서 값과 온도 센서 값이 저장됩니다.

Addr(Hex)	Addr(Dec.)	Register Name
3B	59	ACCEL_XOUT_H
3C	60	ACCEL_XOUT_L
3D	61	ACCEL_YOUT_H
3E	62	ACCEL_YOUT_L
3F	63	ACCEL_ZOUT_H
40	64	ACCEL_ZOUT_L
41	65	TEMP_OUT_H
42	66	TEMP_OUT_L
43	67	GYRO_XOUT_H
44	68	GYRO_XOUT_L
45	69	GYRO_YOUT_H
46	70	GYRO_YOUT_L
47	71	GYRO_ZOUT_H
48	72	GYRO_ZOUT_L

05-5 MUP6050 회로 구성하기

라즈베리파이와 MPU6050 디바이스는 다음과 같이 연결합니다.

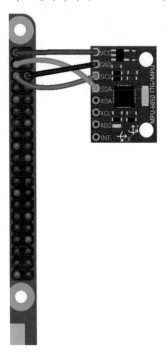

MPU6050 디바이스의 SDA, SCL 핀을 각각 라즈베리파이의 SDA, SCL 핀에 연결합니다.
MPU6050 디바이스의 VCC, GND 핀을 각각 라즈베리파이의 3.3V, GND 핀에 연결합니다.

05-6 I2C 테스트하기

회로를 구성했다면 다음과 같은 순서로 명령을 수행해 봅니다.

```
$ i2cdetect -l
$ i2cdetect -y 1
$ i2cdump -y 1 0x68
$ sudo i2cget -y 1 0x68 0x75
```

01 다음과 같이 명령을 수행해 봅니다.

```
@raspberrypi:~/pyLabs $ i2cdetect -l
2c-1    i2c          bcm2835 I2C adapter                    I2C adapter
@raspberrypi:~/pyLabs $
```

i2cdetect 명령은 라즈베리파이 내부에 있는 i2c 모듈을 감지하는 명령입니다. 여기서는 -*l* 옵션을 주어 i2c-1 모듈이 감지되는 것을 확인합니다.

02 다음과 같이 명령을 수행합니다.

```
pi@raspberrypi:~/pyLabs $ i2cdetect -y 1
     0  1  2  3  4  5  6  7  8  9  a  b  c  d  e  f
00:          -- -- -- -- -- -- -- -- -- -- -- -- --
10: -- -- -- -- -- -- -- -- -- -- -- -- -- -- -- --
20: -- -- -- -- -- -- -- -- -- -- -- -- -- -- -- --
30: -- -- -- -- -- -- -- -- -- -- -- -- -- -- -- --
40: -- -- -- -- -- -- -- -- -- -- -- -- -- -- -- --
50: -- -- -- -- -- -- -- -- -- -- -- -- -- -- -- --
60: -- -- -- -- -- -- -- -- 68 -- -- -- -- -- -- --
70: -- -- -- -- -- -- -- --
pi@raspberrypi:~/pyLabs $
```

i2c-1 모듈에 연결된 i2c 디바이스를 확인합니다. 0x68번 주소를 갖는 MPU6050을 확인합니다.

03 다음과 같이 명령을 수행합니다.

```
pi@raspberrypi:~/pyLabs $ i2cdump -y 1 0x68
No size specified (using byte-data access)
     0  1  2  3  4  5  6  7  8  9  a  b  c  d  e  f    0123456789abcdef
00: 81 05 81 dd 01 43 05 38 fe 27 02 7c 28 4c 4f 90    ?????C?8?'?|(LO?
10: ad 00 00 00 00 00 00 00 00 00 00 00 00 00 00 00    ?...............
20: 00 00 00 00 00 00 00 00 00 00 00 00 00 00 00 00    ................
30: 00 00 00 00 00 00 00 00 00 00 00 00 00 00 00 00    ................
40: 00 00 00 00 00 00 00 00 00 00 00 00 00 00 00 00    ................
50: 00 00 00 00 00 00 00 00 00 00 00 00 00 00 00 00    ................
60: 00 00 00 00 00 00 00 00 00 00 00 40 00 00 00 00    ...........@....
70: 00 00 00 00 00 68 00 00 00 00 00 00 00 00 00 00    .....h..........
80: 81 05 81 dd 01 43 05 38 fe 27 02 7c 28 4c 4f 90    ?????C?8?'?|(LO?
90: ad 00 00 00 00 00 00 00 00 00 00 00 00 00 00 00    ?...............
a0: 00 00 00 00 00 00 00 00 00 00 00 00 00 00 00 00    ................
b0: 00 00 00 00 00 00 00 00 00 00 00 00 00 00 00 00    ................
c0: 00 00 00 00 00 00 00 00 00 00 00 00 00 00 00 00    ................
d0: 00 00 00 00 00 00 00 00 00 00 00 00 00 00 00 00    ................
e0: 00 00 00 00 00 00 00 00 00 00 00 40 00 00 00 00    ...........@....
f0: 00 00 00 00 00 68 00 00 00 00 00 00 00 00 00 00    .....h..........
pi@raspberrypi:~/pyLabs $
```

i2cdump 명령은 i2c 슬레이브 디바이스의 레지스터 256 바이트를 읽어보는 명령입니다. 여기서는 i2c-1 모듈에 연결된 0x68 슬레이브 디바이스의 레지스터를 읽고 있습니다.

04 다음과 같이 명령을 수행합니다.

```
pi@raspberrypi:~/pyLabs $ i2cget -y 1 0x68 0x75
0x68
pi@raspberrypi:~/pyLabs $
```

i2cget 명령은 특정한 레지스터의 값을 읽는 명령입니다. 여기서는 i2c-1 모듈에 연결된 0x68 슬레이브 디바이스의 0x75 레지스터를 읽어보고 있습니다. 0x75 번지는 MPU6050의 디바이스 ID가 저장되어 있습니다.

05-7 MPU6050 라이브러리 작성하기

여기서는 MPU6050 디바이스를 제어하기 위한 라이브러리를 작성합니다.

01 다음과 같이 파일을 작성합니다.

mpu6050.py

```
01 : PWR_MGMT_1 =0x6b
02 :
03 : ACCL_XOUT_H =0x3b
04 : ACCL_XOUT_L =0x3c
05 : ACCL_YOUT_H =0x3d
06 : ACCL_YOUT_L =0x3e
07 : ACCL_ZOUT_H =0x3f
08 : ACCL_ZOUT_L =0x40
09 :
10 : GYRO_XOUT_H =0x43
11 : GYRO_XOUT_L =0x44
12 : GYRO_YOUT_H =0x45
13 : GYRO_YOUT_L =0x46
14 : GYRO_ZOUT_H =0x47
15 : GYRO_ZOUT_L =0x48
16 :
17 : class MPU6050:
18 :     def __init__(self, bus, address =0x68):
19 :         self.bus = bus
20 :         self.address = address
21 :         self._writeByte(PWR_MGMT_1, 0x00)
22 :
23 :     def read_gyro(self):
24 :         GyX = self._readByte(GYRO_XOUT_H)<<8
25 :         GyX |= self._readByte(GYRO_XOUT_L)
26 :         GyY = self._readByte(GYRO_YOUT_H)<<8
27 :         GyY |= self._readByte(GYRO_YOUT_L)
28 :         GyZ = self._readByte(GYRO_ZOUT_H)<<8
29 :         GyZ |= self._readByte(GYRO_ZOUT_L)
30 :
31 :         if(GyX >=0x8000): GyX =-((65535 -GyX)+1)
32 :         if(GyY >=0x8000): GyY =-((65535 -GyY)+1)
33 :         if(GyZ >=0x8000): GyZ =-((65535 -GyZ)+1)
34 :
35 :         return GyX, GyY, GyZ
36 :
37 :     def read_accl(self):
38 :         AcX = self._readByte(ACCL_XOUT_H)<<8
```

```
39 :            AcX |= self._readByte(ACCL_XOUT_L)
40 :            AcY = self._readByte(ACCL_YOUT_H)<<8
41 :            AcY |= self._readByte(ACCL_YOUT_L)
42 :            AcZ = self._readByte(ACCL_ZOUT_H)<<8
43 :            AcZ |= self._readByte(ACCL_ZOUT_L)
44 :
45 :            if(AcX >=0x8000): AcX =-((65535 -AcX)+1)
46 :            if(AcY >=0x8000): AcY =-((65535 -AcY)+1)
47 :            if(AcZ >=0x8000): AcZ =-((65535 -AcZ)+1)
48 :
49 :            return AcX, AcY, AcZ
50 :
51 :    def _writeByte(self, reg, value):
52 :            self.bus.write_byte_data(self.address, reg, value)
53 :
54 :    def _readByte(self, reg):
55 :            value = self.bus.read_byte_data(self.address, reg)
56 :            return value
```

01 : PWR_MGMT_1 레지스터의 주소 값을 정의합니다.

03 : ACCL_XOUT_H 레지스터의 주소 값을 정의합니다.

04 : ACCL_XOUT_L 레지스터의 주소 값을 정의합니다.

05~08 : 나머지 가속도 센서 레지스터의 주소 값을 정의합니다.

10 : GYRO_XOUT_H 레지스터의 주소 값을 정의합니다.

11 : GYRO_XOUT_L 레지스터의 주소 값을 정의합니다.

12~15 : 나머지 자이로 센서 레지스터의 주소 값을 정의합니다.

17~56 : MPU6050 클래스를 정의합니다. MPU6050 클래스는 객체 생성 시의 초기화 함수인 __init__(18줄), 자이로 센서 읽기 함수인 read_gyro(23줄), 가속도 센서 읽기 함수인 read_accl(37줄), I2C 버스에 1 바이트 데이터를 쓰는 함수인 _writeByte(51줄), I2C 버스에서 1 바이트를 읽는 함수인 _readByte(54줄)로 구성됩니다.

18~21 : MPU6050 객체 생성 시의 초기화 함수인 __init__ 함수를 정의합니다. __init__ 함수는 객체를 가리키는 self, I2C 버스를 가리키는 bus, I2C 버스의 디바이스의 주소를 가리키는 address를 인자로 갖습니다. address가 가리키는 기본 주소 값은 0x68입니다. 0x68은 MPU6050 디바이스의 주소 값입니다.

19, 20 : MPU6050 객체는 객체 변수로 bus, address를 갖습니다.

21 : 객체 함수인 _writeByte 함수를 호출하여 PWR_MGMT_1 레지스터를 0x00값으로 초기화합니다. 다음은 PWR_MGMT_1 레지스터를 나타냅니다.

6B	107	PWR_MGMT_1	R/W	DEVICE_RESET	SLEEP	CYCLE	-	TEMP_DIS	CLKSEL[2:0]

SLEEP 부분이 1로 설정되면 MPU6050 디바이스는 sleep mode가 되며 반대로 0으로 설정되면 깨어나게 됩니다.

23~35 : 자이로 센서 읽기 함수인 read_gyro 함수를 정의합니다. read_gyro 함수는 객체를 가리키는 self 변수를 인자로 갖습니다.

24 25 : MPU6050 디바이스의 자이로 센서의 X축 값을 읽어내고 있습니다.

24 : 객체 함수인 _readByte 함수를 호출하여 MPU6050 센서의 GYRO_XOUT_H 레지스터를 읽어 GyX 변수의 상위 8비트에 채워 넣습니다.

25 : 객체 함수인 _readByte 함수를 호출하여 MPU6050 센서의 GYRO_XOUT_L 레지스터를 읽어 GyX 변수의 하위 8비트에 채워 넣습니다.

26~29 : 같은 방법으로 MPU6050 디바이스의 나머지 자이로 센서 값을 읽어내고 있습니다.

자이로 센서 값을 저장하는 레지스터는 다음 표를 참조합니다.

Addr(Hex)	Addr(Dec.)	Register Name
43	67	GYRO_XOUT_H
44	68	GYRO_XOUT_L
45	69	GYRO_YOUT_H
46	70	GYRO_YOUT_L
47	71	GYRO_ZOUT_H
48	72	GYRO_ZOUT_L

31 : GyX의 16번 비트가 1일 경우 음수로 변환합니다.

32, 33 같은 방법으로 GyY, GyZ도 음수로 변환합니다.

35 : 읽어온 자이로 센서 X, Y, Z 값을 내어줍니다.

37~49 : 가속도 센서 읽기 함수인 read_accl 함수를 정의합니다. read_accl 함수는 객체를 가리키는 self 변수를 인자로 갖습니다.

38, 39 : MPU6050 디바이스의 가속도 센서의 X축 값을 읽어내고 있습니다.

38 : 객체 함수인 _readByte 함수를 호출하여 MPU6050 센서의 ACCL_XOUT_H 레지스터를 읽어 AcX 변수의 상위 8비트에 채워 넣습니다.

39 : 객체 함수인 _readByte 함수를 호출하여 MPU6050 센서의 ACCL_XOUT_L 레지스터를 읽어 AcX 변수의 하위 8비트에 채워 넣습니다.

40~43 : 같은 방법으로 MPU6050 디바이스의 나머지 가속도 센서 값을 읽어내고 있습니다.

가속도 센서 값을 저장하는 레지스터는 다음 표를 참조합니다.

Addr(Hex)	Addr(Dec.)	Register Name
3B	59	ACCEL_XOUT_H
3C	60	ACCEL_XOUT_L
3D	61	ACCEL_YOUT_H
3E	62	ACCEL_YOUT_L
3F	63	ACCEL_ZOUT_H
40	64	ACCEL_ZOUT_L

45 : AcX의 16번 비트가 1일 경우 음수로 변환합니다.

46, 47 : 같은 방법으로 GyY, GyZ도 음수로 변환합니다.

49 : 읽어온 가속도 센서 X, Y, Z 값을 내어줍니다.

51, 52 : I2C 버스에 1 바이트 데이터를 쓰는 함수인 _writeByte 함수를 정의합니다. _writeByte 함수는 객체를 가리키는 self, MPU6050 디바이스 내부 레지스터 주소 값을 가리키는 reg, MPU6050 디바이스 내부 레지스터에 넣어줄 값을 가리키는 value 변수를 인자로 갖습니다.

52 : I2C 디바이스에 한 바이트 데이터를 쓰는 write_byte_data 함수를 호출하여 MPU6050 디바이스의 해당 레지스터에 값을 씁니다.

54~56 : I2C 버스에서 1 바이트를 읽는 함수인 _readByte 함수를 정의합니다. _readByte 함수는 객체를 가리키는 self, 읽고자 하는 MPU6050 디바이스 내부 레지스터 주소 값을 가리키는 reg 변수를 인자로 갖습니다.

55 : 디바이스에서 한 바이트 데이터를 읽는 read_byte_data 함수를 호출하여 MPU6050 디바이스의 해당 레지스터에 값을 읽어, value 변수가 가리키도록 합니다.

56 : value 변수 값을 돌려줍니다.

05-8 자이로 센서 X축 값 읽어보기

여기서는 smbus.SMBus 함수를 이용하여 i2c 버스 객체를 생성한 후, I2C 버스에 연결된 MPU6050 디바이스로부터 자이로 값을 읽어 봅니다. 먼저 자이로 센서 X축 값을 있는 그대로 읽어 보도록 합니다. Y, Z축도 같은 방법으로 읽을 수 있으며, 뒤에서 추가해 봅니다.

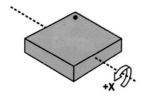

01 다음과 같이 예제를 작성합니다.

_19_mpu6050_read.py

```
01 : import smbus
02 : import mpu6050
03 :
04 : i2c_bus = smbus.SMBus(1) # 0 = /dev/i2c-0, 1 = /dev/i2c-1
05 : mpu6050 = mpu6050.MPU6050(i2c_bus)
06 :
07 : try:
08 :     while True:
09 :             GyX, _, _ = mpu6050.read_gyro()
10 :
11 :             print("GyX = %5d" %GyX)
12 :
13 : except KeyboardInterrupt:
14 :     pass
15 :
16 : i2c_bus.close()
```

01 : I2C 버스를 사용하기 위해 smbus 모듈을 불러옵니다. smbus는 인텔에서 정의한 I2C 버스의 일종입니다. smbus 모듈은 4,16 줄에 있는 SMBus 생성자 함수, close 함수를 가지고 있습니다.

02 : mpu6050 모듈을 불러옵니다.

04 : smbus.SMBus 객체를 생성하여 i2c 버스에 연결합니다. 인자로 넘어가는 숫자 1은 1번 버스를 의미합니다.

05 : mpu6050.MPU6050 객체를 생성한 후, mpu6050 변수가 가리키도록 합니다. MPU6050 객체 생성 시, 첫 번째 인자로 i2c_bus 객체를 넘겨줍니다.

09 : mpu6050.read_gyro 함수를 호출하여 자이로 센서 값을 읽어온 후, 자이로 센서 X 값을 GyX 변수로 받습니다. 자이로 센서 Y, Z 값은 이 예제에서 사용하지 않습니다.

11 : 읽어온 자이로 센서 X 값을 출력합니다. 5자리 10진수로 출력합니다.

02 다음과 같이 예제를 실행합니다.

```
$ sudo python3 _19_mpu6050_read.py
```

MPU6050 센서를 지면에 평평한 상태로 출력 결과를 확인해 봅니다. 자이로 센서를 곡선 X축 진행 방향과 같게 또는 반대로 회선 시키면서 테스트합니다.

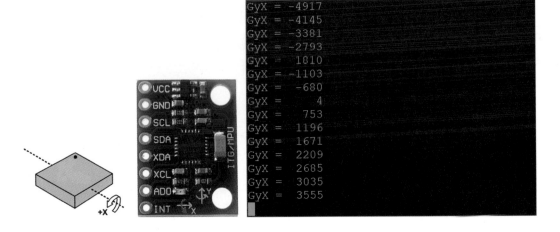

GyX 값이 −32768에서 32767 범위에서 출력되는 것을 확인합니다.

프로그램을 강제 종료하기 위해서는 Ctrl + C 키를 눌러줍니다.

05-9 자이로 센서 값 해석하기

여기서는 MPU6050 센서로부터 전달되는 자이로 센서 값의 의미를 살펴보려고 합니다.

MPU6050 센서를 통해 얻게 되는 자이로 센서 값은 16 비트 크기를 갖습니다. 16 비트 변수를 통해 표현할 수 있는 숫자는 −32768 ~ 32767 사이의 정수 값입니다. 즉, 최소 −32768에서 최대 32767 사이의 정수 값을 표현할 수 있습니다.

GyX는 최저 −32768 ~ 32767 사이의 값을 가질 수 있습니다. 그러면 이 값들은 무엇을 의미할까요? 다음 표를 통해 그 의미를 알아보도록 하겠습니다.

FS_SEL 레지스터 값	최대 표현 범위	°/s 당 자이로 센서 값
0	± 250 °/s	131/°/s
1	± 500 °/s	65.5/°/s
2	± 1000 °/s	32.8/°/s
3	± 2000 °/s	16.4/°/s

FS_SEL는 MPU6050 센서 내부의 레지스터입니다. 이 레지스터 값에 따라 센서 값의 의미는 달라집니다. 예를 들어, FS_SEL의 값이 0으로 설정되어 있을 때에는 −32768 ~ 32767 사이의 값은 −250°/s ~ +250°/s 사이의 값을 의미합니다. 여기서 °/s는 각속도를 나타냅니다. 즉, −32768은 −250°/s, 32767은 +250°/s를 의미합니다. 다음 그림을 보면서 좀 더 이해해 보도록 하겠습니다.

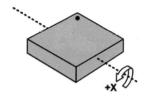

그림에서 곡선 축 +X 방향으로 1초 동안 일정한 회전 속도(각속도)로 250도 회전했을 때, GyX의 값은 1초 동안 계속해서 250°/s에 해당하는 크기의 양수 값을 갖게 됩니다. 즉, 1초 동안 계속해서 32767 값을 유지하게 됩니다. 반대로 곡선 축 +X 반대 방향으로 1초 동안 일정한 회전 속도로 250도 회전했을 때, GyX의 값은 1초 동안 계속해서 250°/s에 해당하는 크기의 음수 값을 갖게 됩니다. 즉, 1초 동안 계속해서 −32768 값을 유지하게 됩니다. +Y, +Z도 마찬가지입니다.

그러면 곡선 축 +X 방향으로 1초 동안 일정한 회전 속도로 1도 회전했을 때, GyX는 어떤 값을 유지하고 있을까요? 다음 식을 보면서 이해해 보도록 합니다.

250°/s = 32767 이므로 1°/s = (32767/250) = 131

1초 동안 250도 회전할 경우에 GyX의 값이 32767이라면, 1초 동안 1도 회전힐 경우의 GyX는 (32768/250) 값을 유지하게 됩니다. 이 값은 바로 131입니다.

FS_SEL 레지스터의 기본 설정 값은 0이며, 우리는 현재 이 값을 사용하고 있습니다.

250°/s는 생각보다 빠르지는 않은 속도입니다. 1 초 동안 한 바퀴를 돌지 못하는 회전 속도이기 때문입니다.

자이로 센서를 지면에 둔 상태로 시계의 초침과 같은 속도와 방향으로 자이로 센서가 수평 회전하는 경우를 생각해 보도록 하겠습니다.

 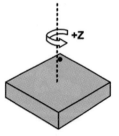

시계의 초침의 경우엔 360°/60s이므로 6°/s의 각속도를 갖게 됩니다. 또 시계 방향(곡선 축 +Z 반대 방향)으로 회전을 하게 됩니다. 따라서 GyZ의 값은 6°/s에 해당하는 크기의 음수 값을 갖게 됩니다. 다음 식을 통해 GyZ의 값을 정해 보도록 하겠습니다.

1°/s = 131 이므로 6°/s = 131x6 = 786

즉, 자이로 센서가 시계의 초침과 같은 속도로 반시계 방향(곡선 축 +Z 방향)으로 회전할 경우에 GyZ의 레지스터 값은 −786 값이 되게 됩니다.

그러면 자이로 센서가 다음과 같은 조건으로 회전했을 경우 1 초 후에 몇 도 회전해 있을까요?

• 곡선 축 +Z 방향으로 회전히는 경우

```
0.0~0.1 초 동안 1°/s
0.1~0.2 초 동안 2°/s
0.2~0.3 초 동안 3°/s
0.3~0.4 초 동안 4°/s
0.4~0.5 초 동안 5°/s
0.5~0.6 초 동안 6°/s
0.6~0.7 초 동안 7°/s
0.7~0.8 초 동안 8°/s
0.8~0.9 초 동안 9°/s
0.9~1.0 초 동안 10°/s
```

다음과 같이 계산합니다.

```
0.0~0.1 초 동안 1°/s = 1°/s x 0.1s = 0.1°
0.1~0.2 초 동안 2°/s = 2°/s x 0.1s = 0.2°
0.2~0.3 초 동안 3°/s = 3°/s x 0.1s = 0.3°
0.3~0.4 초 동안 4°/s = 4°/s x 0.1s = 0.4°
0.4~0.5 초 동안 5°/s = 5°/s x 0.1s = 0.5°
0.5~0.6 초 동안 6°/s = 6°/s x 0.1s = 0.6°
0.6~0.7 초 동안 7°/s = 7°/s x 0.1s = 0.7°
0.7~0.8 초 동안 8°/s = 8°/s x 0.1s = 0.8°
0.8~0.9 초 동안 9°/s = 9°/s x 0.1s = 0.9°
0.9~1.0 초 동안 10°/s = 10°/s x 0.1s = 1.0°
```

1.0 초 후에는 최초 위치로부터 좌측으로 5.5° 회전해 있게 됩니다.

이 방법을 사용하면 각속도와 자이로 센서 측정 주기 시간을 이용해 자이로 센서가 회전한 각도를 구할 수 있습니다.

자이로 센서는 각속도를 측정합니다. 그래시 곡선 축 +X, +Y, +Z 방향을 기준으로 각속도(ω)를 측정해 측정 주기 시간(Δt)과 곱해서 변화된 각을 계산할 수 있습니다. 변화 각은 다음과 같습니다.

$$\Delta\theta = \omega \times \Delta t \quad (\Delta\theta : \text{미세 회전 각도}, \ \omega : \text{회전 각속도}, \ \Delta t : \text{주기})$$

새로운 방향각은 이전 각에 이 변화된 각을 더해 얻어집니다. 현재 각도를 구하는 식은 다음과 같습니다.

$$\theta_{now} = \theta_{prew} + \omega \times \Delta t \quad (\theta_{now} : \text{현재 각도}, \ \theta_{prew} : \text{이전 각도})$$

즉, 많은 미세 변화 각($\Delta\theta$)을 누적하여 현재의 각도를 구할 수 있습니다.

우리는 뒤에서 각속도와 자이로 센서 측정 주기 시산을 이용해 센서가 회전한 각도를 구하게 되는데, 여기서 계산한 방식으로 구하게 됩니다. 따라서 이 방법을 기억하기 바랍니다.

05-10 자이로 센서 값 보정하기

움직임이 없는 상태에서 자이로 센서 X 값은 이상적으로 0이 나와야 합니다. 그러나 실제로는 0에서 어느 정도 떨어신 값을 기준으로 흔들리는 값이 흘러나옵니다. 그래서 우리는 이 값의 평균값을 구한 후, 자이로 센서 X 값에서 빼 주어야 합니다. 이렇게 하면 0값을 기준으로 흔들리는 값을 구할 수 있습니다. 이것은 자이로 센서 Y, Z 값에도 적용됩니다.

여기서는 자이로 센서를 수평 상태로 둔 상태에서 센서에서 흘러나오는 값을 일정 횟수 더하고 나누어 평균 오차 값을 구해 자이로 값을 보정해 봅니다.

01 다음과 같이 예제를 수정합니다.

_19_mpu6050_read_2.py

```
01 : import smbus
02 : import mpu6050
03 :
04 : i2c_bus = smbus.SMBus(1) # 0 = /dev/i2c-0, 1 = /dev/i2c-1
05 : mpu6050 = mpu6050.MPU6050(i2c_bus,0x68)
06 :
07 : cnt_loop =0
08 : GyXSum =0
09 : GyXOff =0.0
10 : nSample =1024
11 :
12 : try:
13 :     while True:
14 :         GyX, _, _ = mpu6050.read_gyro()
15 :
16 :         if nSample >0:
17 :             GyXSum += GyX
18 :             nSample -=1
19 :             if nSample ==0:
20 :                 GyXOff = GyXSum /1024
21 :             continue
22 :
23 :         GyXD = GyX - GyXOff
24 :
25 :         cnt_loop +=1
26 :         if cnt_loop%50 !=0: continue
```

```
27 :
28 :          #print("GyX = %5d" %GyX)
29 :          print("GyXD = %.2f" %GyXD)
30 :
31 : except KeyboardInterrupt:
32 :     pass
33 :
34 : i2c_bus.close()
```

08 : GyX의 값을 1024번 더해 저장할 변수 GyXSum을 선언한 후, 0으로 초기화합니다.

09 : GyX의 평균값을 저장할 변수 GyXOff을 선언한 후, 0.0으로 초기화합니다.

10 : GyX의 평균값을 구하기 위해 자이로 센서 X 값을 읽어올 횟수를 저장할 변수 nSample 변수를 선언한 후, 1024로 초기화합니다. 이 부분은 20줄에 있는 1024와 크기가 같아야 합니다.

16 : nSample 값이 0보다 크면

17 : GyXSum 값에 GyX 값을 더해주고,

18 : nSample 값을 하나 감소시킵니다.

19 : nSample 값이 0이 되면

20 : GyXOff 값을 GyXSum/1024 값으로 설정합니다.

21 : while 문의 시작 부분(13줄)으로 돌아갑니다. 이 부분에 의해 GyXOff 값을 구하기 전까지는 23 번째 줄 이후를 수행하지 않습니다.

23 : GyXD 실수 변수를 선언한 후, GyX에서 GyXOff값을 뺀 값을 넣어줍니다. 이렇게 하면 GyXD 변수는 0에 가까운 값을 갖게 됩니다.

28 : GyX 값을 출력하는 부분을 주석 처리합니다.

29 : GyXD 값을 출력하는 부분을 추가합니다.

02 다음과 같이 예제를 실행합니다.

```
$ sudo python3 _19_mpu6050_read_2.py
```

MPU6050 센서를 지면에 평평한 상태로 출력 결과를 확인해 봅니다. 자이로 센서를 회전 시키면서 테스트 합니다.

다음은 보정 자이로 값에 대한 결과화면입니다.

```
GyXD = 7.21
GyXD = 15.21
GyXD = -1.79
GyXD = -12.79
GyXD = -19.79
GyXD = 18.21
GyXD = -20.79
GyXD = -16.79
GyXD = 21.21
GyXD = -11.79
```

보정 자이로 값이 처음보다 0에 가까운 값으로 출력되는 것을 볼 수 있습니다.

05-11 회전 속도 구하기

회전 각속도는 자이로 센서가 곡선 X, Y, Z 방향으로 회전 시 조낭 도는 각도를 나타냅니다. 보정된 자이로 값을 131로 나누면 360도 각도 기준의 회전 각속도를 구할 수 있습니다. 회선 각속도 해석 방법에 대한 자세한 내용은 [자이로 센서 값 해석하기] 단원을 참고합니다.

01 다음과 같이 예제를 수정합니다.

_19_mpu6050_read_3.py

```
01 : import smbus
02 : import mpu6050
03 :
04 : i2c_bus = smbus.SMBus(1) # 0 = /dev/i2c-0, 1 = /dev/i2c-1
05 : mpu6050 = mpu6050.MPU6050(i2c_bus,0x68)
06 :
07 : cnt_loop =0
08 : GyXSum =0
09 : GyXOff =0.0
10 : nSample =1024
11 :
12 : try:
13 :     while True:
14 :         GyX, _, _ = mpu6050.read_gyro()
15 :
16 :         if nSample >0:
17 :             GyXSum += GyX
18 :             nSample -=1
19 :             if nSample ==0:
20 :                 GyXOff = GyXSum /1024
21 :             continue
22 :
23 :         GyXD = GyX - GyXOff
24 :         GyXR = GyXD /131
25 :
26 :         cnt_loop +=1
27 :         if cnt_loop%50 !=0: continue
28 :
29 :         #print("GyX = %5d" %GyX)
30 :         #print("GyXD = %.2f" %GyXD)
31 :         print("GyXR = %.2f" %GyXR)
32 :
33 : except KeyboardInterrupt:
34 :     pass
35 :
36 : i2c_bus.close()
```

24 : 보정 자이로 X 값을 131로 나누어 X에 대한 각속도를 구해 GyXR 변수에 넣습니다. 131은 자이로 센서가 1도/s로 회전 시에 읽히는 값입니다.

30 : GyXD 값을 출력하는 부분을 주석 처리합니다.

31 : GyXR 값을 출력하는 부분을 추가합니다.

02 다음과 같이 예제를 실행합니다.

```
$ sudo python3 _19_mpu6050_read_3.py
```

MPU6050 센서를 지면에 평평한 상태로 출력 결과를 확인해 봅니다. 자이로 센서를 회전 시키면서 테스트합니다.

다음 그림을 기준으로 센서을 회전 시키면서 테스트합니다.

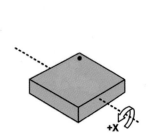

다음은 MPU6050 센서를 평평한 지면에 둔 상태로 출력한 결과화면입니다. 약간의 흔들림은 있습니다.

```
GyXR = -0.02
GyXR = -0.10
GyXR = -0.10
GyXR = 0.18
GyXR = 0.05
GyXR = -0.13
GyXR = 0.20
GyXR = -0.18
GyXR = 0.04
GyXR = 0.12
```

다음은 MPU6050 센서를 회전시키면서 출력한 결과화면입니다.

```
GyXR = 9.82
GyXR = -72.09
GyXR = -19.05
GyXR = 38.05
GyXR = 82.98
GyXR = -21.44
GyXR = -52.25
GyXR = 11.31
GyXR = 21.77
GyXR = 37.74
```

회전 각속도를 표시하고 있습니다. 첫 번째 줄의 경우 Roll은 9.82도/초의 각속도로 회전합니다.

05-12 주기 시간 계산하기

자이로 센서를 이용하여 회전 각도를 구할 경우엔 다음과 같이 회선 각속도에 주기 시간을 곱해 회전 각도를 구하게 됩니다.

$$\Delta\theta = \omega \times \Delta t \quad (\Delta\theta : \text{미세 회전 각도}, \ \omega : \text{회전 각속도}, \ \Delta t : \text{주기})$$

이 과정에서 시간 간격(Δt)에 대한 정보가 필요합니다.
여기서는 주기 시간을 구해 봅니다.

01 다음과 같이 예세를 수정합니다.

_19_mpu6050_read_4.py

```
01 : import smbus
02 : import mpu6050
03 : import datetime
04 :
05 : i2c_bus = smbus.SMBus(1) # 0 = /dev/i2c-0, 1 - /dev/i2c-1
06 : mpu6050 = mpu6050.MPU6050(i2c_bus,0x68)
07 :
08 : cnt_loop =0
09 : GyXSum =0
10 : GyXOff =0.0
11 : nSample =1024
12 : t_prev =0
13 :
14 : try:
15 :     while True:
16 :         GyX, _, _ = mpu6050.read_gyro()
17 :
18 :         if nSample >0:
19 :             GyXSum += GyX
20 :             nSample -=1
21 :             if nSample ==0:
22 :                 GyXOff = GyXSum /1024
23 :             continue
24 :
25 :         GyXD = GyX - GyXOff
26 :         GyXR = GyXD /131
27 :
28 :         t_now = datetime.datetime.now().microsecond
29 :         dt_n = t_now - t_prev
30 :         t_prev = t_now
31 :         dt = dt_n /1000000
```

```
32 :
33 :          cnt_loop +=1
34 :          if cnt_loop%50 !=0: continue
35 :
36 :          #print("GyX = %5d" %GyX)
37 :          #print("GyXD = %.2f" %GyXD)
38 :          #print("GyXR = %.2f" %GyXR)
39 :          print("dt = %.4f" %dt)
40 :
41 : except KeyboardInterrupt:
42 :      pass
43 :
44 : i2c_bus.close()
```

03 : datetime 라이브러리를 불러옵니다. 28 줄에 있는 datetime.datetime.now().microsecond 변수를 사용하기 위해 필요합니다.

12 : t_prev 변수를 선언합니다. 바로 전에 자이로를 읽은 시간을 저장하는 변수입니다.

28 : datetime.datetime.now().microsecond 변수를 읽어서 센서 값을 측정한 현재 시간을 t_now 변수에 저장합니다. datetime.datetime.now().microsecond 변수는 현재 시간의 마이크로 초를 가리킵니다. 마이크로 초는 1/1000000(백만분의 일)초를 나타냅니다.

29 : t_now에서 t_prev 값을 뺀 후, dt_n 변수에 저장합니다.

30 : t_prev 변수를 현재 시간으로 수정해 줍니다.

31 : dt_n 값을 1000000으로 나누어 초 단위로 변환한 후, dt 값에 저장합니다.

38 : GyXR 값을 출력하는 부분을 주석 처리합니다.

39 : dt 값을 출력하는 부분을 추가합니다.

02 다음과 같이 예제를 실행합니다.

```
$ sudo python3 _19_mpu6050_read_4.py
```

다음은 주기 시간에 대한 결과화면입니다.

```
dt = 0.0027
dt = 0.0027
dt = 0.0026
dt = 0.0027
dt = 0.0027
dt = 0.0026
dt = 0.0026
dt = 0.0027
dt = 0.0026
dt = 0.0026
```

```
dt = 0.0027
dt = 0.0027
dt = 0.0026
dt = 0.0027
dt = 0.0027
```

현재 상태에서 주기 시간은 약 0.0027초, 즉, 2.7ms가 됩니다.

05-13 회전 각도 구하기

다음 식은 회전 각속도 값을 이용하여 회전 각노를 구하는 식입니다.

$$\Delta\theta = \omega \times \Delta t \quad (\Delta\theta : \text{미세 회전 각도}, \ \omega : \text{회전 각속도}, \ \Delta t : \text{주기})$$

$$\theta_{now} = \theta_{prew} + \omega \times \Delta t \quad (\theta_{now} : \text{현재 각도}, \ \theta_{prew} : \text{이전 각도})$$

여기서는 회전 각속도와 바로 전에 구한 주기 값을 이용하여 회전 각도를 구해 봅니다.

01 다음과 같이 예제를 수정합니다.

_19_mpu6050_read_5.py

```
01 : import smbus
02 : import mpu6050
03 : import datetime
04 :
05 : i2c_bus = smbus.SMBus(1) # 0 = /dev/i2c-0, 1 = /dev/i2c-1
06 : mpu6050 = mpu6050.MPU6050(i2c_bus,0x68)
07 :
08 : cnt_loop =0
09 : GyXSum =0
10 : GyXOff =0.0
11 : nSample =1024
12 : t_prev =0
13 : AngleX =0.0
14 :
15 : try:
16 :     while True:
17 :         GyX, _, _ = mpu6050.read_gyro()
18 :
19 :         if nSample >0:
20 :             GyXSum += GyX
21 :             nSample -=1
22 :             if nSample ==0:
23 :                 GyXOff = GyXSum /1024
24 :             continue
```

```
25 :
26 :          GyXD = GyX - GyXOff
27 :          GyXR = GyXD /131
28 :
29 :          t_now = datetime.datetime.now().microsecond
30 :          dt_n = t_now - t_prev
31 :          t_prev = t_now
32 :          dt = dt_n /1000000
33 :
34 :          AngleX += GyXR *dt
35 :
36 :          cnt_loop +=1
37 :          if cnt_loop%50 !=0: continue
38 :
39 :          #print("GyX = %5d" %GyX)
40 :          #print("GyXD = %.2f" %GyXD)
41 :          #print("GyXR = %.2f" %GyXR)
42 :          #print("dt = %.4f" %dt)
43 :          print("AngleX = %.2f" %AngleX)
44 :
45 : except KeyboardInterrupt:
46 :      pass
47 :
48 : i2c_bus.close()
```

13 : 자이로 센서 X 축에 대한 각도를 저장할 변수 AngleX를 선언한 후, 0.0으로 초기화합니다.

34 : X 축에 대한 현재 각속도에 주기 시간을 곱해 AngleX 변수에 누적해 주고 있습니다. 다음 식을 구현하고 있습니다.

$$\theta_{now} = \theta_{prew} + \omega \times \Delta t \quad (\theta_{now} : \text{현재 각도}, \theta_{prew} : \text{이전 각도})$$

42 : dt 값을 출력하는 부분을 주석 처리합니다.

43 : AngleX 값을 출력하는 부분을 추가합니다.

02 다음과 같이 예제를 실행합니다.

```
$ sudo python3 _19_mpu6050_read_5.py
```

MPU6050 센서를 지면에 평평한 상태로 출력 결과를 확인해 봅니다. 자이로 센서를 회전 시키면서 테스트합니다.

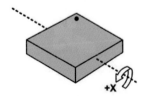

다음은 MPU6050 센서를 평평한 지면에 둔 상태로 출력한 결과화면입니다. AngleX의 각도가 0도에 가깝게 출력되고 있습니다.

```
AngleX = 0.04
AngleX = 0.04
AngleX = 0.04
AngleX = 0.04
AngleX = 0.04
AngleX = -0.01
AngleX = -0.01
AngleX = -0.01
AngleX = -0.01
AngleX = -0.01
```

다음은 MPU6050 센서를 곡선 축 X 방향으로 기울인 상태의 출력화면입니다. 28도 정도 기울어진 상태입니다.

```
AngleX = 27.96
AngleX = 27.96
AngleX = 27.96
AngleX = 28.16
AngleX = 28.16
AngleX = 28.16
AngleX = 28.16
AngleX = 28.16
AngleX = 28.16
AngleX = 28.15
```

이상에서 X축에 대해 MPU6050 센서가 기울어진 각도를 구해 보았습니다.

※ 실제로 자이로 센서로 각도를 측정할 경우엔 미세 각도를 누적하는 과정에서 오차가 누적되어 시간이 어느 정도 흐르면 오차가 커지게 됩니다.

Raspberry Pi

여기서는 인공지능 라이브러리를 활용하여 영상인식, 음성인식을 수행해봅니다. 영상인식의 경우 opencv 인공지능 라이브러리를 활용해 사진 또는 카메라 영상으로부터 얼굴인식을 수행해 봅니다. 음성인식의 경우 마이크 또는 파일로부터 음성을 받아 google.cloud.speech 라이브러리를 활용해 문자로 변경해 봅니다. 또 문자를 구글의 gtts 라이브러리를 활용해 음성으로 변환해 봅니다.

Chapter 05

인공지능 라이브러리 활용하기

01 _ 이미지로 얼굴 인식하기

여기서는 사진 파일로부터 이미지를 읽어 흑백 이미지로 변경한 후, Haar Cascade 머신 러닝 필터를 이용하여 얼굴과 눈을 인식한 후, 사진에 표시해 봅니다.

※ 이 단원의 실습은 라즈베리파이에 모니터, 키보드, 마우스를 연결하여 실습을 수행합니다. 모니터, 키보드, 마우스가 없을 경우 부록을 참고합니다. 노트북이나 데스크탑을 이용하여 접근하는 방법을 소개합니다.

01-1 python3-opencv 설치하기

라즈베리파이 기반 파이썬에서 이미지와 영상을 처리하기 위해 python3-opencv 패키지를 설치합니다. opencv는 Open Source Computer Vision Library의 약자로 공개 소스 컴퓨터 영상 처리 라이브러리입니다. python3-opencv은 라즈베리파이에서 opencv 라이브러리를 접근할 수 있는 파이썬 함수 라이브러리입니다.

다음과 같이 라즈베리파이에서 python3-opencv 라이브러리를 설치합니다.

```
$ sudo apt update
$ sudo apt install python3-opencv
```

※ python3-opencv는 python 3.x 용 패키지입니다. 우리 책은 python 3.x 기반으로 예제를 수행하고 있습니다.

01-2 이미지 읽고 보여주기

여기서는 사진 파일로부터 컬러 이미지를 읽어 화면에 출력해봅니다. 다음은 실습에 사용할 사진 파일입니다. 제공되는 소스에서 해당 이미지를 찾을 수 있습니다.

▲ photo.jpg

먼저 이미지를 라즈베리파이의 pyLabs 실습 디렉터리로 옮깁니다.

01 다음과 같이 예제를 작성합니다.

_20_cv2_image.py

```
01 : import cv2
02 :
03 : img = cv2.imread('photo.jpg')
04 :
05 : cv2.imshow('photo', img)
06 : cv2.waitKey(0)
07 : cv2.destroyAllWindows()
```

01 : cv2 모듈을 가져옵니다. cv2는 OpenCV에 대한 파이썬 라이브러리입니다. 여기서는 3,5,6,7 줄에서 사용합니다. OpenCV 라이브러리는 영상 처리 라이브러리입니다.

03 : cv2 모듈의 imread 함수를 호출하여 photo.png 파일을 읽어와 img 변수로 가리키게 합니다. imread 함수는 numpy. ndarray 객체를 내어줍니다. numpy.ndarray는 numpy 모듈에서 제공하는 배열입니다.

05 : cv2 모듈의 imshow 함수를 호출하여 img 변수가 가리키는 그림을 화면에 보여줍니다. 첫 번째 인자인 'photo'는 화면에 표시된 그림의 제목을 나타내며 변경할 수 있습니다.

06 : cv2 모듈의 waitKey 함수를 호출하여 키보드 입력을 기다립니다. 인자로 넘어가는 0 값은 키보드 입력을 기다리는 시간으로 밀리 초 단위입니다. 0이 인자로 넘어갈 경우엔 키보드 입력이 있을 때까지 계속 기다립니다. 키 값은 임의의 키 값입니다.

07 : cv2 모듈의 destroyAllWindows 함수를 호출하여 열려있는 모든 그림 창을 닫습니다.

02 다음과 같이 예제를 실행합니다.

```
$ sudo python3 _20_cv2_image.py
```

컬러 이미지가 화면에 뜨는 것을 확인합니다.

임의의 키를 눌러 화면을 닫습니다.

※ _20_cv2_image.py 파일과 photo.jpg 파일은 같은 디렉터리에 있어야 합니다. 그렇지 않을 경우 다음과 같이 오류 메시지가 발생합니다.

```
Traceback (most recent call last):
  File "_20_cv2_image.py", line 5, in <module>
    cv2.imshow('photo', img)
cv2.error: /build/opencv-L65chJ/opencv-3.2.0+dfsg/modules/highgui/src/window.cpp
:304: error: (-215) size.width>0 && size.height>0 in function imshow
```

01-3 흑백 이미지로 바꾸기

여기서는 컬러 이미지를 흑백 이미지로 바꿔 화면에 출력해봅니다.

01 다음과 같이 예제를 작성합니다.

_20_cv2_image_2.py

```
01 : import cv2
02 :
03 : img = cv2.imread('photo.jpg')
04 : gray = cv2.cvtColor(img, cv2.COLOR_BGR2GRAY)
05 :
06 : cv2.imshow('photo', gray)
07 : cv2.waitKey(0)
08 : cv2.destroyAllWindows()
```

04 : cv2 모듈의 cvtColor 함수를 호출하여 img 변수가 가리키는 그림의 색깔을 바꾼 후, 바뀐 그림을 gray 변수가 가리키도록 합니다. BGR 형식의 파일을 GRAY 형식의 파일로 바꿉니다. OpenCV의 색깔 형식을 RGB라고 하나 실제로는 바이트 데이터의 순서가 반대인 BGR 형식입니다.

06 : cv2 모듈의 imshow 함수를 호출하여 gray 변수가 가리키는 그림을 화면에 보여줍니다.

02 다음과 같이 예제를 실행합니다.

```
$ sudo python3 _20_cv2_image_2.py
```

흑백으로 바뀐 이미지가 화면에 뜨는 것을 확인합니다.

임의의 키를 눌러 화면을 닫습니다.

01-4 얼굴 인식하기

여기서는 Haar Cascade 머신 러닝 필터를 이용하여 이미지에 있는 얼굴 인식을 해 봅니다. Haar Cascade는 머신 러닝기반의 객체 검출 알고리즘입니다. Haar cascade classifier(다단계 분류)는 2001년 Paul Viola와 Michael Jones의 논문 'Rapid Detection using a Boosted Cascade of Simple Features'에서 제안된 효과적인 객체 검출 방법입니다. 이 방법은 다수의 객체 이미지(이를 positive 이미지라고 합니다)와 객체가 아닌 이미지(이를 negative 이미지라고 합니다)를 cascade 함수로 학습시켜 객체 검출을 달성하는 머신러닝 기반의 접근 방법입니다.

Haar Cascade 머신 러닝 필터 파일 가져오기

먼저 Haar Cascade 머신 러닝 필터를 가져와 필터 파일을 pyLabs 디렉터리로 복사하도록 합니다.

01 다음 사이트에 접속합니다.

🔒 github.com/opencv/opencv

이 사이트는 opencv 라이브러리 소스를 제공합니다.

02 다음과 같이 [Clone or download] 버튼을 찾아 마우스 클릭한 후, [Download ZIP] 버튼을 눌러 파일을 다운로드 받습니다.

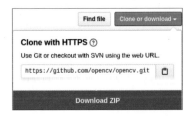

03 다음과 같이 다운로드가 완료되면 압축을 풉니다.

/home/pi/Downloads 디렉터리에 다운로드 됩니다.

04 [opencv—master]—[data]—[haarcascades] 디렉터리에서 다음 2 파일을 pyLabs 디렉터리로 복사합니다.

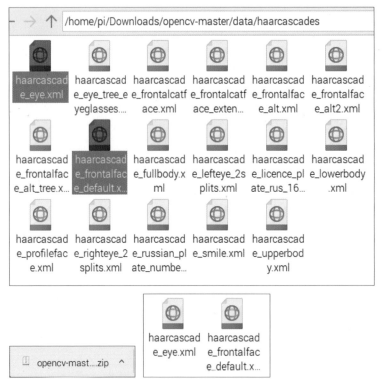

※ haarcascade_frontalface_default.xml 파일은 이번 예제에서 사용하고, haarcascade_eye.xml 파일은 다음 예제에서 사용합니다.

얼굴 인식하기

haarcascade_frontalface_default.xml 파일을 이용하여 얼굴 인식을 수행해 봅니다.

01 다음과 같이 예제를 작성합니다.

_20_cv2_image_3.py

```
01 : import cv2
02 :
03 : img = cv2.imread('photo.jpg')
04 : gray = cv2.cvtColor(img, cv2.COLOR_BGR2GRAY)
05 :
06 : face_cascade = cv2.CascadeClassifier('haarcascade_frontalface_default.xml')
07 : faces = face_cascade.detectMultiScale(gray, 1.3, 5)
08 : for (x,y,w,h) in faces:
09 :     img = cv2.rectangle(img,(x,y),(x +w,y +h),(255,0,0),2)
10 :
11 : cv2.imshow('photo', img)
12 : cv2.waitKey(0)
13 : cv2.destroyAllWindows()
```

06 : cv2 모듈의 CascadeClassifier 클래스를 이용하여 CascadeClassifier 객체를 생성한 후, face_cascade 변수가 가리키도록 합니다. CascadeClassifier 객체 생성 시 인자로 haarcascade_frontalface_default.xml 파일을 인자로 줍니다. CascasdClassifier는 다단계 분류기라는 의미로 머신러닝 기반의 객체 검출 알고리즘을 구현한 클래스입니다. haarcascade_frontalface_default.xml 파일은 전면 얼굴을 검출하기 위해 미리 학습시켜 놓은 XML 포맷으로 저장된 분류기 파일입니다.

07 : face_cascade 변수가 가리키는 CascadeClassifier 객체에 대해 detectMultiScale 함수를 호출하여 gray 변수가 가리키는 회색 그림에서 얼굴을 검출합니다. 검출된 얼굴은 사각형의 목록으로 나옵니다. detectMultiScale 함수는 입력된 그림을 내부적으로 축소해가며 검출 대상을 검출하는 함수입니다. detectMultiScale 함수의 첫 번째 인자는 그림 파일을 가리키는 변수입니다. 두 번째 인자는 scaleFactor로 그림 파일을 이 비율만큼 반복적으로 줄여가며 검출 대상을 검출하게 됩니다. 여기서는 1.3 값을 주어 1.3배만큼 줄여가며 검출합니다. 즉, 그림을 30%씩 줄여가며 얼굴을 찾습니다. 값이 작을수록 검출율이 높지만 시간이 더 걸립니다. 세 번째 인자는 minNeighbors로 scaleFactor에 따라 단계별로 얼굴을 검출하는 과정에서 같은 대상이 여러 번 검출될 수 있는데, 최소 추가 검출 회수를 나타냅니다. 예를 들어, 해당 인자를 0값으로 주면 한 번이라도 얼굴로 검출된 것들은 모두 표시됩니다. 1값으로 주면 최소 검출회수가 2회는 되어야 얼굴로 인식하게 됩니다. 우리 예제에서는 최소 5회 얼굴로 검출되었을 때 얼굴로 인식됩니다.

08 : 검출된 얼굴들의 좌표 (x,y)와 크기 (w,h)에 대해

09 : cv2 모듈의 rectangle 함수를 이용하여 img가 가리키는 그림 파일에 사각형 표시를 추가합니다.

02 다음과 같이 예제를 실행합니다.

```
$ sudo python3 _20_cv2_image_3.py
```

얼굴 주변에 파란색 사각형 표시가 되는 것을 확인합니다.

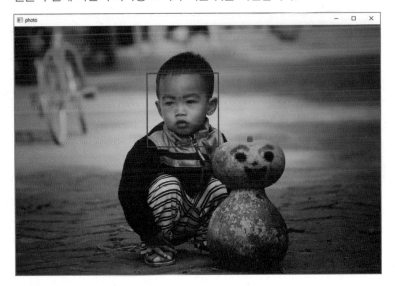

임의의 키를 눌러 화면을 닫습니다.

01-5 눈 인식하기

여기서는 haarcascade_eye.xml 파일을 이용하여 눈 인식을 수행해 봅니다.

01 다음과 같이 예제를 작성합니다.

_20_cv2_image_4.py

```
01 : import cv2
02 :
03 : img = cv2.imread('photo.jpg')
04 : gray = cv2.cvtColor(img, cv2.COLOR_BGR2GRAY)
05 :
06 : face_cascade = cv2.CascadeClassifier('haarcascade_frontalface_default.xml')
07 : eye_cascade = cv2.CascadeClassifier('haarcascade_eye.xml')
08 :
09 : faces = face_cascade.detectMultiScale(gray, 1.3, 5)
10 : for (x,y,w,h) in faces:
11 :     img = cv2.rectangle(img,(x,y),(x +w,y +h),(255,0,0),2)
12 :     roi_gray = gray[y:y +h, x:x +w]
13 :     roi_color = img[y:y +h, x:x +w]
14 :     eyes = eye_cascade.detectMultiScale(roi_gray)
15 :     for (ex,ey,ew,eh) in eyes:
16 :             cv2.rectangle(roi_color,(ex,ey),(ex +ew,ey +eh),(0,255,0),2)
```

```
17 :
18 : cv2.imshow('photo', img)
19 : cv2.waitKey(0)
20 : cv2.destroyAllWindows()
```

07 : cv2 모듈의 CascadeClassifier 클래스를 이용하여 CascadeClassifier 객체를 생성한 후, eye_cascade 변수가 가리키
도록 합니다. CascadeClassifier 객체 생성 시 인자로 haarcascade_eye.xml 파일을 인자로 줍니다. CascasdClassifier
는 다단계 분류기라는 의미로 머신러닝 기반의 객체 검출 알고리즘을 구현한 클래스입니다. haarcascade_eye.xml
파일은 눈을 검출하기 위해 미리 학습시켜 놓은 XML 포맷으로 저장된 분류기 파일입니다.
12 : roi_gray 변수를 생성하여 gray 변수가 가리키는 그림의 부분적인 그림(감지한 얼굴 영역의 그림)에 대한 numpy.
ndarray 객체를 가리키게 합니다.
13 : roi color 변수를 생성하여 img 변수가 가리키는 그림의 부분적인 그림(감지한 얼굴 영역의 그림)에 대한 numpy.
ndarray 객체를 가리키게 합니다.
14 : eye_cascade 변수가 가리키는 CascadeClassifier 객체에 대해 detectMultiScale 함수를 호출하여 roi_gray 변수가 가
리키는 회색 그림에서 눈을 검출합니다. 검출된 눈은 사각형의 목록으로 나옵니다. detectMultiScale 함수는 입력된 그
림을 내부적으로 축소해가며 검출 대상을 검출하는 함수입니다. detectMultiScale 함수의 인자는 그림 피일을 가리키
는 변수입니다.
15 : 검출된 눈들의 좌표 (ex,ey)와 크기 (ew,eh)에 대해
16 : cv2 모듈의 rectangle 함수를 이용하여 roi_color가 가리키는 그림 파일에 사각형 표시를 추가합니다.
※ roi는 Region of Interest의 약자로 관심영역이라는 의미입니다.

02 다음과 같이 예제를 실행합니다.

```
$ sudo python3 _20_cv2_image_4.py
```

눈 주변에 초록색 사각형 표시가 되는 것을 확인합니다.

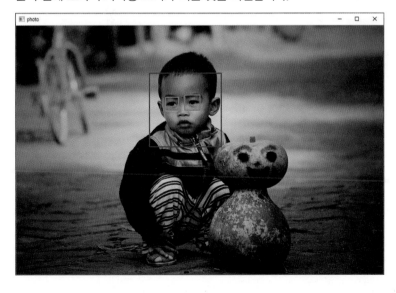

임의의 키를 눌러 화면을 닫습니다.

02 _ 카메라로 얼굴 인식하기

여기서는 라즈베리파이 카메라로부터 영상을 받아 각 프레임을 흑백으로 변경한 후, Haar Cascade 머신 러닝 필터를 이용하여 얼굴과 눈을 인식한 후, 영상에 표시해 봅니다. 이 책에서는 5백만화소 카메라 모듈을 사용합니다.

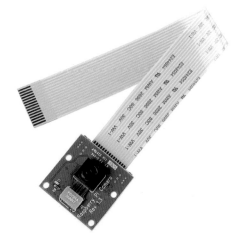

※ USB에 연결되는 웹캠을 이용할 수도 있습니다.

02-1 라즈베리파이 카메라 활성화하기

라즈베리파이 카메라를 사용하기 위해서는 카메라를 라즈베리파이 보드에 장착한 후, 라즈베리파이 설정에서 Camera 모듈을 활성화해야 합니다.

※ 웹캠을 사용할 경우에는 이 과정은 수행하지 않습니다.

카메라 장착하기

다음과 같이 카메라를 장착합니다.

 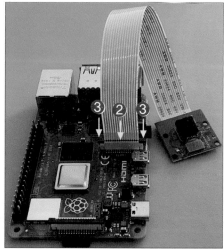

❶ 카메라 케이블 고정 캡을 들어올립니다.

❷ 카메라 케이블을 끼워 넣습니다. 케이블의 선이 사진 기준 화면 앞으로 오게 합니다.

❸ 카메라 케이블 고정 캡을 잠급니다.

데스크 탑 기반 활성화

데스크 탑 화면에서는 다음과 같이 Camera 모듈을 활성화합니다.

※ 원격에서 명령행 기반으로 활성화하기 위해서는 다음에 오는 명령행 기반으로 활성화합니다.

01 다음과 같이 라즈베리파이 데스크 탑에서 [시작(딸기 아이콘)]-[Preferences]-[Raspberry Pi Configuration] 메뉴를 선택합니다.

02 다음은 [Raspberry Pi Configuration] 창입니다. [Interfaces] 탭을 선택한 후, Camera [Enable] 버튼을 체크해 활성화합니다. [OK] 버튼을 누릅니다.

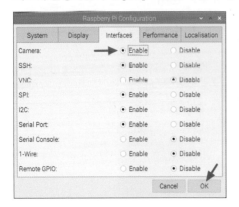

03 다음과 같이 재부팅 창이 나옵니다. [Yes]버튼을 눌러 재부팅을 수행합니다.

명령행 기반 활성화

명령행 기반에서는 다음과 같이 Camera 모듈을 활성화합니다.

※ 데스크 탑 기반으로 활성화하였으면 명령행 기반 활성화는 수행하지 않습니다.

01 다음과 같이 명령을 수행합니다.

```
pi@raspberrypi:~ $ sudo raspi-config
```

02 그러면 다음과 같은 창이 열립니다.

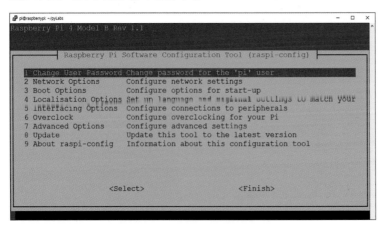

03 방향키를 이용하여 [5 Interfacing Options]로 이동한 후, 엔터키를 눌러 선택합니다.

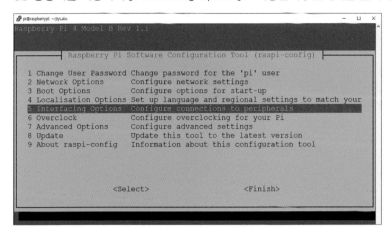

04 그러면 다음과 같은 창이 열립니다. 엔터키를 칩니다.

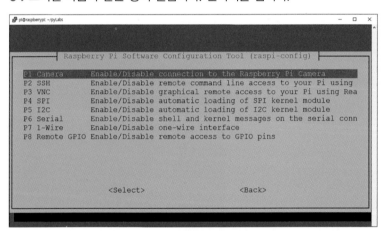

[P1 Camera]가 선택된 상태입니다.

05 그러면 다음과 같은 창이 뜹니다.

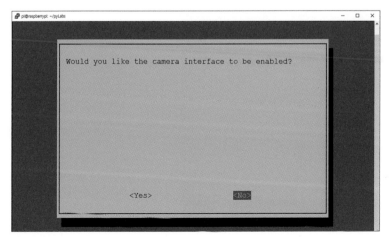

06 탭 키를 한 번 눌러 [〈Yes〉]로 이동한 후, 엔터키를 눌러 카메라 기능을 활성화합니다.

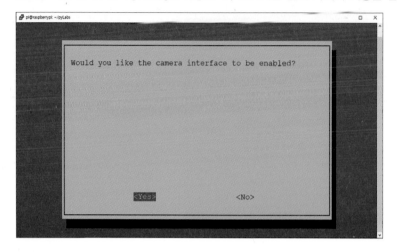

07 다음과 같이 카메라 기능이 활성화됩니다. 엔터키를 눌러 창을 빠져 나옵니다.

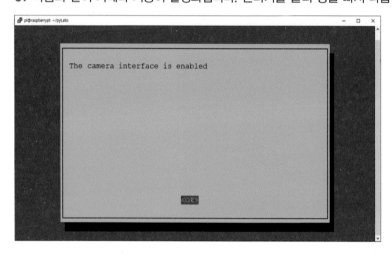

08 다음과 같이 이전 화면으로 나옵니다.

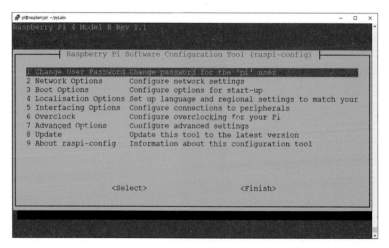

09 탭 키를 2 번 눌러 [〈Finish〉]로 이동한 후, 엔터키를 눌러 창을 닫습니다.

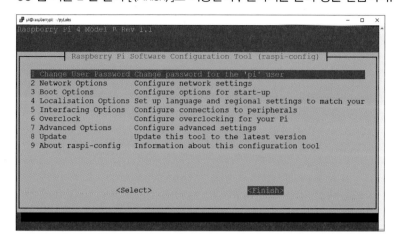

10 그러면 다음과 같이 재부팅 창이 나옵니다. [〈Yes〉]가 선택된 상태에서 엔터키를 눌러 재부팅을 수행합니다.

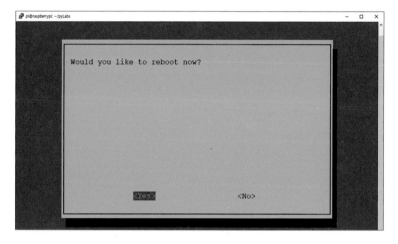

라즈베리파이 카메라 테스트하기

이제 라즈베리파이 카메라를 테스트해 봅니다.

※ 웹캠을 사용할 경우에는 이 과정은 수행하지 않습니다.

❶ 사진 찍기

다음과 같이 명령어를 수행하여 사진을 찍어봅니다.

```
$ raspistill -o image.jpg
```

명령어를 수행한 디렉터리에 image.jpg 파일이 생성된 것을 확인합니다. pyLabs 디렉터리에서 명령어를 수행할 경우 pyLabs 디렉터리에 파일이 생성됩니다.

❷ 동영상 찍기

다음과 같이 명령어를 수행하여 동영상을 촬영해봅니다.

```
$ raspivid -o video.h264
```

명령어를 수행한 디렉터리에 video.h264 파일이 생성된 것을 확인합니다. pyLabs 디렉터리에서 명령어를 수행할 경우 pyLabs 디렉터리에 파일이 생성됩니다.

02-2 카메라 영상 읽고 출력하기

여기서는 라즈베리파이 카메라로부터 영상을 받아 화면에 출력해봅니다.

※ 다음 예제는 웹캠의 경우도 정상 동작합니다.

01 다음과 같이 예제를 작성합니다.

_21_cv2_video.py

```
01 : import cv2
02 :
03 : cap = cv2.VideoCapture(0)
04 : if cap.isOpened():
05 :     print('width:', cap.get(cv2.CAP_PROP_FRAME_WIDTH))
06 :     print('height:', cap.get(cv2.CAP_PROP_FRAME_HEIGHT))
07 :     print('fps:', cap.get(cv2.CAP_PROP_FPS))
08 :
09 : while cap.isOpened():
10 :     ret,img = cap.read()
11 :
12 :     if ret:
13 :             cv2.imshow('Video Capture', img)
14 :
15 :             key = cv2.waitKey(1) &0xFF #1ms wait
16 :             if key ==27: #ESC
17 :                     break
18 :
19 : cap.release()
20 : cv2.destroyAllWindows()
```

03 : cv2 모듈의 VideoCapture 클래스로 VideoCapture 객체를 생성한 후, cap 변수가 가리키도록 합니다. VideoCapture 클래스는 영상 입력 기능을 가지는 클래스로 카메라 또는 파일로부터 영상을 입력 받을 수 있습니다. VideoCapture 객체 생성 시 인자로 주는 0은 카메라의 번호를 나타냅니다.

04 : 영상 입력 기능이 정상적으로 열렸으면

05~07 : print 함수를 호출하여 영상의 가로, 세로, 초당 프레임 수를 출력합니다.

09 : 영상 입력 기능이 정상적으로 열려있는 동안에

10 : 비디오 프레임을 읽어옵니다. ret는 프레임이 정상적으로 읽히면 True 값을, 그렇지 않으면 False 값을 받게 됩니다. img는 그림에 대한 행렬 객체를 받게 됩니다.

12 : ret 값이 True이면

13 : cv2 모듈의 imshow 함수를 호출하여 img 변수가 가리키는 그림을 화면에 보여줍니다. 첫 번째 인자인 'Video Capture'는 화면에 표시된 영상의 제목을 나타내며, 변경할 수 있습니다.

15 : cv2 모듈의 waitKey 함수를 호출하여 키보드 입력을 기다립니다. 인자로 넘어가는 1은 키보드 입력을 기다리는 시간으로 밀리 초 단위입니다. 1이 인자로 넘어가기 때문에 1밀리 초간 키보드 입력을 기다립니다. waitKey 함수를 통해 입력받은 키가 있을 경우 하위 8비트만 거른 후, key 변수에 할당합니다.

16 : key 변수가 가리키는 값이 27(ESC 키 값)이면

17 : break를 이용하여 9줄에 있는 while 문을 빠져 나옵니다.

19 : 영상 입력 기능을 종료합니다.

20 : cv2 모듈의 destroyAllWindows 함수를 호출하여 열려있는 모든 창을 닫습니다.

02 다음과 같이 예제를 실행합니다.

```
$ sudo python3 _21_cv2_video.py
```

카메라 영상이 화면으로 출력되는 것을 확인합니다. 명령 실행 창에는 다음과 같이 표시됩니다

```
pi@raspberrypi:~/pyLabs $ sudo python3 _21_cv2_video.py
width: 640.0
height: 480.0
fps: 30.0
```

가로는 640픽셀, 세로는 480픽셀, 초당 프레임 수는 30프레임으로 표시됩니다.

카메라 영상이 화면으로 출력되는 것을 확인합니다.

※놀라지 마세요. 필자입니다.

ESC 키를 눌러 화면을 닫습니다.

02-3 카메라 영상 저장하기

여기서는 카메라로부터 영상을 받아 화면에 출력하면서, 동시에 화면의 내용을 파일로 저장해 봅니다.

※ 나음 예제는 웹캠의 경우도 정상 동작합니다.

01 다음과 같이 예제를 작성합니다.

_21_cv2_video_2.py

```python
01 : import cv2
02 :
03 : cap = cv2.VideoCapture(0)
04 : if cap.isOpened():
05 :     w =int(cap.get(cv2.CAP_PROP_FRAME_WIDTH))
06 :     h =int(cap.get(cv2.CAP_PROP_FRAME_HEIGHT))
07 :     fps =int(cap.get(cv2.CAP_PROP_FPS))
08 :
09 :     fourcc = cv2.VideoWriter_fourcc(*'DIVX')
10 :     out = cv2.VideoWriter('output.avi', fourcc, fps, (w,h))
11 :
12 : while cap.isOpened():
13 :     ret,img = cap.read()
14 :
15 :     if ret:
16 :             cv2.imshow('Video Capture', img)
17 :
18 :             out.write(img)
19 :
20 :             k = cv2.waitKey(1) &0xFF #30ms wait
21 :             if k ==27: #ESC
22 :                     break
23 :
24 : out.release()
25 : cap.release()
26 : cv2.destroyAllWindows()
```

09 : cv2 모듈의 VideoWriter_fourcc 함수를 호출하여 DIVX 형식의 fourcc 코드를 받습니다. fourcc 코드는 영상 파일 저장 형식으로 여기서는 DIVX 형식입니다. *'DIVX' 인자는 'D','I','V','X' 형태로 바뀌어 인자로 넘겨집니다. 즉, 파이썬 쉘은 'DIVX' 문자열을 각각의 문자로 나누어 인자로 넘깁니다.

10 : cv2 모듈의 VideoWriter 객체를 생성하여 out 변수가 가리키도록 합니다. VideoWriter 객체는 파일을 생성하여 입력 영상을 저장하는 기능을 갖습니다. VideoWriter 객체 생성 시 주는 첫 번째 인자는 영상을 저장할 파일 이름으로 여기 서는 output.avi 파일입니다. 두 번째 인자인 fourcc는 영상 파일 저장 형식으로 여기서는 DIVX 형식입니다. 세 번째, 네 번째 인자는 초당 저장할 프레임 수, (가로, 세로) 해상도를 나타냅니다.

18 : 13 줄에서 읽은 img가 가리키는 그림을 out 변수가 가리키는 파일에 저장합니다.

24 : 영상 저장 기능을 닫습니다.

02 다음과 같이 예제를 실행합니다.

```
$ sudo python3 _21_cv2_video_2.py
```

카메라 영상이 화면으로 출력되는 것을 확인합니다. ESC 키를 눌러 화면을 닫습니다. pyLabs 디렉터리에 output.avi 파일을 확인합니다.

02-4 파일 영상 읽고 출력하기

여기서는 이전 예제에서 저장한 영상을 읽어 화면에 출력해 봅니다.

01 다음과 같이 예제를 작성합니다.

_21_cv2_video_3.py

```
01 : import cv2
02 :
03 : cap = cv2.VideoCapture('output.avi')
04 : if cap.isOpened():
05 :     print('width:', cap.get(cv2.CAP_PROP_FRAME_WIDTH))
06 :     print('height:', cap.get(cv2.CAP_PROP_FRAME_HEIGHT))
07 :     print('fps:', cap.get(cv2.CAP_PROP_FPS))
08 :
09 : while cap.isOpened():
10 :     ret,img = cap.read()
11 :
12 :     if ret:
13 :             cv2.imshow('Video Capture', img)
14 :
15 :             k = cv2.waitKey(30) &0xFF #30ms wait
16 :             if k ==27: #ESC
17 :                     break
18 :     else: break
19 :
20 : cap.release()
21 : cv2.destroyAllWindows()
```

03 : VideoCapture 객체 생성 시, output.avi 파일을 인자로 줍니다. 이렇게 하면 VideoCapture 객체는 output.avi 파일에서 영상 데이터를 읽습니다.

02 다음과 같이 예제를 실행합니다.

```
$ sudo python3 _21_cv2_video_3.py
```

output.avi 파일 영상이 화면으로 출력되는 것을 확인합니다.

02-5 카메라 영상 얼굴 인식하기

여기서는 Haar Cascade 머신 러닝 필터를 이용하여 카메라 영상으로부터 얼굴 인식을 해 봅니다.

※ 다음 예제는 웹캠의 경우도 정상 동작합니다.

01 다음과 같이 예제를 작성합니다.

_21_cv2_video_4.py

```
01 : import cv2
02 :
03 : face_cascade = cv2.CascadeClassifier('haarcascade_frontalface_default.xml')
04 :
05 : cap = cv2.VideoCapture(0)
06 :
07 : while cap.isOpened():
08 :     ret,img = cap.read()
09 :
10 :     if ret:
11 :             gray = cv2.cvtColor(img, cv2.COLOR_BGR2GRAY)
12 :             faces = face_cascade.detectMultiScale(gray, 1.3, 5)
13 :             for (x,y,w,h) in faces:
14 :                     img = cv2.rectangle(img,(x,y),(x +w,y +h),(255,0,0),2)
15 :
16 :             cv2.imshow('Video Capture', img)
17 :
18 :             key = cv2.waitKey(1) &0xFF #1ms wait
19 :             if key ==27: #ESC
20 :                     break
21 :
22 : cap.release()
23 : cv2.destroyAllWindows()
```

03 : cv2 모듈의 CascadeClassifier 클래스를 이용하여 CascadeClassifier 객체를 생성한 후, face_cascade 변수가 가리키도록 합니다. CascadeClassifier 객체 생성 시 인자로 haarcascade_frontalface_default.xml 파일을 인자로 줍니다. CascasdClassifier는 다단계 분류기라는 의미로 머신러닝 기반의 객체 검출 알고리즘을 구현한 클래스입니다. haarcascade_frontalface_default.xml 파일은 전면 얼굴을 검출하기 위해 미리 학습시켜 놓은 XML 포맷으로 저장된 분류기 파일입니다.

11 : cv2 모듈의 cvtColor 함수를 호출하여 img 변수가 가리키는 그림의 색깔을 바꾼 후, 바뀐 그림을 gray 변수가 가리키
     도록 합니다. BGR 형식의 파일을 GRAY 형식의 파일로 바꿉니다. OpenCV의 색깔 형식을 RGB라고 하나 실제로는
     바이트 데이터의 순서가 반대인 BGR 형식입니다.
12 : face_cascade 변수가 가리키는 CascadeClassifier 객체에 대해 detectMultiScale 함수를 호출하여 gray 변수가 가리
     키는 회색 그림에서 얼굴을 검출합니다. 검출된 얼굴은 사각형의 목록으로 나옵니다. detectMultiScale 함수는 입력된
     그림을 내부적으로 축소해가며 검출 대상을 검출하는 함수입니다. detectMultiScale 함수의 인자는 그림 파일을 가리
     키는 변수입니다.
13 : 검출된 얼굴들의 좌표 (x,y)와 크기 (w,h)에 대해
14 : cv2 모듈의 rectangle 함수를 이용하여 img가 가리키는 그림 파일에 사각형 표시를 추가합니다.

02 다음과 같이 예제를 실행합니다.

```
$ sudo python3 _21_cv2_video_4.py
```

카메라 영상에 나타나는 얼굴 주변에 파란색 사각형 표시가 되는 것을 확인합니다.

[Esc] 키를 눌러 화면을 닫습니다.

03 _ 음성 녹음하고 재생하기

여기서는 pyaudio 라이브러리를 설치한 후, pyaudio 라이브러리를 이용하여 마이크로 음성을 녹음하고 재생하는 방법을 살펴봅니다. 음성 녹음과 재생은 동기식과 비동기식으로 수행해 봅니다.

03-1 스피커, 마이크 설정하기

여기서는 스피커, 마이크를 라즈베리파이 보드에 장착하고, 라즈베리파이에서 오디오 입출력을 설정하고, 스피커, 마이크 테스트를 수행해 봅니다.

스피커, 마이크 장착하기

먼저 스피커와 마이크를 라즈베리파이 보드에 장착합니다.
다음은 이 책에서 사용하는 형태의 스피커와 마이크입니다.

스피커는 USB 전원 단자와 오디오 단자를 가집니다. 마이크는 USB 마이크를 사용합니다.
다음과 같이 라즈베리파이에 연결합니다.

※ 라즈베리파이가 켜진 상태에서 연결해도 상관없습니다.

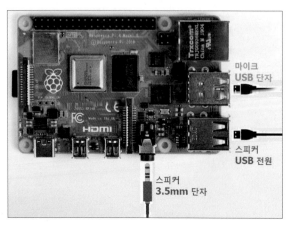

스피커, 마이크 설정하기

다음은 라즈베리파이에서 오디오 입출력 디바이스를 선택합니다.

01 데스크 탑 상단 우측에 있는 스피커 아이콘 상에서 마우스 오른쪽 버튼을 누릅니다. 그러면 다음과 같이 오디오 출력, 입력 선택 메뉴가 뜹니다.

02 [Audio Outputs]-[Analog] 항목을 마우스 왼쪽 버튼으로 선택합니다.

※ 이 책에서 사용하는 스피커는 라즈베리파이의 오디오 단자에 연결되어 있습니다.

03 [Audio Inputs]-[USB PnP Sound Device] 항목을 마우스 왼쪽 버튼으로 선택합니다.

※ 이 책에서 사용하는 마이크는 USB 단자를 통해 연결되어 있습니다.

볼륨 조절

이제 스피커 볼륨 조절을 해 봅니다.

01 스피커 아이콘 상에서 마우스 왼쪽 버튼을 누릅니다. 다음과 같이 볼륨 조절창이 뜹니다.

볼륨을 적절히 조절해 줍니다. 여기서는 60% 정도로 조절하고 있습니다.

터미널 창에서 다음과 같이 볼륨 조절할 수도 있습니다.

01 터미널 프로그램을 띄웁니다.

02 다음과 같이 명령을 줍니다.

```
$ alsamixer
```

alsamixer 프로그램은 사운드 설정과 볼륨을 조절하는 프로그램입니다.

03 다음과 같이 창이 뜹니다.

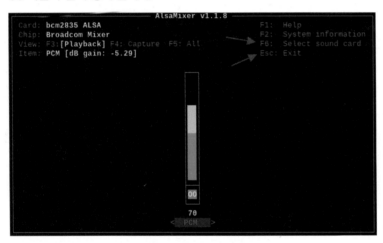

F6를 눌러 사운드 디바이스를 선택할 수 있습니다.

위 아래 방향키를 이용하여 볼륨을 조절할 수 있습니다.

ESC 키를 이용하여 종료할 수 있습니다.

스피커 출력 테스트

이제 스피커 출력 테스트를 수행해 봅니다.

다음과 같이 명령을 줍니다.

```
$ speaker-test -test wav -nloops 3
```

speaker-test는 ALSA 용 스피커 테스트 프로그램입니다.

– test wav는 wav 형식의 테스트를 수행합니다.

– nloops 3은 수행 횟수를 의미합니다. 여기서는 3회 수행합니다.

다음은 수행 화면입니다.

```
pi@raspberrypi:~/pyLabs $ speaker-test    -t wav  -nloops 3

speaker-test 1.1.8

Playback device is default
Stream parameters are 48000Hz, S16_LE, 1 channels
WAV file(s)
Rate set to 48000Hz (requested 48000Hz)
Buffer size range from 512 to 65536
Period size range from 512 to 65536
Using max buffer size 65536
Periods = 4
was set period_size = 16384
was set buffer_size = 65536
 0 - Front Left
Time per period = 0.050267
 0 - Front Left
Time per period = 1.371147
 0 - Front Left
Time per period = 1.370007
```

스피커에서 소리가 납니다. 왼쪽만 들립니다. 이 책에서 사용하는 스피커는 모노 스피커입니다.

마이크 입력 테스트

이제 마이크 입력 테스트를 수행해 봅니다.

01 먼저 다음과 같이 명령을 줍니다.

```
$ arecord --list-devices
```

arecord는 명령행 기반 오디오 녹음 프로그램입니다.

--list-devices는 모든 사운드카드와 디지털 오디오 디바이스를 출력해 줍니다.

다음과 같이 마이크에 대한 정보를 볼 수 있습니다.

```
pi@raspberrypi:~/pyLabs $ arecord --list-devices
**** List of CAPTURE Hardware Devices ****
card 1: Device [USB PnP Sound Device], device 0: USB Audio [USB Audio]
  Subdevices: 1/1
  Subdevice #0: subdevice #0
pi@raspberrypi:~/pyLabs $
```

02 다음과 같이 음성 녹음을 수행합니다.

```
$ arecord --duration=5 test.wav
```

arecord 명령으로 5초간 녹음을 수행하여 test.wav 파일로 저장합니다.

5초간 녹음이 수행됩니다.

03 다음과 같이 스피커로 출력해 봅니다.

```
$ aplay test.wav
```

aplay는 명령행 기반 오디오 출력 프로그램입니다.
녹음한 내용이 스피커로 출력됩니다.

03-2 pyaudio 설치하기

pyaudio 모듈은 음성 데이터를 다루는 라이브러리인 portaudio를 파이썬에서 사용할 수 있도록 만든 모듈입니다. pyaudio 모듈을 이용하여 음성 데이터를 파일로 저장하거나, 파일로부터 음성데이터를 불러올 수 있습니다. 파일 뿐만 아니라 실시간으로 음성 데이터를 다루는 것도 가능합니다. 먼저 다음과 같이 라이브러리를 설치합니다.

```
$ sudo apt install python3-pyaudio
```

03-3 음성 녹음하고 재생하기 : Blocking Mode

여기서는 컴퓨터의 마이크로 음성 데이터를 입력받아 파일로 저장해 봅니다. 음성 데이터 입력은 Blocking Mode를 사용해 봅니다. Blocking Mode는 파이썬 프로그램에서 음성 데이터가 들어오기를 기다렸다가 음성 데이터가 들어오면 음성 데이터를 읽어내는 방식입니다. 즉, Blocking Mode는 파이썬 프로그램이 음성 데이터를 직접 읽는 방식입니다.

음성 녹음하기

여기서는 Blocking Mode를 이용하여 5초간 음성 데이터를 받아서 파일로 저장해 봅니다.

01 다음과 같이 예제를 작성합니다.

_22_audio.py

```
01 : import pyaudio
02 : import wave
03 :
04 : SAMPLE_RATE =44100
05 : FORMAT = pyaudio.paInt16
06 : CHANNELS =1
07 : CHUNK =512
```

```
08 : RECORD_SECONDS =5
09 : WAVE_OUTPUT_FILENAME ="output.wav"
10 :
11 : p = pyaudio.PyAudio()
12 :
13 : stream = p.open(format =FORMAT,
14 :                 channels =CHANNELS,
15 :                 rate =SAMPLE_RATE,
16 :                 input =True,
17 :                 frames_per_buffer =CHUNK)
18 :
19 : print("Start to record the audio.")
20 :
21 : frames = []
22 :
23 : for i in range(0, int(SAMPLE_RATE / CHUNK * RECORD_SECONDS)):
24 :     data = stream.read(CHUNK)
25 :     frames.append(data)
26 :
27 : print("Recording is finished.")
28 :
29 : stream.stop_stream()
30 : stream.close()
31 : p.terminate()
32 :
33 : wf = wave.open(WAVE_OUTPUT_FILENAME, 'wb')
34 : wf.setnchannels(CHANNELS)
35 : wf.setsampwidth(p.get_sample_size(FORMAT))
36 : wf.setframerate(SAMPLE_RATE)
37 : wf.writeframes(b''.join(frames))
38 : wf.close()
```

01 : pyaudio 모듈을 불러옵니다. pyaudio 모듈은 오디오 입출력 라이브러리입니다. 11, 13, 24, 29, 30, 31줄에서 필요합니다.

02 : wave 모듈을 불러옵니다. wave 모듈은 wave 파일을 다루기 위해 필요합니다. 33~38줄에서 필요합니다.

04 : SAMPLE_RATE 변수를 생성한 후, 44100으로 초기화합니다. SAMPLE_RATE는 흘러나오는 소리나 음성에 대해 초당 표본 추출할 횟수를 나타냅니다. 여기서는 소리나 음성을 1 초당 44100번을 추출한다는 의미입니다.

05 : FORMAT 변수를 생성한 후, pyaudio.paInt16으로 초기화합니다. FORMAT은 표본 추출 1 개의 결과를 저장할 데이터의 크기입니다. 여기서는 표본 추출 1 개에 대해 16비트 정수를 사용해서 저장한다는 의미입니다. 4,5줄의 조건으로 1 초간 음성을 녹음했을 때, 44100번*16비트/8비트 = 88200바이트의 음성 데이터가 저장됩니다.

06 : CHANNELS 변수를 생성한 후, 1로 초기화합니다. CHANNELS는 표본 추출할 소리나 음성의 흐름 개수를 나타내며, 1일 경우에는 Mono, 2일 경우에는 Stereo입니다. Mono는 스피커 양쪽에 같은 소리가 출력되는 형식이며, Stereo는 스피커 양쪽에 서로 독립된 소리가 출력되는 형식이라 입체적인 소리가 납니다. 4,5,6줄의 조건으로 1초간 음성을 녹음했을 때, 44100번*16비트/8비트*1채널 = 88200바이트의 음성 데이터가 저장됩니다.

07 : CHUNK 변수를 생성한 후, 512로 초기화합니다. CHUNK 변수는 24줄에 있는 stream.read 함수를 통해 소리나 음성의 흐름을 읽어올 때 한 번에 읽어올 표본 추출의 개수를 나타냅니다. 이 예제에서는 read 함수를 한 번 수행할 때마다 512개*16비트/8비트 = 1024바이트씩 음성 데이터를 읽어옵니다.

08 : RECORD_SECONDS 변수를 생성한 후, 5로 초기화합니다. RECORD_SECONDS는 음성 녹음 시간으로 이 예제에서는 5초 동안 음성을 녹음합니다.

09 : WAVE_OUTPUT_FILENAME 변수를 생성한 후, "output.wav"로 초기화합니다. WAVE_OUTPUT_FILENAME는 음성 녹음을 저장할 파일의 이름입니다.

11 : pyaudio 모듈의 PyAudio 클래스를 이용하여 PyAudio 객체를 생성합니다. p 변수를 생성한 후, PyAudio 객체를 가리키도록 합니다.

13~17 : p 변수가 가리키는 PyAudio 객체에 대해 open 함수를 호출하여 오디오 흐름을 엽니다. 함수의 결과 값은 stream 변수를 생성해 가리키도록 합니다. 첫 번째 인자인 format은 표본 추출 데이터 1개에 대한 데이터 크기를 설정합니다. 여기서는 pyaudio.paInt16이므로 16비트 크기가 됩니다. 두 번째 인자인 channels는 표본 추출할 소리나 음성의 채널의 개수를 나타냅니다. 세 번째 인자인 rate는 1 초당 표본 추출할 오디오 데이터의 개수입니다. 여기서는 일반적으로 사용하는 44100Hz를 선택합니다. 네 번째 인자인 input은 입력 스트림 여부를 설정합니다. 입력 스트림의 경우 True를 넣어줍니다. 다섯 번째 인자인 frames_per_buffer는 24줄에 있는 stream.read 함수를 통해 한 번에 읽어올 표본 추출의 개수를 나타냅니다.

19 : 음성 녹음 시작을 알리는 문자열을 출력합니다.

21 : 입력 받은 음성을 저장할 빈 목록을 생성한 후, frames 변수가 가리키도록 합니다.

23~25 : 5초간 음성 입력을 받습니다.

23 : int(SAMPLE_RATE / CHUNK * RECORD_SECONDS) == int(44100 / 512 * 5) == int(430.664) == 430이 되고, 430번 동안 24,25 줄을 반복합니다.

24 : 오디오 데이터를 읽어 data 변수로 받습니다. CHUNK==512이고, 오디오 데이터 하나의 크기가 2 바이트, 채널의 개수는 1로 설정했기 때문에 read 함수를 한 번 수행하면 512*2*1==1024 바이트 크기의 데이터를 받습니다.

25 : read 함수에서 받은 데이터를 frames 목록에 붙입니다.

27 : 음성 녹음 끝을 알리는 문자열을 출력합니다.

29 : 오디오 입력 흐름을 멈춥니다.

30 : 오디오 입력 흐름을 닫습니다.

31 : PyAudio 객체의 동작을 종료합니다.

33~38 : 입력받은 음성 데이터를 파일로 저장하는 부분입니다.

33 : wave 모듈의 open 함수를 호출하여 WAVE_OUTPUT_FILENAME 변수가 가리키는 output.wav를 이름으로 하는 파일을 엽니다. output.wav 파일이 없을 경우엔 생성을 하고, 있을 경우엔 기존에 있는 파일을 덮어씁니다. 두 번째 인자는 이진 파일 쓰기로 연다는 의미입니다. 음성 파일이나 영상 파일은 이진 파일입니다. 열린 녹음 파일은 wf 변수로 받습니다. 이렇게 하면 wf 변수는 wave.Wave_write 객체를 받습니다. 33줄 밑에 print(wf)하면 볼 수 있습니다.

34 : 녹음 파일의 채널 개수를 설정합니다.

35 : 녹음 파일의 오디오 데이터 하나의 크기를 설정합니다. p.get_sample_size(FORMAT)의 값은 2로 2바이트를 나타냅니다.

36 : 녹음 파일의 1초당 표본 추출된 오디오 데이터의 개수를 설정합니다.

37 : 앞에서 입력 받은 음성 데이터를 붙여 넣습니다. b''.join(frames)는 빈 바이트 열에 frames 목록을 더하는 동작입니다.

38 : 녹음 파일을 닫습니다.

02 다음과 같이 예제를 실행합니다.

```
$ sudo python3 _22_audio.py
```

마이크를 통해 음성을 입력해 봅니다.

```
Start to record the audio.
Recording is finished.
```

프로그램이 5초간 실행된 후 동작을 멈춥니다. pyLabs 디렉터리에 output.wav 파일이 생성된 것을 확인합
니다.

03 다음과 같이 프로그램을 실행시켜 봅니다.

```
$ aplay output.wav
```

방금 녹음한 음성을 확인합니다.

녹음 재생하기

여기서는 Blocking Mode를 이용하여 녹음한 파일을 재생해 봅니다.

01 다음과 같이 예제를 작성합니다.

_22_audio_2.py

```
01 : import pyaudio
02 : import wave
03 : import sys
04 :
05 : CHUNK =512
06 :
07 : if len(sys.argv) <2:
08 :     print("Plays a wave file.\n\nUsage: %s filename.wav" % sys.argv[0])
09 :     sys.exit(-1)
10 :
11 : wf = wave.open(sys.argv[1], 'rb')
12 :
13 : p = pyaudio.PyAudio()
14 :
15 : stream = p.open(format =p.get_format_from_width(wf.getsampwidth()),
16 :                 channels =wf.getnchannels(),
17 :                 rate =wf.getframerate(),
18 :                 output =True)
19 :
20 : data = wf.readframes(CHUNK)
21 :
22 : while data:
23 :     stream.write(data)
24 :     data = wf.readframes(CHUNK)
25 :
26 : stream.stop_stream()
27 : stream.close()
28 : wf.close()
29 :
30 : p.terminate()
```

01 : pyaudio 모듈을 불러옵니다. pyaudio 모듈은 오디오 입출력 라이브러리입니다. 13, 15, 23, 26, 27, 30줄에서 필
요합니다.

02 : wave 모듈을 불러옵니다. wave 모듈은 wave 파일을 다루기 위해 필요합니다. 11, 20, 24, 28에서 필요합니다.

03 : sys 모듈을 불러옵니다. sys 모듈은 7, 8줄에 있는 sys.argv 변수와 9줄에 sys.exit 함수를 사용하기 위해 필요합니다.

05 : CHUNK 변수를 생성한 후, 512로 초기화합니다. 20줄에서 음성 녹음 파일을 읽을 때 CHUNK 만큼의 표본 추출
데이터를 읽어옵니다.

07 : sys.argv 목록의 개수가 2 미만이면

08 : print 함수를 호출하여 사용 방법을 출력합니다.

09 : sys.exit 함수를 호출해 프로그램을 종료합니다. -1 값은 정상적인 종료가 아닐 경우 일반적으로 주는 값입니다.

11 : wave 모듈의 open 함수를 호출하여 sys.argv[1] 항목으로 넘어온 이름의 파일을 엽니다. 두 번째 인자는 이진
파일 읽기로 연다는 의미입니다. 열린 녹음 파일은 wf 변수로 받습니다. 이렇게 하면 wf 변수는 wave.Wave_
read 객체를 받습니다. 11줄 다음에 print(wf)하면 볼 수 있습니다.

13 : pyaudio 모듈의 PyAudio 클래스를 이용하여 PyAudio 객체를 생성합니다. p 변수를 생성하여 PyAudio 객체를
가리키도록 합니다. 이렇게 하면 p 변수는 pyaudio.PyAudio 객체를 받습니다. print(p)하면 볼 수 있습니다.

15~18 : p 변수가 가리키는 PyAudio 객체에 대해 open 함수를 호출하여 오디오 흐름을 엽니다. 결과 값은 stream 변수
를 생성해 가리키도록 합니다. 첫 번째 인자인 format은 표본 추출 데이터 1개에 대한 데이터의 크기를 설정합니
다. 두 번째 인자인 channels는 표본 추출할 소리나 음성의 채널의 개수를 나타냅니다. 세 번째 인자인 rate는 1
초당 표본 추출할 오디오 데이터의 개수입니다. 네 번째 인자인 output은 출력 스트림 여부를 설정합니다. 출력
스트림의 경우 True를 넣어줍니다.

20 : wf에 대해 readframes 함수를 호출하여 CHUNK 만큼의 데이터를 읽어옵니다. 결과 값은 data 변수로 받습니다.

22 : 읽어온 data가 있는 동안에

23 : stream에 대하여 write 함수를 호출하여 오디오 재생을 합니다.

24 : wf에 대해 readframes 함수를 호출하여 CHUNK 만큼의 데이터를 읽어옵니다. 결과 값은 data 변수로 받습니다.

26 : 오디오 출력 흐름을 멈춥니다.

27 : 오디오 출력 흐름을 닫습니다.

28 : 녹음 파일을 닫습니다.

30 : PyAudio 객체의 동작을 종료합니다.

02 다음과 같이 예제를 실행합니다.

```
$ sudo python3 _22_audio_2.py output.wav
```

전 예제에서 녹음한 파일이 재생되는 것을 확인합니다.

03-4 wave 파일 구조 살펴보기

※ 이 부분은 다소 복잡한 내용일 수 있으므로 그냥 넘어가도 좋습니다.

여기서는 이전 예제의 이해를 돕기 위해 wave 파일의 구조를 살펴봅니다. 이전 예제에서 생성한
output.wav 파일의 내용을 보면서 wave 파일의 구조를 자세히 살펴봅니다.

표준 wave 파일 구조

다음은 표준 wave 파일의 구조를 나타냅니다.

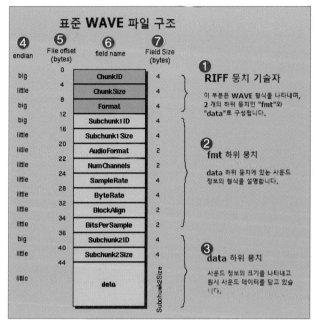

▲ 출처 : http://soundfile.sapp.org/doc/WaveFormat/

표준 wave 파일은 ❶ RIFF 뭉치 기술자, ❷ fmt 하위 뭉치 기술자, ❸ data 하위 뭉치 기술자로 구성됩니다. ❹ endian은 바이트 단위의 데이터 나열 방식을 말하며, big endian은 좌에서 우로, littlen endian은 우에서 좌로 바이트 단위로 필드를 읽습니다. 예를 들어 첫 번째 필드인 ChunkID는 좌에서 우로 읽어 해석하면 되고, 두 번째 필드인 ChunkSize는 우에서 좌로 읽어 해석합니다. ❺각 필드의 파일에서의 바이트 단위의 위치입니다. 예를 들어 ChunkID는 0번째 바이트 위치부터 시작하고, ChunkSize는 4번째 바이트 위치부터 시작합니다. ❻ 각 필드의 이름입니다. ❼ 각 필드의 바이트 단위의 크기를 나타냅니다.

output.wav 파일 살펴보기

이제 output.wav 파일을 앞에서 본 wave 파일의 구조와 비교해 봅니다. output.wav 파일은 이진(binary) 파일이기 때문에 Notepad++에서 이진 파일을 쉽게 볼 수 있도록 HEX-Editor 플러그인을 설치하도록 합니다.

※ Notepad++ 앱은 [Chapter 1 라즈베리파이 준비하기]-[05 윈도우 개발 환경 구성하기]-[03 파이썬 편집기 설치하기]를 참조하여 설치합니다.

01 Notepad++ 앱을 실행합니다.

02 [플러그인]-[플러그인 관리...] 메뉴를 선택합니다.

03 다음과 같이 HEX-Editor 플러그인을 설치합니다.

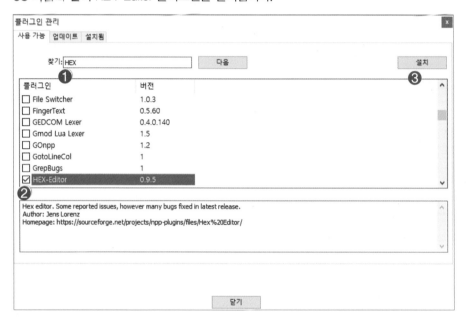

❶ 찾기 창에서 HEX를 입력하고 ❷ 플러그인 창에서 HEX-Editor를 체크한 후, ❸ [설치] 버튼을 눌러줍니다.

04 [플러그인]-[HEX-Editor]가 설치된 것을 확인합니다.

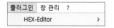

05 pyLabs 디렉터리에 생성된 output.wav 파일을 notepad++로 열어봅니다. 다음과 같이 표시됩니다.

RIFF, WAVE, fmt, data 문자열이 표시된 것을 볼 수 있습니다.

06 다음과 같이 [플러그인]-[HEX-Editor]—[View in HEX] 메뉴를 선택합니다.

플러그인	창 관리	?
HEX-Editor	>	View in HEX	Ctrl+Alt+Shift+H

07 다음과 같이 16진수와 문자열 형태로 표시됩니다.

```
output.wav

Address  0  1  2  3  4  5  6  7  8  9  a  b  c  d  e  f  Dump
00000000 52 49 46 46 24 b0 06 00 57 41 56 45 66 6d 74 20  RIFF$?.WAVEfmt
00000010 10 00 00 00 01 00 01 00 44 ac 00 00 88 58 01 00  ........D?.눖..
00000020 02 00 10 00 64 61 74 61 00 b0 06 00 00 00 00 00  ....data.?.....
00000030 ff ff 00 00 00 00 00 00 00 00 ff ff 00 00 00 00  ........       .
```

08 다음 wave 파일의 구조와 파일의 내용을 비교하면서 살펴봅니다.

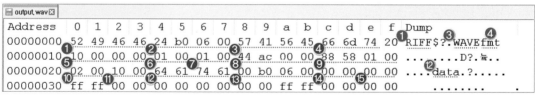

❶ ChunkID : 빅 엔디언 형식으로 왼쪽에서 오른쪽으로 읽습니다. ASCII 형식으로 "RIFF" 문자열을 담고 있습니다. 오른쪽 Dump 필드에 RIFF라고 표시되어 있습니다.

❷ ChunkSize : 0x0006b024(리틀 엔디언 형식으로 오른쪽에서 왼쪽으로 읽습니다). ❶ ChunkID, ❷ ChunkSize 두 필드를 제외한 나머지 부분의 크기로, ❸ Format~ ❶❹ data의 크기를 나타냅니다. (output.wav 파일의 크기 - 8)과 같습니다. 다음과 같이 output.wav 파일에서 마우스 오른쪽 버튼을 눌러 속성 메뉴를 선택한 후, 파일의 크기를 확인해 봅니다.

이 예제에서 파일의 크기는 빨간 점선으로 밑줄 친 부분에서 438,316 바이트입니다. 다음과 같이 컴퓨터에서 계산기 앱을 실행합니다.

계산기의 ❶ 메뉴에서 ❷ [</> 프로그래머] 항목을 선택합니다.

계산기에 0006B024를 입력하면 십진수로 438,308이 되며 앞에서 본 output.wav 파일의 크기인 438,316보다 8 작습니다.

HEX	6 B024
DEC	438,308

❸ Format : 빅 엔디언 형식으로 왼쪽에서 오른쪽으로 읽습니다. ASCII 형식으로 "WAVE" 문자열을 담고 있습니다. 오른쪽 Dump 필드에 WAVE라고 표시되어 있습니다.

❹ Subchunk1ID : 빅 엔디언 형식으로 왼쪽에서 오른쪽으로 읽습니다. ASCII 형식으로 "fmt" 문자열을 담고 있습니다. 왼쪽에 Dump 필드에 fmt라고 표시되어 있습니다.

❺ Subchunk1Size : 0x00000001(리틀 엔디언 형식으로 오른쪽에서 왼쪽으로 읽습니다). 이 숫자 이후의 하위 뭉치 1번 영역의 크기를 나타냅니다. 즉, ❻ AudioFormat부터 ⓫ BitsPerSample까지의 크기를 나타냅니다. PCM 형식의 경우 0x10(==16)입니다.

❻ AudioFormat : 0x0001(리틀 엔디언 형식으로 오른쪽에서 왼쪽으로 읽습니다). PCM 형식의 경우 1입니다. 1이 아닌 경우 압축 형식을 나타냅니다.

❼ NumChannels : 0x0001(리틀 엔디언 형식으로 오른쪽에서 왼쪽으로 읽습니다). Mono는1, Streo는 2입니다. 이 예제의 경우 Mono입니다.

❽ SampleRate : 0x0000ac44(리틀 엔디언 형식으로 오른쪽에서 왼쪽으로 읽습니다). 초 당 추출하는 소리 데이터의 개수입니다. 여기서는 0x0000ac44 = 44100가 됩니다. 다음은 계산기 앱으로 계산한 결과입니다.

HEX	AC44
DEC	44,100

❾ ByteRate : 0x00015888(리틀 엔디언 형식으로 오른쪽에서 왼쪽으로 읽습니다). (SampleRate * NumChannels * BitsPerSample / 8)과 같이 계산합니다. ❽ SampleRate는 44100, ❼ NumChannels는 1, ⓫ BitsPerSample은 16이 되어 44100*1*16/8 = 882000이 됩니다. 다음은 계산기 앱으로 계산한 결과입니다.

HEX	1 5888
DEC	88,200

❿ BlockAlign : 0x0002(리틀 엔디언 형식으로 오른쪽에서 왼쪽으로 읽습니다). (NumChannels *
BitsPerSample / 8)과 같이 계산합니다. ❼ NumChannels는 1, ⓫ BitsPerSample은 16이 되어 1*16/8 = 2가
됩니다. 다음은 계산기 앱으로 계산한 결과입니다.

HEX	2
DEC	2

⓫ BitsPerSample : 0x0010(리틀 엔디언 형식으로 오른쪽에서 왼쪽으로 읽습니다). 추출 데이터의 비트 단위
의 크기입니다. 0x0010은 십진수로 16이 되어 16비트를 나타냅니다. 이 예제에서 추출된 데이터 하나의 크
기는 16비트입니다. 다음은 계산기 앱으로 계산한 결과입니다.

HEX	10
DEC	16

⓬ Subchunk2ID : 빅 엔디언 형식으로 왼쪽에서 오른쪽으로 읽습니다. ASCII 형식으로 "data" 문자열을 담고
있습니다. 왼쪽에 Dump 필드에 data라고 표시되어 있습니다.

⓭ Subchunk2Size : 0x0006b000(리틀 엔디언 형식으로 오른쪽에서 왼쪽으로 읽습니다). (NumSamples *
NumChannels * BitsPerSample / 8)과 같이 계산하며, ⓮ data 영역의 바이트 단위 크기를 나타냅니다. 다
음은 계산기 앱으로 계산한 결과입니다.

HEX	6 B000
DEC	438,272

⓮ data : 실제 사운드 데이터로 첫 번째 수집된 데이터입니다.
⓯ data : 실제 사운드 데이터로 두 번째 수집된 데이터입니다.

이상 wave 파일의 구조를 살펴보았습니다.

03-5 음성 녹음하고 재생하기 : Callback Mode

앞에서 우리는 Blocking Mode를 이용해 음성을 녹음하고 재생해 보았습니다. 여기서는 Callback
Mode를 이용해 음성 데이터를 입력받아 파일로 저장해 봅니다. Callback Mode는 음성 입력을 받
는 callback 함수를 파이썬 프로그램에서 PyAudio 모듈에 등록한 후에 음성 데이터가 들어오면
PyAudio 모듈에서 callback 함수를 호출하여 음성 데이터를 파이썬 프로그램으로 전달해주는 방식
입니다. 즉, Callback Mode는 PyAudio 모듈에서 callback 함수를 통해 음성 데이터를 전달하는 방
식입니다. PyAudio 모듈은 callback 함수를 다른 흐름(thread)에서 호출합니다. 프로그램의 동작을
이해하기는 Blocking Mode가 쉽지만 일반적으로 Callback Mode를 사용합니다.

음성 녹음하기

여기서는 Callback Mode를 이용하여 5초간 음성 데이터를 받아서 파일로 저장해 봅니다.

01 다음과 같이 예제를 작성합니다.

_22_audio_3.py

```
01 : import pyaudio
02 : import wave
03 : import time
04 :
05 : SAMPLE_RATE =44100
06 : FORMAT = pyaudio.paInt16
07 : CHANNELS =1
08 : CHUNK =512
09 : RECORD_SECONDS =5
10 : WAVE_OUTPUT_FILENAME ="output_2.wav"
11 :
12 : p = pyaudio.PyAudio()
13 :
14 : frames = []
15 :
16 : def callback(in_data, frame_count, time_info, status):
17 :     frames.append(in_data)
18 :     return (None, pyaudio.paContinue)
19 :
20 : stream = p.open(format =FORMAT,
21 :                 channels =CHANNELS,
22 :                 rate =SAMPLE_RATE,
23 :                 input =True,
24 :                 frames_per_buffer =CHUNK,
25 :                 stream_callback =callback)
26 :
27 : print("Start to record the audio.")
28 :
29 : stream.start_stream()
30 :
31 : cnt =0
32 : while stream.is_active():
33 :     time.sleep(0.1)
34 :     cnt +=1
35 :     if cnt >RECORD_SECONDS *10:
36 :         break
37 :
38 : print("Recording is finished.")
39 :
```

```
40 : stream.stop_stream()
41 : stream.close()
42 : p.terminate()
43 :
44 : wf = wave.open(WAVE_OUTPUT_FILENAME, 'wb')
45 : wf.setnchannels(CHANNELS)
46 : wf.setsampwidth(p.get_sample_size(FORMAT))
47 : wf.setframerate(SAMPLE_RATE)
48 : wf.writeframes(b''.join(frames))
49 : wf.close()
```

03   : time 모듈을 불러옵니다. 33줄에서 time.sleep 함수를 사용하기 위해 필요합니다.

10   : WAVE_OUTPUT_FILENAME 변수를 생성한 후, "output_2.wav"로 초기화합니다. WAVE_OUTPUT_FILENAME는
　　　　음성 녹음을 저장할 파일의 이름입니다.

16~18 : callback 함수를 정의합니다. callback 함수는 25줄에서 stream_callback 함수로 등록합니다. callback 함수는 소
　　　　리나 음성 입력을 받아 처리하는 함수로 OS에서 호출하는 함수이며, 25줄은 이 함수를 등록해 주는 부분입니다.
　　　　즉, 소리나 음성 입력이 있을 때 callback 함수를 호출해달라고 등록해주면 됩니다.

16   : callback 함수의 매개변수는 차례대로, 오디오 입력 데이터(1024 바이트==CHUNK*2바이트), 데이터의 개수
　　　　(512==CHUNK), 입력 데이터에 대한 시간 정보, 입력 데이터에 대한 상태 정보입니다.

17   : 입력 데이터를 frames 목록에 더해줍니다.

18   : 결과 값으로 (None, pyaudio.paContinue)을 내어줍니다. None은 OS로 내어줄 데이터가 없다는 의미입니다. 즉,
　　　　이 함수는 OS에서 오디오 데이터를 파이썬 프로그램으로 줄 때 사용하기 때문에 거꾸로 파이썬 프로그램에서
　　　　OS로 줄 데이터가 없습니다. pyaudio.paContinue는 오디오 입력이 더 있다는 의미입니다. 즉, 오디오 입력을 계
　　　　속 받겠다는 의미입니다.

25   : p.open 함수를 호출하면서, stream_callback 함수로 callback 함수를 등록합니다.

29   : stream.start_stream 함수를 호출하여 오디오 입력을 시작합니다.

31   : cnt 변수를 생성한 후, 0으로 초기화합니다.

32~36 : 5초간 오디오 입력을 받습니다. 이 부분에서 대기하는 동안 callback 함수가 OS에 의해서 호출됩니다.

32   : 오디오 입력이 활성화 상태이면

33   : 0.1 초 동안 대기하고

34   : cnt 값을 1 증가시키고

35   : cnt 값이 RECORD_SECONDS*10보다 크면(==50보다 크면==5초가 지나면)

36   : while 문을 빠져 나옵니다.

02 다음과 같이 예제를 실행합니다.

```
$ sudo python3 _22_audio_3.py
```

마이크를 통해 음성을 입력해 봅니다.

```
Start to record the audio.
Recording is finished.
```

프로그램이 5초간 실행된 후 동작을 멈춥니다. pyLabs 디렉터리에 output_2.wav 파일이 생성된 것을 확인
합니다.

03 다음과 같이 프로그램을 실행시켜 봅니다.

```
$ aplay output_2.wav
```

방금 녹음한 음성을 확인합니다.

녹음 재생하기

여기서는 Callback Mode를 이용하여 녹음한 파일을 재생해 봅니다.

<u>**01**</u> 다음과 같이 예제를 작성합니다.

_20_audio_4.py

```python
01 : import pyaudio
02 : import wave
03 : import sys
04 : import time
05 :
06 : CHUNK =512
07 :
08 : if len(sys.argv) <2:
09 :     print("Plays a wave file.\n\nUsage: %s filename.wav" % sys.argv[0])
10 :     sys.exit(-1)
11 :
12 : wf = wave.open(sys.argv[1], 'rb')
13 :
14 : p = pyaudio.PyAudio()
15 :
16 : def callback(in_data, frame_count, time_info, status):
17 :     out_data = wf.readframes(frame_count)
18 :     return (out_data, pyaudio.paContinue)
19 :
20 : stream = p.open(format =p.get_format_from_width(wf.getsampwidth()),
21 :                 channels =wf.getnchannels(),
22 :                 rate =wf.getframerate(),
23 :                 output =True,
24 :                 stream_callback =callback)
25 :
26 : stream.start_stream()
27 :
28 : while stream.is_active():
29 :     time.sleep(0.1)
30 :
31 : stream.stop_stream()
32 : stream.close()
33 : wf.close()
34 :
35 : p.terminate()
```

04 : time 모듈을 불러옵니다. 29줄에서 time.sleep 함수를 사용하기 위해 필요합니다.

16~18 : callback 함수를 정의합니다. callback 함수는 24줄에서 stream_callback 함수로 등록합니다. 여기서 callback 함수는 소리나 음성 출력을 받는 함수로 OS에서 호출하는 함수이며 24줄에 등록해 주는 부분입니다. 즉 소리나 음성 출력이 가능할 때 callback 함수를 호출해달라고 등록해주면 됩니다.

16 : callback 함수의 매개변수는 차례대로, 오디오 입력 데이터(이 예제에서는 None 값이 됩니다), 바이트 단위의 데이터 크기(이 예제에서는 1024), 출력 데이터에 대한 시간 정보, 출력 데이터에 대한 상태 정보입니다.

17 : 출력 데이터를 frame_count 만큼 wave 파일에서 읽어 내 out_data에 할당합니다.

18 : (out_data, pyaudio.paContinue)을 내어줍니다. out_data는 OS로 전달되어 스피커로 출력됩니다. pyaudio. paContinue는 오디오 출력이 더 있다는 의미입니다.

24 : p.open 함수를 호출하면서, stream_callback 함수로 callback 함수를 등록합니다.

26 : stream.start_stream 함수를 호출하여 오디오 출력을 시작합니다.

28, 29 : 오디오 출력을 수행합니다. 이 부분에서 대기하는 동안 callback 함수가 OS에 의해서 호출됩니다.

02 다음과 같이 예제를 실행합니다.

```
$ sudo python3 _22_audio_4.py output_2.wav
```

전 예제에서 녹음한 파일이 재생되는 것을 확인합니다.

03-6 MicrophoneStream 클래스 구현하기

여기서는 Callback Mode를 이용하여 마이크로부터 음성을 입력받는 MicrophoneStream 클래스를 구현합니다. 여기서 작성한 MicrophoneStream 클래스는 뒤에서 구글 음성 인식 예제에서 사용합니다.

01 다음과 같이 예제를 작성합니다.

micstream.py

```
1  : import pyaudio
2  : from six.moves import queue
3  :
4  : class MicrophoneStream(object):
5  :     def __init__(self, rate, chunk):
6  :         self._rate = rate
7  :         self._chunk = chunk
8  :         self._buff = queue.Queue()
9  :         self.closed = True
10 :
11 :     def __enter__(self):
12 :         self._audio_interface = pyaudio.PyAudio()
13 :         self._audio_stream = self._audio_interface.open(
14 :             format =pyaudio.paInt16,
15 :             channels =1, rate =self._rate,
16 :             input =True, frames_per_buffer =self._chunk,
```

```
17 :            stream_callback =self._fill_buffer,
18 :        )
19 :        self.closed = False
20 :        return self
21 :
22 :    def __exit__(self, type, value, traceback):
23 :        self._audio_stream.stop_stream()
24 :        self._audio_stream.close()
25 :        self.closed = True
26 :        self._buff.put(None)
27 :        self._audio_interface.terminate()
28 :
29 :    def _fill_buffer(self, in_data, frame_count, time_info, status_flags):
30 :        self._buff.put(in_data)
31 :        return None, pyaudio.paContinue
32 :
33 :    def generator(self):
34 :        while not self.closed:
35 :            chunk = self._buff.get()
36 :            if chunk is None:
37 :                return
38 :            data = [chunk]
39 :
40 :            while True:
41 :                try:
42 :                    chunk = self._buff.get(block =False)
43 :                    if chunk is None:
44 :                        return
45 :                    data.append(chunk)
46 :                except queue.Empty:
47 :                    break
48 :
49 :            yield b''.join(data)
```

01 : pyaudio 모듈을 불러옵니다. pyaudio 모듈은 녹음 입출력 라이브러리입니다. 12, 13, 14, 31줄에서 사용합니다.

02 : six.moves 모듈로부터 queue 모듈을 불러옵니다. six 모듈은 파이썬 2와 파이썬 3 사이의 차이점에 대해 같은 방식으로 접근할 수 있도록 만들어진 모듈입니다. six는 2*3의 의미입니다. 파이썬 3는 표준 라이브러리를 재구성하고 몇 가지 기능을 다른 모듈로 옮겼습니다. six 모듈은 six.moves 모듈을 통해 이 모듈들에 대해 일관된 인터페이스를 제공합니다. six.moves 모듈의 queue 모듈은 다중 생산자, 다중 소비자 큐로 하나 이상의 쓰레드가 읽거나 쓸 수 있는 큐입니다. 8, 46줄에서 사용합니다.

04~49 : MicrophoneStream 클래스를 정의합니다. MicrophoneStream 클래스는 object 클래스를 상속합니다. 파이썬에서 클래스를 정의할 때는 object 클래스를 상속하도록 합니다. MicrophoneStream 클래스는 __init__ 함수(5~9줄), __enter__ 함수(11~20줄), __exit__ 함수(22~27줄), _fill_buffer 함수(29~31줄), generator 함수(33~49줄)의 함수로 구성됩니다. __init__ 함수는 생성자 함수로 MicrophoneStream 객체를 생성할 때 호출됩니다. __enter__, __exit__ 함수는 with 문과 함께 사용되는 함수로 __enter__ 함수는 객체 생성 후, with 문 내부로 들어가기 전에 호출됩니다. __exit__ 함수는 with 문을 끝내고 나오면서 호출됩니다. with 문은 파일 입출력, 소켓 통신, 메시지 큐 통신 등을 할 때 할당받은 내부 자원을 자동으로 해제하기 위해 사용합니다. 즉, __enter__ 함수에서 파일 입출력, 소켓 통신, 메시지 큐 통신 등을 위한 자원을 할당받고, __exit__ 함수에서는 파일 입출력, 소켓 통신, 메

시지 큐 통신 등을 위해 할당받은 자원을 해제합니다. _fill_buffer 함수는 callback 함수로 등록할 함수로 이 예제에서는 오디오 입력을 받을 함수입니다. generator 함수는 동적으로 항목을 내어주는 튜플과 같은 역할을 하며, yield 문을 포함합니다.

05~09 : __init__ 함수를 정의합니다. __init__ 함수는 self, rate, chunk 매개변수를 갖습니다. MicrophoneStream 객체는 _rate, _chunk, _buff, closed 멤버 변수를 갖습니다. self._rate를 매개변수 rate로, self._chunk를 매개변수 chunk로, self._buff를 queue.Queue 객체로, self.closed를 True로 초기화합니다.

11~20 : __enter__ 함수를 정의합니다. __enter__ 함수는 self 매개변수를 갖습니다. MicrophoneStream 객체는 추가적으로 _audio_interface, _audio_stream 멤버 변수를 갖습니다. self._audio_interface를 pyaudio.PyAudio 객체로 초기화합니다. self._audio_interface 멤버 변수가 가리키는 PyAudio 객체에 대해 open 함수를 호출하여 오디오 입력 흐름을 엽니다. 결과 값은 self._audio_stream 멤버 변수를 생성해 가리키도록 합니다. 첫 번째 인자인 format은 표본 추출 데이터 1개에 대한 데이터의 크기를 설정합니다. 여기서는 pyaudio.paInt16이므로 16비트 크기가 됩니다. 두 번째 인자인 channels는 표본 추출할 녹음 채널의 개수를 나타냅니다. 세 번째 인자인 rate는 1초당 표본 추출할 녹음 데이터의 개수입니다. 네 번째 인자인 input은 입력 스트림 여부를 설정합니다. 입력 스트림의 경우 True를 넣어줍니다. 다섯 번째 인자인 frames_per_buffer는 29줄에 있는 _fill_buffer 콜백 함수를 통해 한 번에 읽어올 표본 추출의 개수를 나타냅니다. 여섯 번째 인자인 stream_callback은 오디오 데이터를 읽어올 콜백 함수를 등록하는 부분입니다. self.closed 변수를 False로 설정한 후, self를 내어줍니다. self.closed 변수는 오디오 흐름의 닫힘 여부를 알려주는 변수입니다.

22~27 : __exit__ 함수를 정의합니다. __exit__ 함수는 self, type, value, traceback 매개변수를 갖습니다. 이 매개변수들은 __exit__ 함수의 형식입니다. 여기서는 사용하지는 않습니다.

23 : 오디오 입력 흐름을 멈춥니다.

24 : 오디오 입력 흐름을 닫습니다.

25 : self.closed 변수를 True로 설정합니다.

26 : 큐를 비웁니다.

27 : PyAudio 객체의 동작을 종료합니다.

29~31 : _fill_buffer 함수를 정의합니다. _fill_buffer 함수는 17줄에서 stream_callback 함수로 등록합니다. _fill_buffer 함수는 녹음 입력을 받는 함수로 OS에서 호출하는 함수이며, 17줄은 등록해 주는 부분입니다. 즉, 녹음 입력이 있을 때 OS에서 _fill_buffer 함수를 호출해달라고 등록해주면 됩니다.

33~49 : generator 함수를 정의합니다. generator 함수는 self 매개변수를 갖습니다. generator 함수는 49줄에 yield 문을 포함한 제너레이터 함수입니다. 제너레이터 함수는 for 문과 함께 사용되며, 내부적으로 yield 문을 통해 값을 무한정 제공합니다. 제너레이터 함수는 파일 입출력, 소켓 통신, 메시지 큐 통신 등을 통해 입력받은 데이터를 for 문을 통해 처리하기에 적합합니다. 입력의 끝을 알 수 없을 때, 그 입력을 for 문을 통해 목록처럼 처리하고자 할 때, 제너레이터 함수가 적합합니다.

34~49 : self.closed가 False인 동안에 34~39줄을 수행합니다. self.closed 변수는 __enter__ 함수에서 False로 설정되고 __exit__ 함수에서 True로 설정됩니다. self.closed 변수는 오디오 흐름의 닫힘 여부를 알려주는 변수로 False이면 오디오 흐름이 열렸다는 의미이고, True이면 닫혔다는 의미입니다.

35 : 큐의 get 함수를 호출하여 데이터를 받아옵니다.

36, 37 : 데이터가 없으면 함수를 종료합니다.

38 : 데이터를 목록에 담아 data 변수가 가리키도록 합니다.

40 : 계속해서 40~47줄을 수행합니다.

41~47 : try~except 문을 수행합니다.

42 : 큐의 get 함수를 호출하여 네터를 받아옵니다. 매개변수 block을 False로 설정하여 큐에 데이터가 없더라도 대기하지 않고 빠져 나옵니다.

43, 44 : 데이터가 없으면 함수를 종료합니다.

45 : Queue에서 읽어온 데이터를 data 목록에 추가합니다.

46 : 큐가 비면

47 : 40줄에 있는 while 문을 빠져 나옵니다.

49 : yield 문을 이용하여 빈 바이트에 data를 붙여 내어줍니다.

MicrophoneStream 클래스 활용하기

여기서는 앞에서 작성한 MicrophoneStream 클래스를 이용해 음성 녹음을 수행해 봅니다.

01 다음과 같이 예제를 작성합니다.

_22_audio_5.py

```
1  : import pyaudio
2  : import wave
3  :
4  : from micstream import MicrophoneStream
5  :
6  : SAMPLE_RATE =44100
7  : FORMAT = pyaudio.paInt16
8  : CHANNELS =1
9  : CHUNK =int(SAMPLE_RATE /10)   # 100ms
10 : WAVE_OUTPUT_FILENAME ="output_3.wav"
11 :
12 : p = pyaudio.PyAudio()
13 :
14 : wf = wave.open(WAVE_OUTPUT_FILENAME, 'wb')
15 : wf.setnchannels(CHANNELS)
16 : wf.setsampwidth(p.get_sample_size(FORMAT))
17 : wf.setframerate(SAMPLE_RATE)
18 :
19 : try:
20 :     with MicrophoneStream(SAMPLE_RATE, CHUNK) as stream:
21 :         audio_generator = stream.generator()
22 :         for content in audio_generator:
23 :             wf.writeframes(content)
24 :
25 : except: pass
26 :
27 : wf.close()
28 :
29 : p.terminate()
```

01 : pyaudio 모듈을 불러옵니다. pyaudio 모듈은 오디오 입출력 라이브러리입니다. 7, 12줄에서 사용합니다.

02 : wave 모듈을 불러옵니다. wave 모듈은 wave 파일을 다루기 위해 필요합니다. 14줄에서 사용합니다.

04 : micstream 모듈로부터 MicrophoneStream 모듈을 불러옵니다.

06 : SAMPLE_RATE 변수를 생성한 후, 44100으로 초기화합니다. SAMPLE RATE는 흘러 나오는 소리나 음성에 대해 초당 표본 추출할 횟수를 나타냅니다. 여기서는 소리나 음성을 1 초당 44100번을 추출한다는 의미입니다.

07 : FORMAT 변수를 생성한 후, pyaudio.paInt16으로 초기화합니다. FORMAT은 표본 추출 1 개의 결과를 저장할 데이터의 크기입니다. 여기서는 16비트 정수를 사용해서 저장한다는 의미입니다. 4,5줄의 조건으로 1초간 음성을 녹음했을 때, 44100번*16비트/8비트 = 88200바이트의 음성 데이터가 저장됩니다.

08 : CHANNELS 변수를 생성한 후, 1로 초기화합니다. CHANNELS는 표본 추출할 소리나 음성의 흐름을 나타내며, 1일 경우에는 Mono, 2일 경우에는 Stereo입니다. Mono는 스피커 양쪽에 같은 소리가 출력되는 형식이며, Stereo는 스피커 양쪽에 서로 독립된 소리가 출력되는 형식이라 입체적인 소리가 납니다. 6,7,8줄의 조건으로 1초간 음성을 녹음했을 때, 44100번*16비트/8비트*1채널 = 88200바이트의 음성 데이터가 저장됩니다.

09 : CHUNK 변수를 생성한 후, (SAMPLE_RATE /10 == 4410) 값으로 초기화합니다. CHUNK 변수는 20줄에서 MicrophoneStream 객체를 생성하면서 2번째 인자로 줍니다. MicrophoneStream 객체의 generator 함수에서 오디오 데이터를 읽어올 표본 추출의 개수 단위입니다. 이 예제에서는 generator 함수를 한 번 수행할 때마다 4410개*16비트/8비트 = 8820 바이트씩 음성 데이터를 읽어옵니다.

10 : WAVE_OUTPUT_FILENAME 변수를 생성한 후, "output_3.wav"로 초기화합니다. WAVE_OUTPUT_FILENAME는 음성 녹음을 저장할 파일의 이름입니다.

12 : pyaudio 모듈의 PyAudio 클래스를 이용하여 PyAudio 객체를 생성합니다. p 변수를 생성한 후, PyAudio 객체를 가리키도록 합니다. PyAudio 객체는 16줄에서 표본 추출 데이터 하나의 바이트 단위 크기를 얻어올 때 사용합니다.

14~17 : 입력받은 음성 데이터를 저장할 파일을 생성하고 설정하는 부분입니다.

14 : wave 모듈의 open 함수를 호출하여 WAVE_OUTPUT_FILENAME 변수가 가리키는 output.wav를 이름으로 하는 파일을 엽니다. output.wav 파일이 없을 경우엔 생성을 하고 있을 경우엔 기존에 있는 파일을 덮어씁니다. 두 번째 인자는 이진 파일 쓰기로 연다는 의미입니다. 열린 녹음 파일은 wf 변수로 받습니다. 이렇게 하면 wf 변수는 wave.Wave_write 객체를 받습니다. print(wf)하면 볼 수 있습니다.

15 : 녹음 파일의 채널 개수를 설정합니다.

16 : 표본 추출 데이터 하나의 바이트 단위 크기를 얻어올 때 사용합니다. 여기서는 FORMAT 변수가 pyaudio.paInt16을 가리키므로 2가 됩니다.

17 : 녹음 파일의 1초당 추출할 오디오 데이터의 개수를 설정합니다.

19~25 : try~except 문을 수행합니다.

20~23 : with 문을 수행하여 MicrophoneStream 객체를 stream이라는 이름으로 생성합니다. with 문을 수행하여 생성된 객체는 __enter__, __exit__ 함수가 자동으로 수행됩니다. __enter__ 함수는 with 문으로 들어가기 전에, __exit__ 함수는 with 문을 나오면서 수행됩니다. with 문은 파일 입출력, 소켓 통신, 메시지 큐 통신 등을 할 때 할당받은 내부 자원을 자동으로 해제하기 위해 사용합니다. 즉, __enter__ 함수에서 파일 입출력, 소켓 통신, 메시지 큐 통신 등을 위한 자원을 할당받고, __exit__ 함수에서는 파일 입출력, 소켓 통신, 메시지 큐 통신 등을 위해 할당받은 자원을 해제합니다.

21 : stream.generator() 함수를 audio_generator 변수가 가리키도록 합니다. 제너레이터 함수는 바로 수행되지 않으며, for 문에서 yield 단위로 수행됩니다.

22 : audio_generator가 생성하는 값을 content로 받아

23 : 녹음 파일에 저장합니다.

27 : 녹음 파일을 닫습니다.

29 : PyAudio 객체의 동작을 종료합니다.

02 다음과 같이 예제를 실행합니다.

```
$ sudo python3 _22_audio_5.py
```

마이크를 통해 음성을 입력해 봅니다.

프로그램을 멈추기 위해서는 Ctrl + C 키를 눌러줍니다. pyLabs 디렉터리에 output_3.wav 파일이 생성된 것을 확인합니다.

03 다음과 같이 프로그램을 실행시켜 봅니다.

```
$ aplay output_3.wav
```

방금 녹음한 음성을 확인합니다.

04 _ 구글 speech로 음성 인식하기

구글의 Speech-to-Text는 머신러닝 기반의 음성 텍스트 변환 API입니다. 사용하기 간편한 API로 강력한 신경망 모델을 적용한 Google Speech-to-Text를 사용하면 오디오를 텍스트로 변환할 수 있습니다. 여기서는 google의 Cloud Speech API 키를 발급받고, google.cloud.speech 라이브러리를 설치한 후, google.cloud.speech 라이브러리를 이용하여 녹음한 음성을 문자열로 변환해 봅니다. 또, 구글의 gTTS 라이브러리를 설치한 후, gTTS 라이브러리를 이용하여 문자열을 음성으로 변환해 봅니다.

04-1 Cloud Speech API 키 발급 받기

먼저 google의 Cloud Speech API 키를 발급받습니다. google의 음성 인식 라이브러리를 사용하기 위해서 Cloud Speech API 키가 필요합니다. Cloud Speech API 키를 발급받기 위해서는 구글 계정이 있어야 합니다. 또, 구글 클라우드 플랫폼 사용 등록을 해야 합니다. 구글 계정이 있는 상태에서 다음과 같은 순서로 Cloud Speech API 키를 발급 받도록 합니다.

❶ 구글 계정에 구글 클라우드 플랫폼 무료 사용 등록하기
❷ 구글 클라우드 플랫폼에 프로젝트 생성하기
❸ 생성한 프로젝트에 Cloud Speech-to-Text API 사용 설정하기
❹ Cloud Speech-to-Text API 사용자 인증 정보 만들기
❺ Cloud Speech-to-Text API 사용 키 만들기

※ Cloud Speech API 키 발급 과정은 구글의 사정에 따라 변경될 수 있습니다. 자세한 내용은 다음 사이트를 참고합니다.
https://cloud.google.com/

구글 계정에 구글 클라우드 플랫폼 무료 사용 등록하기

google이 음성 인식 라이브러리를 사용하기 위해서는 구글 계정에 구글 클라우드 플랫폼 사용 등록을 해야 합니다. 현재 Google Cloud Platform은 무료 체험판을 제공하며 무료 체험판에는 12개월간 사용할 수 있는 $300 크레딧을 제공합니다. 크레딧을 모두 사용하더라도 자동 결제 사용을 설정하지 않으면 요금이 청구되지 않습니다. 여기서는 무료 체험판을 이용하여 실습을 진행합니다. 지금부터 구글 클라우드 플랫폼 무료 사용 등록을 합니다.

01 다음과 같이 [구글 클라우드 플랫폼]을 검색합니다.

Google   구글 클라우드 플랫폼

02 다음 사이트로 들어갑니다.

console.cloud.google.com › ... ▾
Google 클라우드 플랫폼

03 구글에 접속해 있지 않을 경우엔 다음과 같이 [로그인] 창이 뜹니다. 독자 여러분이 가지고 있는 Google ID로 로그인합니다.

04 다음과 같이 [Google Cloud Platform] 창이 뜹니다.

❶❷ [서비스 약관]과 ❸ [이메일 업데이트] 항목을 체크한 후, ❹ [동의 및 계속하기]를 눌러줍니다.

05 그러면 다음과 같이 [Google Cloud Platform] 창이 뜹니다.

06 가운에 다음 부분에서 [무료로 사용해 보기] 버튼을 눌러줍니다.

07 구글 클라우드 플랫폼 무료 사용 등록의 1/2단계입니다.

❶ Cloud Platform 설명을 살펴본 후, ❷ [서비스 약관] 체크 후, ❸ [계속] 버튼을 눌러 단음 단계로 진행합니다.

08 구글 클라우드 플랫폼 무료 사용 등록의 2/2단계입니다. 여기서는 결제관련 정보를 작성합니다. 이 책에서 진행하는 실습의 양으로는 실세가 발생하지 않습니다. [계정 유형]은 [개인]으로 설정하고, [이름 및 주소]를 입력합니다. [계속] 버튼을 누릅니다.

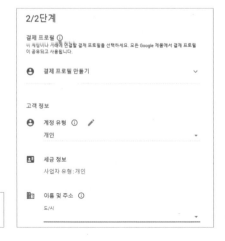

09 그러면 다음과 같이 [결제 옵션]으로 연결됩니다. [이름]과 [결제 수단]에서 [카드 번호]를 입력해줍니다. 그리고 [무료 평가판 시작하기] 버튼을 눌러 줍니다.

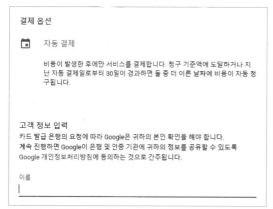

10 다음과 같이 구글 클라우드 플랫폼 무료 사용 등록이 완료됩니다. [확인] 버튼을 눌러줍니다. [확인] 링크를 눌러줍니다.

구글 클라우드 플랫폼에 프로젝트 생성하기

다음은 구글 스피치 플랫폼 프로젝트를 생성합니다. 프로젝트가 있어야 프로젝트 내에서 API 및 서비스를 사용할 수 있습니다. 다음과 같이 진행합니다.

01 좌측 메뉴 창에서 [IAM 및 관리자]를 마우스 왼쪽 버튼 클릭 후, [리소스 관리] 메뉴를 선택합니다.

02 그러면 다음과 같이 [리소스 관리] 페이지로 이동합니다. [+ 프로젝트 만들기]를 선택합니다.

03 [새 프로젝트] 창에서 [프로젝트 이름]에 적당한 프로젝트 명을 입력한 후, [만들기] 버튼을 누릅니다. 필자의 경우엔 gc-speech라고 입력했습니다. 독자 여러분도 적당한 이름을 정해서 입력합니다.

04 다음과 같이 프로젝트가 생성되는 것을 확인합니다.

※ 프로젝트 생성 시간이 1분 정도 걸립니다

프로젝트에 Cloud Speech-to-Text API 사용 설정하기

다음은 생성한 프로젝트에 Cloud Speech-to-Text API 사용 설정을 하도록 합니다. 이렇게 해야 파이썬에서 구글 음성 인식 API를 정상적으로 사용할 수 있습니다.

01 좌측 상단에 있는 ☰ [탐색 메뉴]를 선택합니다.

02 [API 및 서비스]-[라이브러리] 메뉴를 선택합니다.

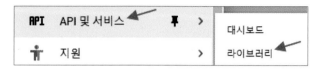

03 [API 라이브러리] 페이지로 이동합니다. 상단 화살표 부분에 프로젝트를 확인합니다. 필자의 경우엔 gc-speech로 선택되어 있습니다. 독자 여러분도 생성한 프로젝트를 선택합니다.

04 하단에서 [Cloud Speech-to-Text API] 항목을 찾아 마우스 클릭합니다.

05 [사용 설정] 버튼을 눌러줍니다.

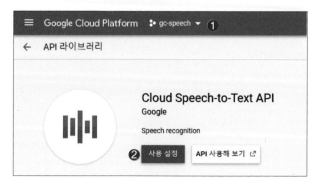

Cloud Speech-to-Text API 사용자 인증 정보 만들기

이제 사용 설정한 Cloud Speech-to-Text API에 대한 사용자 인증 정보를 만듭니다. 사용자 인증 정보가 있어야 구글 음성 인식 API를 사용할 수 있습니다.

01 [Cloud Speech-to-Text] 라이브러리에 대해 다음과 같이 [사용자 인증 정보] 메뉴를 선택합니다.

❶ API 사용을 위한 사용자 인증 정보 필요 설명을 읽어보고, ❷ 프로젝트를 확인하고, ❸ [Cloud Speech-to-Text API]에 대해 ❹ [사용자 인증 정보] 메뉴를 선택합니다.

02 [+ 사용자 인증 정보 만들기]를 선택합니다.

03 [서비스 계정]을 선택합니다.

04 [서비스 계정 세부정보]에서 [서비스 계정 이름]을 적당히 입력합니다. 필자의 경우는 gc-speech로 입력했습니다. 독자 여러분도 적당한 이름을 정해서 입력합니다. [만들기] 버튼을 눌러 다음 단계로 진행합니다.

❶ [서비스 계정 이름]을 입력하면 ❷ [서비스 계정 ID]도 자동으로 입력됩니다. ❸ [만들기] 버튼을 눌러 줍니다.

05 [서비스 계정 권한]에서 [역할 선택] 창을 펼쳐줍니다.

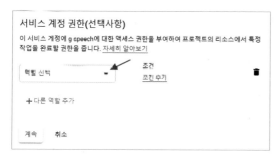

06 다음과 같이 [프로젝트]-[소유자]를 선택합니다.

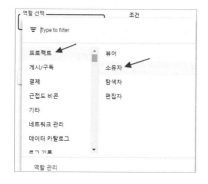

07 [계속] 버튼을 눌러줍니다.

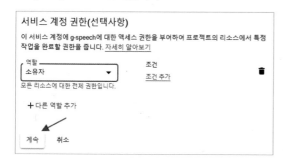

08 다음 창에서 기본 상태로 [완료] 버튼을 눌러줍니다.

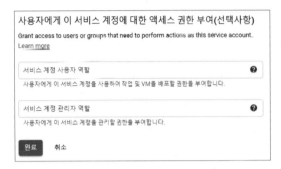

09 다음과 같이 서비스 계정이 생성된 것을 확인합니다.

Cloud Speech-to-Text API 사용 키 만들기

다음은 Cloud Speech-to-Text API 사용 키를 만들어 줍니다. 이 단계에서는 파이썬에서 사용할 키 파일인 json 파일이 만들어집니다. 이 파일이 있어야 구글 음성 인식 기능을 사용할 수 있습니다.

01 전 단계에서 생성한 [서비스 계정] 창의 오른쪽에 있는 [서비스 계정 관리] 링크를 마우스 클릭합니다.

02 그러면 다음 창으로 이동합니다. 화살표가 가리키는 서비스 계정 항목을 마우스 선택합니다.

03 중간 하단에 [키] 추가 부분이 있습니다. 다음과 같이 [키 추가]−[새 키 만들기] 항목을 선택합니다.

04 다음과 같이 표시됩니다. [키 유형]으로 [JSON]이 선택된 상태에서 [만들기] 버튼을 눌러줍니다.

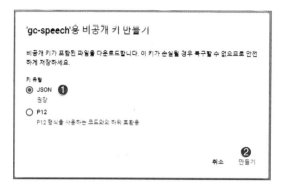

05 다음과 같이 메시지가 뜨면서 키 파일이 다운로
드 됩니다. [닫기] 버튼을 눌러 메시지를 닫습니다.

06 다음과 같이 키 파일인 json 파일이 다운로드 됩니다.

gc-speech-28230....json

07 키 파일을 프로젝트 디렉터리인 Labs로 옮깁니다.

※ 이후에 작성할 파이썬 프로그램에서 구글 음성 인식 API를 사용하기 위해서는 다음과 같이 키 파일 이름을 입력해 주어야 합니다. 독자 여러분이 받은 키 파일을 입력하도록 합니다.

```
8     os.environ["GOOGLE_APPLICATION_CREDENTIALS"] = \
9     "gc-speech-282303-13085f967c3c.json" # 독자 여러분이 생성한 파일로!
```

04-2 구글 음성 인식 라이브러리 설치하기

google.cloud.speech 모듈은 구글 클라우드 음성 인식 모듈입니다. 또, gtts 모듈은 google text to speech의 약자로 구글에서 제공하는 문자 음성 변환 모듈입니다. 먼저 다음과 같이 파이썬 라이브러리들을 설치합니다.

```
$ sudo pip3 install --upgrade google-auth
$ sudo pip3 install --upgrade google-api-python-client
$ sudo pip3 install google-cloud-speech
$ sudo pip3 install gTTS
```

google-auth는 Google authentication library for Python의 약자로 파이썬 용 구글 인증 라이브러리입니다. 이 라이브러리는 Google API에 인증 기능을 제공합니다.

google-api-python-client는 Google API에 대한 파이썬 클라이언트 라이브러리입니다.

※ pip3는 파이썬 3.x 용 패키지 설치 프로그램입니다. 이 책의 예제는 파이썬 3.x를 기준으로 작성되었습니다.

다음은 mp3 재생 프로그램인 mpg321 프로그램을 설치합니다.

```
$ sudo apt install mpg321
```

※ apt 명령을 이용합니다.

04-3 영어 음성 인식하기

여기서는 영어 음성을 듣고 구글 speech 라이브러리를 이용하여 문자열로 변환해 봅니다.

01 다음과 같이 예제를 작성합니다.

_23_gspeech.py

```
01 import os
02 from google.cloud import speech
03 from micstream import MicrophoneStream
04
05 os.environ["GOOGLE_APPLICATION_CREDENTIALS"] = \
06 "gc-speech-325321-daa3e93e252b.json" # 독자 여러분이 생성한 파일로!
07
08 # Audio recording parameters
09 RATE =44100
10 CHUNK =int(RATE /10) # 100ms
11
12 def listen_print_loop(responses):
13
14     for response in responses:
15             result = response.results[0]
16             transcript = result.alternatives[0].transcript
17
18             print(transcript)
19
20             if 'exit' in transcript or 'quit' in transcript:
21                     print('Exiting...')
22                     break
23
24 language_code ='en-US' # a BCP-47 language tag
25
26 client = speech.SpeechClient()
27 config = speech.RecognitionConfig(
```

```
28          encoding =speech.RecognitionConfig.AudioEncoding.LINEAR16,
29          sample_rate_hertz =RATE,
30          language_code =language_code)
31 streaming_config = speech.StreamingRecognitionConfig(config =config)
32
33 with MicrophoneStream(RATE, CHUNK) as stream:
34          audio_generator = stream.generator()
35          requests = (speech.StreamingRecognizeRequest(audio_content =content)
36                              for content in audio_generator)
37          responses = client.streaming_recognize(streaming_config, requests)
38
39          listen_print_loop(responses)
```

01   : os 모듈을 불러옵니다. os 모듈은 윈도우즈나 유닉스 등의 운영체제에서 제공하는 기능을 사용하고자 할 때 필요합니다. 여기서는 8,9줄에서 os.environ 변수 사용을 위해 필요합니다. os.environ 변수는 os._Environ 클래스를 가리키며 환경변수 관리를 위해 필요합니다. os._Environ 클래스는 내부적으로 환경 변수를 사전으로 관리합니다.

02   : google.cloud 모듈로부터 speech 모듈을 불러옵니다. google.cloud 모듈은 구글 클라우드 접근을 제공하는 모듈입니다. google.cloud.speech 모듈은 구글 클라우드 음성 인식 모듈입니다. 여기서는 26, 27, 28, 31, 35, 37 줄에서 사용합니다. 26 줄에서는 SpeechClient 객체 생성을 위해 필요합니다. 27 줄에서는 speech.RecognitionConfig 객체를 생성합니다. speech.RecognitionConfig 객체는 구글 클라우드 음성 인식 설정 기능을 갖습니다.
28 줄에서 speech.RecognitionConfig.AudioEncoding.LINEAR16는 압축이 안 된 16비트 정수 리틀 엔디언 추출 표본으로 Linear PCM이라고도 합니다. 리틀 엔디언은 메모리에 데이터를 저장할 때, 낮은 주소에 데이터의 낮은 바이트부터 저장하는 방식입니다. 31 줄에서는 speech.StreamingRecognitionConfig 객체를 생성합니다. speech.StreamingRecognitionConfig 객체는 구글 클라우드 음성 흐름 인식 설정 기능을 갖습니다. 35줄에서는 speech.StreamingRecognizeRequest 객체를 생성합니다. speech.StreamingRecognizeRequest 객체는 음성 흐름 인식 요청 기능을 갖습니다. 37줄에서 streaming_recognize 객체 생성을 위해 필요합니다. google.cloud.speech.SpeechClient는 구글 클라우드 음성 인식 클라이언트 클래스로 원격 음성 인식 기능을 제공하는 클래스입니다. google.cloud.speech.SpeechClient.streaming_recognize 함수는 구글 클라우드 음성 흐름 인식 함수로 구글 클라우드로 음성 흐름을 보내 인식을 수행하는 함수입니다.

03   : micstream 모듈로부터 MicrophoneStream 모듈을 불러옵니다.

05, 06 : OS 환경변수의 키 값 "GOOGLE_APPLICATION_CREDENTIALS"에 대해 "gc-speech-325321-daa3e93e252b.json"으로 설정합니다. 이 부분은 구글 음성 인식 기능을 사용하기 위한 API 인증 키 파일입니다. 독자 여러분은 여러분이 받은 키 파일을 입력하도록 합니다.

09, 10 : 녹음에 필요한 매개변수를 설정합니다.

09   : RATE 변수를 생성한 후, 44100으로 초기화합니다. 초당 추출할 소리의 개수를 나타냅니다.

10   : CHUNK 변수를 생성한 후, 정수 RATE/10 == 4410로 초기화합니다. 한 번에 얻어올 소리의 개수를 나타냅니다.

12~22 : listen_print_loop 함수를 정의합니다. 이 함수는 구글 클라우드에서 얻어온 음성 인식 결과를 문자열로 출력하는 함수입니다. 매개변수 responses는 'google.api_core.grpc_helpers._StreamingResponseIterator' 클래스 형의 객체입니다.

14~22 : 응답한 결과 값들의 각 응답에서 적당한 문자열을 찾아 출력합니다.

15   : 응답의 결과 값 0번 항목을 result 변수가 가리키게 합니다.
          다음 그림은 음을 처리하는 동안에 받은 응답 값의 예입니다. 그림에서 ❶에 해당하는 부분이 results[0] 항목입니다.

```
❶results {
  ❷alternatives {
    ❸transcript: " whatW's your name"
      confidence: 0.96175987
    }
    is_final: true
    result_end_time {
      seconds: 27
      nanos: 150000000
    }
}
```

16 : 응답으로 온 대체 값 0번 항목의 변환 값을 transcript 변수가 가리키게 합니다.

위 그림에서 ❷에 해당하는 부분은 alternatives[0] 항목입니다. ❸에 해당하는 부분은 transcript이며 변환된 문자열을 가지고 있습니다.

18 : transcript를 출력합니다.

20 : transcript 문자열에 exit나 quit가 포함되어 있으면

21 : 'Exiting..' 문자열을 출력하고

22 : 14줄의 for 문을 빠져 나갑니다.

24 : language_code 변수를 생성한 후, 'en-US'로 초기화합니다. 영문 글자 변환을 위해 필요합니다. 한글 변환은 'ko-KR'로 설정하면 됩니다.

26 : speech 모듈의 SpeechClient 클래스를 이용하여 SpeechClient 객체를 생성하여 client 변수가 가리키게 합니다.

27~30 : speech 모듈의 RecognitionConfig 클래스를 이용하여 RecognitionConfig 객체를 생성하여 config 변수가 가리키게 합니다. RecognitionConfig은 음성 인식 설정을 위한 클래스이며 객체 생성 시 인자로 음성 추출 방식, 초당 음성 추출 횟수, 추출 음성 언어를 넘겨줍니다. 음성 추출 방식은 압축이 안 된 16비트 정수 리틀 엔디언 추출 표본입니다. 초당 음성 추출 횟수는 44100, 추출 음성 언어는 영어입니다. 리틀 엔디언은 메모리에 데이터를 저장할 때, 낮은 주소에 데이터의 낮은 바이트부터 저장하는 방식입니다.

31 : speech 모듈의 StreamingRecognitionConfig 클래스를 이용하여 StreamingRecognitionConfig 객체를 생성하여 streaming_config 변수가 가리키게 합니다. 인자로 27줄에서 설정한 config를 줍니다.

33~39 : with 문을 수행하여 MicrophoneStream 객체를 stream이라는 이름으로 생성합니다. with 문을 수행하여 생성된 객체는 __enter__, __exit__ 함수가 자동으로 수행됩니다. __enter__ 함수는 with 문으로 들어가기 전에, __exit__ 함수는 with 문을 나오면서 수행됩니다.

34~37 : 여기서는 생성기 함수, 생성기 식, 반복자 객체가 만들어지고 서로 연결되고 있습니다. 각각 audio_generator, requests, responses 객체인데 각각 음성 데이터 생성, 음성 인식 요청 메시지 생성, 응답 문자열 메시지 생성 역할을 합니다. 즉, audio_generator는 음성 생성기, requests는 요청 생성기, responses는 응답 생성기 역할을 합니다. 이 3 객체는 다음과 같은 구조로 직접적으로 또는 간접적으로 연결되어 있습니다.

```
responses -> requests -> audio_generator
```

39줄에 있는 listen_print_loop 함수 내에서 각각의 생성기는 다음과 같은 순서로 값을 생성해 전달해 줍니다.

```
audio_generator -> requests -> responses
```

생성기 객체 각각이 하는 역할이 있으며 생성기를 거치면서 초기의 음성 데이터는 구글 speech 라이브러리를 통해 문자열로 변환됩니다.

34 : 이 부분은 제너레이터(생성기, 발전기) 함수입니다. stream.generator() 함수를 audio_generator 변수가 가리키도록 합니다. 제너레이터 함수는 바로 수행되지 않으며, for 문에서 yield 단위로 수행됩니다.

35, 36 : 이 부분은 제너레이터(생성기, 발전기) 표현식입니다. 제너레이터는 생성기 또는 발전기라는 의미를 가지고 있습니다. 따라서 제너레이터 표현식은 생성기 표현식 또는 발전기 표현식이라고 해석될 수 있습니다. 제너레이터 표현식은 튜플과 같이 소괄호를 이용하여 표현하고 내부에 for 문을 이용하여 항목을 동적으로 생성합니다. 제너레이터 표현식은 for 문이 포함된 목록(list comprehension이라고 합니다)의 단점을 보완하기 위해 만들어졌습니다. comprehension은 포함, 함축, 내포 등으로 해석됩니다. 따라서 list comprehension은 목록 포함, 목록 함축, 목록 내포 등으로 해석할 수 있습니다. for 문이 포함된 목록이 항목을 미리 한꺼번에 생성하는 반면에 제너레이터 표현식은 for 문의 in 자리에서 항목을 하나씩 생성합니다. 따라서 미리 모든 항목을 위한 메모리를 할당할 필요가 없어 메모리를 절약할 수 있고, 한꺼번에 메모리를 할당하고 초기화하는 시간이 필요치 않기 때문에 성능을 높일 수 있습니다. 이 예제에서 제너레이터 표현식은 audio_generator가 생성하는 음성 데이터를 content로 받아 speech.StreamingRecognizeRequest 객체를 하나씩 생성하는 제너레이터 표현식을 만들어 requests 변수가 가리키게 합니다. requests는 제너레이터 표현식을 가리키는 변수입니다. 제너레이터 표현식은 바로 수행되지 않고 뒤에서 for 문의 in 자리에서 항목을 동적으로 생성해주게 됩니다.

37 : client.streaming_recognize 객체를 생성하여 responses 변수가 가리키게 합니다. client.streaming_recognize 객체 생성 시, 34줄에서 설정한 streaming_config, 38줄에서 설정한 requests를 인자로 줍니다.

39 : listen_print_loop 함수를 호출합니다. 함수 호출 시, 37줄에서 설정한 responses 객체를 인자로 줍니다.

02 다음과 같이 예제를 실행합니다.

```
$ sudo python3 _23_gspeech.py
```

마이크를 통해 영어로 말해 봅니다. 예를 들어 다음과 같이 말해 봅니다.

```
How are you?
What's your name?
Where are you from?
How old are you?
Nice to meet you!
```

이 외에도 독자 여러분이 아는 영어 문장을 말해 봅니다.

프로그램을 멈추기 위해서는 Ctrl + C 키를 눌러줍니다.

04-4 한국어 음성 인식하기

여기서는 한국어 음성을 듣고 구글 speech 라이브러리를 이용하여 문자열로 변환해 봅니다.

01 다음과 같이 예제를 수정합니다.

_23_gspeech_2.py

```
01 import os
02 from google.cloud import speech
03 from micstream import MicrophoneStream
04
05 os.environ["GOOGLE_APPLICATION_CREDENTIALS"] = \
06 "gc-speech-325321-daa3e93e252b.json"
07
08 # Audio recording parameters
09 RATE =44100
10 CHUNK =int(RATE /10) # 100ms
11
12 def listen_print_loop(responses):
13
14     for response in responses:
15             result = response.results[0]
16             transcript = result.alternatives[0].transcript
17
```

```
18                print(transcript)
19
20                if u'종료' in transcript or u'그만' in transcript:
21                        print('종료합니다..')
22                        break
23
24 language_code = 'ko-KR'  # a BCP-47 language tag
25
26 client = speech.SpeechClient()
27 config = speech.RecognitionConfig(
28        encoding =speech.RecognitionConfig.AudioEncoding.LINEAR16,
29        sample_rate_hertz =RATE,
30        language_code =language_code)
31 streaming_config = speech.StreamingRecognitionConfig(config =config)
32
33 with MicrophoneStream(RATE, CHUNK) as stream:
34        audio_generator = stream.generator()
35        requests = (speech.StreamingRecognizeRequest(audio_content =content)
36                                for content in audio_generator)
37        responses = client.streaming_recognize(streaming_config, requests)
38
39        listen_print_loop(responses)
```

20 : transcript 문자열에 '종료'나 '그만'이 포함되어 있으면

21 : '종료합니다..' 문자열을 출력하고

22 : 17줄의 for 문을 빠져 나갑니다.

24 : language_code 변수 값을 'ko-KR'로 설정합니다.

※ 한글 문자열 앞에 붙은 u는 유니코드 문자열이라는 의미입니다. 한글을 글자 깨짐 없이 사용하고자 할 때에는 유니코드 문자열을 사용합니다.

02 다음과 같이 예제를 실행합니다.

```
$ sudo python3 _23_gspeech_2.py
```

마이크를 통해 한국어로 말해 봅니다. 예를 들어 다음과 같이 말해 봅니다.

```
안녕하세요?
이름이 뭐에요?
고향이 어디세요?
나이가 어떻게 되세요?
만나서 반가워요!
```

이 외에도 독자 여러분이 하고 싶은 한국어 문장을 말해 봅니다.

프로그램을 멈추기 위해서는 Ctrl + C 키를 눌러줍니다.

04-5 한글 읽고 말하기

여기서는 gtts 라이브러리를 이용하여 한글을 한국어 음성으로 변환해 봅니다.

01 다음과 같이 예제를 작성합니다.

_23_gspeech_3.py

```
01 import os
02 from google.cloud import speech
03 from gtts import gTTS
04 from micstream import MicrophoneStream
05
06 os.environ["GOOGLE_APPLICATION_CREDENTIALS"] = \
07 "gc-speech-325321-daa3e93e252b.json" # 독자 여러분이 생성한 파일로!
08
09 # Audio recording parameters
10 RATE =44100
11 CHUNK =int(RATE /10) # 100ms
12
13 def do_TTS(text):
14         tts = gTTS(text =text, lang ='ko')
15         a = os.path.exists('read.mp3')
16         if a:
17                 os.remove('read.mp3')
18         tts.save('read.mp3')
19         os.system('mpg321 read.mp3')
20
21 def listen_print_loop(responses):
22
23         for response in responses:
24                 result = response.results[0]
25                 transcript = result.alternatives[0].transcript
26
27                 print(transcript)
28
29                 if u'종료' in transcript or u'그만' in transcript:
30                         print('종료합니다..')
31                         break
32
33                 do_TTS(transcript)
34
35 language_code ='ko-KR' # a BCP-47 language tag
36
37 client = speech.SpeechClient()
38 config = speech.RecognitionConfig(
```

```
39          encoding =speech.RecognitionConfig.AudioEncoding.LINEAR16,
40          sample_rate_hertz =RATE,
41          language_code =language_code)
42 streaming_config = speech.StreamingRecognitionConfig(config =config)
43
44 with MicrophoneStream(RATE, CHUNK) as stream:
45          audio_generator = stream.generator()
46          requests = (speech.StreamingRecognizeRequest(audio_content =content)
47                                for content in audio_generator)
48          responses = client.streaming_recognize(streaming_config, requests)
49
50          listen_print_loop(responses)
```

03　: gtts 모듈로부터 gTTS 모듈을 불러옵니다. gtts 모듈은 google text to speech의 약자로 구글에서 제공하는 문자 음성 변환 모듈입니다. 14,18줄에서 사용합니다.

13~19 : do_TTS 함수를 정의합니다. 매개 변수는 음성으로 변환할 문자열을 받습니다.

13　: gTTS 객체를 생성하여 tts에 할당합니다. gTTS 객체 생성 시 음성으로 변환할 문자열과 변환 언어인 한국어를 인자로 넘겨줍니다.

15~17 : read.mp3 파일이 존재하면 제거합니다.

18　: tts.save 함수를 호출하여 문자열을 음성 파일로 저장합니다.

19　: os 모듈의 system 함수를 호출하여 'mpg321 read.mp3' 명령을 실행합니다. mpg321 프로그램은 mp3 파일 재생 프로그램입니다.

33　: 13~19줄에서 정의한 do_TTS 함수를 호출하여 변환된 문자열을 음성 파일로 저장합니다.

02 다음과 같이 예제를 실행합니다.

```
$ sudo python3 _23_gspeech_3.py
```

마이크를 통해 한국어로 말해 봅니다. 예를 들어 다음과 같이 말해 봅니다.

```
안녕하세요?
이름이 뭐에요?
고향이 어디세요?
나이가 어떻게 되세요?
만나서 반가워요!
```

한국어를 구글 speech 라이브러리를 통해 한글로 변환한 후, 말을 따라하는 것을 확인합니다. 프로그램을 멈추기 위해서는 Ctrl + C 키를 눌러줍니다.

※ 스피커의 소리가 클 경우 마이크로 되먹임 되어 음성 출력이 반복될 수 있으니 스피커의 소리를 적당히 줄이도록 합니다.

04-6 음성인식 LED 제어

여기서는 음성을 듣고 응답하는 LED 제어 프로그램을 만들어 봅니다. LED 제어와 관련한 응답 음성 파일을 만든 후, 이 파일들을 실제 대화에 적용해 봅니다.

01 다음과 같이 예제를 작성합니다.

_23_gspeech_4.py

```
01 from gtts import gTTS
02 import os
03
04 led_on = gTTS(text =u "불을 켭니다.", lang = 'ko')
05 led_on.save('led_on.mp3')
06 os.system('mpg321 led_on.mp3')
07
08 led_off = gTTS(text =u "불을 끕니다.", lang = 'ko')
09 led_off.save('led_off.mp3')
10 os.system('mpg321 led_off.mp3')
```

04~06 : "불을 켜겠습니다." 음성을 저장할 led_on.mp3 파일을 만들고 재생합니다.
08~10 : "불을 끄겠습니다." 음성을 저장할 led_off.mp3 파일을 만들고 재생합니다.

02 다음과 같이 예제를 실행합니다.

```
$ sudo python3 _23_gspeech_4.py
```

다음 음성이 들리는지 확인합니다.

```
불을 켭니다.
불을 끕니다.
```

그리고 pyLabs 디렉터리에 다음 2개의 파일이 생성된 것을 확인합니다.

03 다음과 같이 예제를 작성합니다.

_23_gspeech_4_2.py

```
01 import os
02 from google.cloud import speech
03 from micstream import MicrophoneStream
```

```
04
05 os.environ[ " GOOGLE_APPLICATION_CREDENTIALS " ] = \
06 " gc-speech-325321-daa3e93e252b.json " # 독자 여러분이 생성한 파일로!
07
08 # Audio recording parameters
09 RATE =44100
10 CHUNK =int(RATE /10) # 100ms
11
12 def serve(text):
13     if u '불 켜 ' in text:
14             os.system( ' mpg321 led_on.mp3 ' )
15     elif u '불 꺼 ' in text:
16             os.system( ' mpg321 led_off.mp3 ' )
17
18 def listen_print_loop(responses):
19
20     for response in responses:
21             result = response.results[0]
22             transcript = result.alternatives[0].transcript
23
24             print(transcript)
25
26             if u ' 종료 ' in transcript or u ' 그만 ' in transcript:
27                     print( ' 종료합니다.. ' )
28                     break
29
30             serve(transcript)
31
32 language_code = ' ko-KR ' # a BCP-47 language tag
33
34 client = speech.SpeechClient()
35 config = speech.RecognitionConfig(
36     encoding =speech.RecognitionConfig.AudioEncoding.LINEAR16,
37     sample_rate_hertz =RATE,
38     language_code =language_code)
39 streaming_config = speech.StreamingRecognitionConfig(config =config)
40
41 with MicrophoneStream(RATE, CHUNK) as stream:
42     audio_generator = stream.generator()
43     requests = (speech.StreamingRecognizeRequest(audio_content =content)
44                                 for content in audio_generator)
45     responses = client.streaming_recognize(streaming_config, requests)
46
47     listen_print_loop(responses)
```

12~16 : serve 함수를 정의합니다. 매개 변수는 음성이 변환된 문자열을 받습니다.

13   : text에 '불 켜' 문자열이 있으면

14   : '불을 켭니다'라고 말합니다.

15   : text에 '불 꺼' 문자열이 있으면

16   : '불을 끕니다'라고 말합니다.

30   : serve 함수를 호출합니다.

04 다음과 같이 예제를 실행합니다.

```
$ sudo python3 _23_gspeech_4_2.py
```

마이크를 통해 다음과 같이 말해 봅니다.

```
불 켜!
불 꺼!

그만...
```

음성인식 LED 제어 프로그램이 대답하는 것을 확인합니다.

05 다음과 같이 회로를 구성합니다.

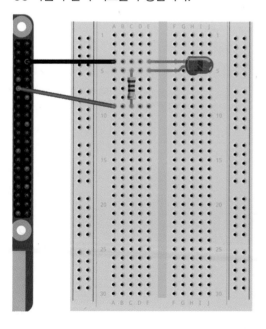

다음 핀 맵을 참조합니다.

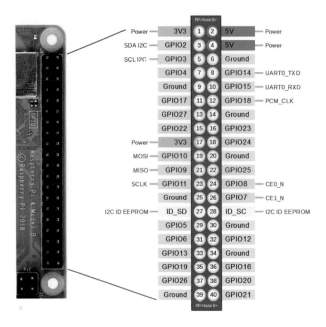

LED의 긴 핀(+)을 220 Ohm 저항을 통해 라즈베리파이 보드의 GPIO 17번 핀에 연결합니다. LED의 짧은 핀(−)은 GND 핀에 연결합니다.

06 다음과 같이 예제를 작성합니다.

_23_gspeech_4_3.py

```
01 import os
02 from google.cloud import speech
03 from micstream import MicrophoneStream
04
05 import RPi.GPIO as GPIO
06
07 os.environ["GOOGLE_APPLICATION_CREDENTIALS"] = \
08 "gc-speech-325321-daa3e93e252b.json" # 독자 여러분이 생성한 파일로!
09
10 # Audio recording parameters
11 RATE =44100
12 CHUNK =int(RATE /10) # 100ms
13
14 led_pin =12
15
16 GPIO.setmode(GPIO.BCM)
17 GPIO.setup(led_pin, GPIO.OUT)
18
19 def serve(text):
20     if u'불켜' in text:
```

```
21                os.system('mpg321 led_on.mp3')
22                GPIO.output(led_pin, True)
23        elif u'불 꺼' in text:
24                os.system('mpg321 led_off.mp3')
25                GPIO.output(led_pin, False)
26
27 def listen_print_loop(responses):
28
29      for response in responses:
30              result = response.results[0]
31              transcript = result.alternatives[0].transcript
32
33              print(transcript)
34
35              if u'종료' in transcript or u'그만' in transcript:
36                      print('종료합니다..')
37                      break
38
39              serve(transcript)
40
41 language_code = 'ko-KR'  # a BCP-47 language tag
42
43 client = speech.SpeechClient()
44 config = speech.RecognitionConfig(
45      encoding =speech.RecognitionConfig.AudioEncoding.LINEAR16,
46      sample_rate_hertz =RATE,
47      language_code =language_code)
48 streaming_config = speech.StreamingRecognitionConfig(config =config)
49
50 with MicrophoneStream(RATE, CHUNK) as stream:
51      audio_generator = stream.generator()
52      requests = (speech.StreamingRecognizeRequest(audio_content =content)
53                              for content in audio_generator)
54      responses = client.streaming_recognize(streaming_config, requests)
55
56      listen_print_loop(responses)
57
58 GPIO.cleanup()
```

05 : RPi.GPIO 모듈을 GPIO라는 이름으로 불러옵니다. RPi.GPIO 모듈은 5,7,9,17줄에 있는 setmode, setup, output, cleanup 함수들을 가지고 있으며 이 함수들을 사용하기 위해 필요합니다.

14 : led_pin 변수를 선언한 후, 17로 초기화합니다. 여기서 17은 BCM GPIO 핀 번호를 나타냅니다.

16 : GPIO.setmode 함수를 호출하여 BCM GPIO 핀 번호를 사용하도록 설정합니다.

17 : GPIO.setup 함수를 호출하여 led_pin을 GPIO 출력으로 설정합니다. 이렇게 하면 led_pin으로 True 또는 False를 써 led_pin에 연결된 LED를 켜거나 끌 수 있습니다.

22 : GPIO.output 함수를 호출하여 led_pin을 True로 설정합니다. 이렇게 하면 led_pin에 연결된 LED가 켜집니다.

25 : GPIO.output 함수를 호출하여 led_pin을 False로 설정합니다. 이렇게 하면 led_pin에 연결된 LED가 꺼집니다.

58 : GPIO.cleanup 함수를 호출하여 GPIO 핀의 상태를 초기화해 줍니다.

07 다음과 같이 예제를 실행합니다.

```
$ sudo python3 _23_gspeech_4_3.py
```

마이크를 통해 다음과 같이 말해 봅니다.

```
불 켜!
불 꺼!

그만...
```

음성인식 LED 제어 프로그램이 대답하고 LED가 켜지고 꺼지고 하는 것을 확인합니다.

도전과제

01 _22_audio_5.py 프로그램을 이용하여 독자 여러분이 직접 다음과 같이 녹음합니다.

```
불을 켭니다.
불을 끕니다.
```

각각의 음성 파일을 led_on.wav, led_off.wav 파일로 저장합니다.

02 이전 예제 _23_gspeech_4_3.py 파일을 복사하여 _23_gspeech_4_4.py 파일로 저장합니다.

03 respond 함수 내부의 재생 부분을 mp3 파일에서 여러분이 녹음한 wav 파일로 변경합니다. 재생 프로그램도 mpg321에서 aplay로 변경합니다.

04 프로그램을 실행한 후, 다음과 같이 말해 봅니다.

```
불 켜!
불 꺼!

그만...
```

음성인식 LED 제어 프로그램이 대답하고 LED가 켜지고 꺼지고 하는 것을 확인합니다.

[해답 소스 파일 경로는 4쪽을 참조합니다.]

04-7 영어로 대화하기

여기서는 영어어로 질문하면 프로그램이 대답하도록 프로그램을 작성해 봅니다. 먼저 영어 대화를 위한 몇 가지 음성 파일을 만든 후, 이 파일들을 이용해 실제 대화에 적용해 봅니다.

01 다음과 같이 예제를 작성합니다.

_23_gspeech_5.py

```python
01 from gtts import gTTS
02 import os
03
04 conversations = {
05      "hello_hi" : "Hi",
06      "what_is_your_name" : "I am Brad",
07      "it_s_nice_to_meet_you" : "It's nice to meet you, too",
08      "how_are_you" : "I'm fine. Thank you",
09      "how_old_are_you" : "I'm 10 years old",
10      "when_is_your_birthday" : "It's March 18th",
11      "where_are_you_from" : "I'm from Korea, Seoul",
12      "what_do_you_do" : "I'm a student",
13      "what_time_is_it" : "It's 5:30 pm",
14      "what_day_is_it" : "It's Wednesday",
15      "how_is_the_weather_today" : "It's sunny",
16      "what_is_this" : "It's a pencil",
17      "who_is_this" : "This is a teacher",
18      "what_are_you_doing" : "I'm studying",
19      "where_is_a_pencil" : "Here",
20      "how_much_is_this" : "It's 1000 won",
21 }
22
23 for key in conversations:
24      respond = gTTS(text =conversations[key], lang ='en')
25      respond.save(key + '.mp3')
26      os.system('mpg321 ' + key + '.mp3')
27
28 pardon = gTTS(text ='Pardon? Repeat Please...', lang ='en')
29 pardon.save('pardon.mp3')
30 os.system('mpg321 ' + 'pardon.mp3')
```

04~21 : conversations 사전을 정의합니다. 사전은 "파일이름":"녹음 문자열"로 구성됩니다. 예를 들어, 5줄에서 키 값 "hello_hi"는 hello_hi.mp3 파일의 이름 부분이 되고, "Hi" 문자열은 hello_hi.mp3 파일에서 출력될 음성입니다. 여기서 생성되는 mp3 파일들은 다음 예제에서 사용합니다.

23 : for 문을 이용하여 conversations 사전의 각각의 key에 대해서

24 : 해당 문자열을 영어 음성 데이터로 변환하여 respond 변수가 가리키도록 합니다.

25 : respond 음성을 key 값 문자열에 mp3를 붙여 저장합니다.

26 : 저장한 mp3 파일을 스피커로 출력합니다.

28~30 : "Pardon? Repeat Please..." 음성을 저장할 pardon.mp3 파일을 만들고 재생합니다.

02 프로그램을 실행합니다. 다음 음성이 들리는지 확인합니다.

```
Hi!
I am Brad.
It's nice to meet you, too.
I'm fine. Thank you!
I'm 10 years old.
It's March 18th.
I'm from Korea, Seoul.
I'm a student.
It's 5:30 pm.
It's Wednesday.
It's sunny.
It's a pencil.
This is a teacher.
I'm studying.
Here.
It's 1000 won.
Pardon? Repeat Please...
```

그리고 pyLabs 디렉터리에 다음 파일들이 생성된 것을 확인합니다.

- hello_hi.mp3
- what_is_your_name.mp3
- it_s_nice_to_meet_you.mp3
- how_are_you.mp3
- how_old_are_you.mp3
- when_is_your_birthday.mp3
- where_are_you_from.mp3
- what_do_you_do.mp3
- what_time_is_it.mp3
- what_day_is_it.mp3
- how_is_the_weather_today.mp3
- what_is_this.mp3
- who_is_this.mp3
- what_are_you_doing.mp3
- where_is_a_pencil.mp3
- how_much_is_this.mp3
- pardon.mp3

03 다음과 같이 예제를 작성합니다.

_23_gspeech_5_2.py

```
01 import os
02 from google.cloud import speech
03 from gtts import gTTS
04 from micstream import MicrophoneStream
05
06 os.environ["GOOGLE_APPLICATION_CREDENTIALS"] = \
07 "gc-speech-325321-daa3e93e252b.json" # 독자 여러분이 생성한 파일로!
08
09 # Audio recording parameters
10 RATE =44100
11 CHUNK =int(RATE /10) # 100ms
12
13 conversations = {
14     "hello hi":"hello_hi",
15     "what is your name":"what_is_your_name",
16     "it's nice to meet you":"it_s_nice_to_meet_you",
17     "how are you":"how_are_you",
18     "how old are you":"how_old_are_you",
19     "when is your birthday":"when_is_your_birthday",
20     "where are you from":"where_are_you_from",
21     "what do you do":"what_do_you_do",
22     "what time is it":"what_time_is_it",
23     "what day is it":"what_day_is_it",
24     "how is the weather today":"how_is_the_weather_today",
25     "what is this":"what_is_this",
26     "who is this":"who_is_this",
27     "what are you doing":"what_are_you_doing",
28     "where is a pencil":"where_is_a_pencil",
29     "how much is this":"how_much_is_this",
30 }
31
32 def respond(text):
33     for key in conversations:
34             if key in text:
35                     os.system('mpg321 ' + conversations[key]+ '.mp3')
36                     return
37
38     os.system('mpg321 ' + 'pardon.mp3')
39
40 def listen_print_loop(responses):
41
42     for response in responses:
43             result = response.results[0]
44             transcript = result.alternatives[0].transcript
```

```
45
46                print(transcript)
47
48                if 'exit' in transcript or 'quit' in transcript:
49                        print('Exiting..')
50                        break
51
52                respond(transcript)
53
54 language_code = 'en-US'  # a BCP-47 language tag
55
56 client = speech.SpeechClient()
57 config = speech.RecognitionConfig(
58      encoding =speech.RecognitionConfig.AudioEncoding.LINEAR16,
59      sample_rate_hertz =RATE,
60      language_code =language_code)
61 streaming_config = speech.StreamingRecognitionConfig(config =config)
62
63 with MicrophoneStream(RATE, CHUNK) as stream:
64      audio_generator = stream.generator()
65      requests = (speech.StreamingRecognizeRequest(audio_content =content)
66                        for content in audio_generator)
67      responses = client.streaming_recognize(streaming_config, requests)
68
69      listen_print_loop(responses)
```

13~30 : 대화를 위한 사전을 생성한 후, conversations 변수가 가리키게 합니다. 예를 들어, "hello hi"에는 "hello_hi"를 대응시킵니다. "hello_hi"는 35줄에서 '.mp3' 문자열과 합쳐져 hello_hi.mp3 파일 이름이 되어 스피커 출력에 사용됩니다. hello_hi.mp3 파일은 이전 예제에서 생성한 파일입니다.

32~38 : respond 함수를 수정합니다.

33 : conversations 사전의 키 값을 key 변수로 받아

34 : key 문자열이 text에 포함되어 있으면

35 : key 문자열에 대응되는 mp3 파일을 찾아 스피커로 출력합니다.

36 : 함수를 빠져 나갑니다.

38 : 대응되는 대답을 찾지 못할 때는 'Pardon? Repeat Please...'라고 말합니다.

54 : 언어를 영어로 설정합니다.

02 다음과 같이 예제를 실행합니다.

```
$ sudo python3 _23_gspeech_5_2.py
```

마이크를 통해 영어로 다음과 같이 말해 봅니다.

```
Hello, hi!
What is your name?
It's nice to meet you?
How are you?
How old are you?
When is your birthday?
Where are you from?
What do you do?
What time is it?
What day is it?
How is the weather today?
What is this?
Who is this?
What are you doing?
Where is a pencil?
How much is this?

quit
```

각각에 대해서 다음과 같이 응답하는 것을 확인합니다.

```
Hi!
I am Brad.
It's nice to meet you, too.
I'm fine. Thank you!
I'm 10 years old.
It's March 18th.
I'm from Korea, Seoul.
I'm a student.
It's 5:30 pm.
It's Wednesday.
It's sunny.
It's a pencil.
This is a teacher.
I'm studying.
Here.
It's 1000 won.
Pardon? Repeat Please...
```

프로그램을 멈추기 위해서는 Ctrl + C 키를 눌러줍니다.

Raspberry Pi

여기서는 모니터, 키보드, 마우스가 없을 경우 라즈베리파이에 접속하는 방법을 소개합니다. 이 방법을 소개하는 이유는 첫 번째, 우리나라에서 주로 사용하는 운영체제는 윈도우입니다. 그래서 우리는 라즈베리파이와 같은 리눅스 환경은 익숙하지 않습니다. 실제 리눅스 환경에서 개발하는 개발자들의 경우도 윈도우에서 리눅스에 원격 접속하여 개발하는 경우가 많습니다. 두 번째, 일반적으로 라즈베리파이 환경에서 실습을 진행하기 위해서는 추가적으로 모니터, 키보드, 마우스를 준비하게 됩니다. 그래서 평소에 익숙하게 사용하던 윈도우 옆에 라즈베리파이 환경을 추가로 꾸미게 됩니다. 그러다 보니 공간적인 제약도 있게 되고, 모니터, 키보드, 마우스 등의 추가적인 외부 장치도 필요하게 됩니다. 세 번째, 라즈베리파이를 사용하다 보면 아두이노처럼 간단하게 연결해서 사용할 수 있으면 편리하겠다는 생각을 하게 됩니다. 그래서 여기서는 모니터, 키보드, 마우스가 없을 경우 라즈베리파이에 접속하는 방법을 소개합니다. 2 가지 방법을 소개할 예정이며, 각각 라즈베리파이의 무선랜(WiFi)을 이용하는 방법과 유선랜(ethernet)을 이용하는 방법입니다. 라즈베리파이의 무선랜(WiFi)을 이용하는 경우는 무선망을 통해 인터넷에 연결되어 있는 노트북 환경에 적합하며, 라즈베리파이의 유선랜(ethernet)을 사용하는 경우는 학교의 실습실에서 유선망에 연결되어 있는 데스크 탑 PC 환경에 적합합니다.

APPENDIX

모니터, 키보드, 마우스 없이 라즈베리파이 접속하기

01 _ 무선랜 접속 환경 구성하기

여기서는 라즈베리파이의 무선랜을 Windows 10의 모바일 핫스팟에 연결하는 방법을 소개합니다. 이 기능에 대한 설정은 무선랜 기능이 있는 노트북 컴퓨터를 기준으로 설명합니다.

다음은 노트북이 무선공유기를 통해 인터넷에 연결된 형태입니다.

> 노트북 – 무선랜 ◀━━━━▶ 무선공유기 – 인터넷

일반적으로 우리는 집, 학교, 직장 등에서 노트북을 무선공유기에 연결한 형태로 작업을 하게 됩니다. 위 그림은 그와 같은 상황을 가정합니다.

다음은 라즈베리파이의 무선랜을 통해 노트북의 핫스팟에 연결한 그림입니다.

> 라즈베리파이 – 무선랜 ◀━━━▶ 모바일 핫스팟 – 노트북 – 무선랜 ◀━━━▶ 무선공유기 – 인터넷

Windows 10이 설치된 노트북의 경우 모바일 핫스팟 기능을 활성화할 수 있습니다. 이 경우 라즈베리파이의 무선랜(WiFi)를 노트북의 모바일 핫스팟에 연결할 수 있습니다.

다음과 같은 순서로 라즈베리파이의 무선랜 접속 환경을 구성해 봅니다.

❶ wpa_supplicant.conf 파일, ssh 파일 복사하기
❷ Windows 10 모바일 핫스팟 설정하기
❸ wpa_supplicant.conf 파일 편집하기
❹ 라즈베리파이 부팅하기

01-1 wpa_supplicant.conf 파일, ssh 파일 복사하기

여기서는 라즈베리파이 이미지에 와이파이 설정 파일인 wpa_supplicant.conf 파일, 원격 접속 활성화 파일인 ssh 파일을 복사합니다. wpa_supplicant.conf, ssh 파일은 이 책의 소스와 함께 제공됩니다.

01 라즈베리파이 이미지를 micro SD 카드에 설치합니다. 라즈베리파이 이미지 설치는 앞에서 소개된 다음 두 단원을 참조합니다.

[Chapter 01]–[03 라즈베리파이 개발 환경 구성 하기]–[01 micro SD 카드 준비하기]
[Chapter 01]–[03 라즈베리파이 개발 환경 구성 하기]–[02 라즈베리파이 이미지 설치하기]

02 라즈베리파이 이미지가 설치된 micro SD 카드를 컴퓨터에서 장착 해제한 후, 다시 장착합니다.

03 micro SD 카드 디스크를 선택합니다.

> 🖴 boot (F:)

04 다음과 같이 설치 내용을 확인합니다.

05 소스와 함께 제공된 wpa_supplicant.conf, ssh 파일을 SD 카드에 복사합니다.

wpa_supplicant.conf 파일은 와이파이 설정 파일입니다. 접속할 공유기와 비밀번호를 적어주면 자동으로 공유기에 접속합니다. 뒤에서 편집하도록 합니다.

ssh 파일은 원격 접속 활성화 파일로 라즈베리파이 부팅 시 자동으로 라즈베리파이에 있는 SSH 서버를 활성화합니다. SSH 서버는 원격 접속 서버입니다. 참고로 ssh 파일은 빈 파일입니다.

01-2 Windows 10 모바일 핫스팟 설정하기

여기서는 윈도우 10에서 WiFi를 통해 제공하는 모바일 핫스팟 기능을 활성화하는 방법을 살펴봅니다. 스마트 폰에서 제공하는 Hotspot 기능을 윈도우 PC에서도 제공합니다. Hotspot을 이용하면 키보드나 모니터 없이 라즈베리파이에 접속할 수 있어 편리합니다.

Windows 10 환경에서는 모바일 Hotspot 기능이 기본적으로 포함되어 있어 설정하기가 쉽습니다. 인터넷에 WiFi로 연결된 노트북으로 모바일 Hotspot을 구성하면 다른 무선 디바이스에서 Hotspot에 접속하여 인터넷을 사용할 수 있습니다.

01 다음과 같이 노트북의 데스크 탑 화면 오른쪽 아래에서 무선랜 아이콘을 마우스 왼쪽 버튼으로 눌러주면 모바일 핫스팟이 비활성화 된 것을 볼 수 있습니다.

02 모바일 핫스팟 블록을 마우스 왼쪽 버튼으로 눌러주면 다음과 같이 활성화됩니다.

03 한 번 더 마우스 왼쪽 버튼으로 눌러봅니다. 그러면 다음과 같이 비활성화 됩니다.

04 마우스 왼쪽 버튼으로 모바일 핫스팟을 다시 활성화한 후, 마우스 오른쪽 버튼을 눌러줍니다. 그러면 그림과 같이 [설정으로 이동] 메뉴가 뜹니다. [설정으로 이동] 메뉴를 마우스 왼쪽 버튼으로 선택합니다.

05 그러면 다음과 같이 [모바일 핫스팟] 설정창이 뜹니다.

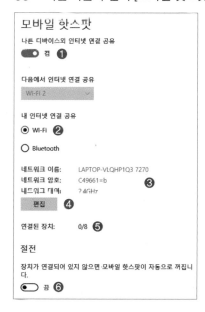

❶ [다른 디바이스와 인터넷 연결 공유]가 켜진 상태를 확인합니다.

❷ [내 인터넷 연결 공유]가 Wi-Fi로 선택된 것을 확인합니다.

❸ [네트워크 이름], [네트워크 안호]를 확인합니다. [네트워크 대역] 은 없는 경우도 있습니다. 있다면 2.4GHz로 설정되어 있어야 합 니다. 라즈베리파이는 2.4GHz 대역을 사용합니다.

❹ [편집] 버튼을 눌러 [네트워크 이름], [네트워크 암호]를 변경할 수 있습니다. 또, [네트워크 대역] 변경도 가능합니다.

❺ [연결된 장치]는 0개인 상태입니다. 8개까지 연결할 수 있습니다.

❻ [절전] 기능은 끄도록 합니다.

06 전 단계에서 ❹ [편집] 버튼을 눌러봅니다. [네트워크 정보 편집] 창이 뜹니다.

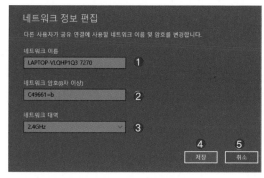

❶ [네트워크 이름], ❷ [네트워크 암호]를 변경할 수 있습니다. 또, ❸ [네트워크 대역] 변경도 가능합니다. ❹[저장] 버튼을 눌러 변경한 내용을 저장합니다. ❺ 여기서는 [취소] 버튼을 눌러 기본 상태를 유지합니다.

※ 이 책에서는 Windows 10이 제공한 상태로 모바일 핫스팟을 설정하고 있습니다. 독자 여러분의 편의에 따라 [네트워크 이름],[네트워크 안호]를 변경해도 좋습니다.

01-3 wpa_supplicant.conf 파일 편집하기

wpa_supplicant.conf 파일에 Windows의 모바일 핫스팟의 [네트워크 이름], [네트워크 암호]를 설정합 니다. wpa_supplicant.conf 파일은 라즈베리파이가 부팅 시 WiFi 접속에 사용하는 파일입니다.

01 다음과 같이 [검색] 창에 [메모장]을 입력한 후, [메모장] 앱을 실행시킵니다.

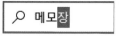

02 다음과 같이 [메모장]이 실행됩니다.

```
제목 없음 - Windows 메모장
파일(F)  편집(E)  서식(O)  보기(V)  도움말(H)

|
```

03 라즈베리파이 이미지가 설치된 micro SD 카드를 선택합니다.

💾 boot (F:)

04 micro SD 카드에 복사해 넣었던 wpa_supplicant.conf 파일을 마우스 왼쪽 버튼으로 집어 메모장위로 이동시켜 놓습니다.

05 그러면 다음과 같이 wpa_supplicant.conf 파일이 열립니다.

```
wpa_supplicant.conf - Windows 메모장
파일(F)  편집(E)  서식(O)  보기(V)  도움말(H)
ctrl_interface=DIR=/var/run/wpa_supplicant
GROUP=netdev
update_config=1
country=GB

network={
        ssid="APNAME"
        psk="PASSWORD"
        key_mgmt=WPA-PSK
}
```

06 모바일 핫스팟에서 확인한 [네트워크 이름], [네트워크 암호]를 차례대로 복사하여 wpa_supplicant.conf 파일의 ❶, ❷에 복사해 넣습니다.

```
wpa_supplicant.conf - Windows 메모장
파일(F)  편집(O)  서식(O)  보기(V)  도움말(H)
ctrl_interface=DIR=/var/run/wpa_supplicant
GROUP=netdev
update_config=1
country=GB

network={
        ssid="LAPTOP-VLQHP1Q3 7270" ❶
        psk="C49661=b" ❷
        key_mgmt=WPA-PSK
}
```

네트워크 이름

LAPTOP-VLQHP1Q3 7270   ✕

네트워크 암호(8자 이상)

C49661=b   ✕

※ 직접 입력을 해도 좋지만 [네트워크 이름], [네트워크 암호]가 틀리지 않도록 주의합니다.

07 Ctrl + S 키를 눌러 저장합니다.

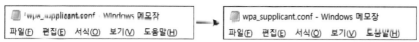

※ 파일 이름의 앞쪽에 *가 붙어 있으면 저장이 안된 상태입니다. 꼭 저장해 주도록 합니다.

※ 파일 저장시 .txt 확장자가 붙지 않도록 주의합니다. .txt 확장자가 붙을 경우 라즈베리파이에서 해당 파일을 인식하지 못합니다.

01-4 라즈베리파이 부팅하기

이제 micro SD 카드를 라즈베리파이 보드에 장착하여 부팅을 수행해 봅니다.

01 micro SD 카드를 리더기에서 뺀 후, ❶ 라즈베리파이 보드에 끼워 넣은 후, ❷ USB 전원을 다시 연결해 줍니다.

※ 부팅이 완료되는데 약 1~2분 정도의 시간이 필요합니다.

02 다음과 같이 모바일 핫스팟 블록에 접속 표시가 나타납니다. 모바일 핫스팟 블록 상에서 마우스 오른쪽 버튼을 눌러 [설정으로 이동] 메뉴를 띄운 후, [설정으로 이동] 메뉴를 마우스 왼쪽 버튼으로 선택합니다.

03 다음과 같이 모바일 핫스팟에 라즈베리파이가 접속된 것을 확인합니다.

연결된 장치:	1/8	
디바이스 이름	IP 주소	물리적 주소(MAC)
raspberrypi	192.168.137.162	dc:a6:32:3b:d3:70

※ 원격 접속이 잘 안 되는 경우엔 앞에서 소개한 다음 단원을 참조합니다.
[Chapter 01]-[04 라즈베리파이 개발 환경 구성 하기]-[03 라즈베리파이 부팅하기]
[Chapter 01]-[04 라즈베리파이 개발 환경 구성 하기]-[04 라즈베리파이 wifi 설정하기]

02 _ 유선랜 접속 환경 구성하기

※ [부록]—[01 무선랜 접속 환경 구성하기] 단원을 통해 라즈베리파이를 핫스팟에 연결했다면 이 단원은 건너뛰고, [부록]—[03 원격 접속 환경 구성하기] 단원을 진행합니다.

여기서는 라즈베리파이의 유선랜(ethernet)을 Windows 10이 설치된 데스크 탑에 장착된 USB 유선랜과 연결한 후, 윈도우의 [인터넷 연결 공유] 기능을 통해 라즈베리파이를 인터넷에 연결하는 방법을 소개합니다. 데스크 탑 PC는 또 다른 유선랜을 통해 인터넷에 연결된 상태를 가정합니다. 데스크 탑 PC에는 다음과 같은 USB 유선랜을 추가 장착합니다. 크로스케이블 또는 다이렉트 이더넷 선도 준비합니다.

다음은 데스크 탑이 허브나 유선공유기 등을 통해 인터넷에 연결된 형태입니다.

```
데스크탑 – 유선랜  ◀━━▶  유선공유기 – 인터넷
```

일반적으로 학교나 회사 등에서 데스크 탑 PC는 허브나 유선공유기 등을 통해 인터넷에 연결됩니다. 위 그림은 그와 같은 상황을 가정합니다.

다음은 라즈베리파이의 유선랜을 데스크 탑의 유선랜과 연결한 그림입니다.

```
라즈베리파이 – 유선랜  ◀━━▶  USB유선랜 – 데스크탑 – 유선랜  ◀━━▶  유선공유기 – 인터넷
```

Windows 10이 설치된 컴퓨터의 경우 [인터넷 연결 공유] 기능이 있습니다. 즉, 인터넷에 연결된 유선랜 카드에 [인터넷 연결 공유] 기능을 설정하여 라즈베리파이를 인터넷에 연결하는 방법입니다.

다음과 같은 순서로 라즈베리파이의 유선랜 접속 환경을 구성해 봅니다.

❶ ssh 파일 복사하기
❷ Windows 10 인터넷 연결 공유 설정하기
❸ 라즈베리파이 부팅하기

02-1 ssh 파일 복사하기

여기서는 라즈베리파이 이미지에 원격 접속 활성화 파일인 ssh 파일을 복사합니다. ssh 파일은 이
책의 소스와 함께 제공됩니다.

01 라즈베리파이 이미지를 micro SD 카드에 설치합니다. 라즈베리파이 이미지 설치는 앞에서 소개된 다음
두 단원을 참조합니다.

[Chapter 01]-[03 라즈베리파이 개발 환경 구성 하기]-[01 micro SD 카드 준비하기]

[Chapter 01]-[03 라즈베리파이 개발 환경 구성 하기]-[02 라즈베리파이 이미지 설치하기]

02 라즈베리파이 이미지가 설치된 micro SD 카드를 컴퓨터에서 장착 해제한 후, 다시 장착합니다.

03 micro SD 카드 디스크를 선택합니다.

> 📁 boot (F:)

04 다음과 같이 설치 내용을 확인합니다.

overlays	bcm2708-r pi-b.dtb	bcm2708-r pi-b-plus.d tb	bcm2708-r pi-cm.dtb	bcm2708-r pi-zero.dtb	bcm2708-r pi-zero-w. dtb	bcm2709-r pi-2-b.dtb	bcm2710-r pi-2-b.dtb
bcm2710-r pi-3-b.dtb	bcm2710-r pi-3-b-plus .dtb	bcm2710-r pi-cm3.dtb	bcm2711-r pi-4-b.dtb	bootcode.b in	cmdline.txt	config.txt	COPYING.li nux
fixup.dat	fixup_cd.da t	fixup_db.d at	fixup_x.dat	fixup4.dat	fixup4cd.d at	fixup4db.d at	fixup4x.dat
issue.txt	kernel.img	kernel7.im g	kernel7l.im g	kernel8.im g	LICENCE.br oadcom	start.elf	start_cd.elf
start_db.elf	start_x.elf	start4.elf	start4cd.elf	start4db.elf	start4x.elf		

05 소스와 함께 제공된 ssh 파일을 SD 카드에 복사합니다.

ssh 파일은 원격 접속 활성화 파일로 라즈베리파이 부팅 시 자동으로 라즈베리파이에 있는 SSH 서버를 활성화합니다. SSH 서버는 원격 접속 서버입니다. 참고로 ssh 파일은 빈 파일입니다.

02-2 Windows 10 인터넷 연결 공유 설정하기

여기서는 윈도우 10에서 인터넷에 연결된 유선 랜카드를 통해 제공하는 인터넷 연결 공유 기능을 활성화하는 방법을 살펴봅니다. 인터넷 연결 공유 기능을 이용하면 키보드나 모니터 없이 라즈베리파이에 접속할 수 있어 편리합니다. 윈도우에서 제공하는 [인터넷 연결 공유] 기능은 PC에 ❶ 2개의 랜카드 또는 ❷ 하나의 랜카드와 하나의 와이파이로 구성된 경우 가능합니다. ❶ 유선이든 ❷ 무선이든 하나는 인터넷에 연결되어 있고, 나머지 하나는 라즈베리파이에 연결해서 인터넷을 공유해 사용하는 방법입니다. 여기서는 인터넷에 유선으로 연결된 PC를 설정해 봅니다.

01 데스크 탑 PC에 USB 유선랜을 장착합니다.

02 다음과 같이 데스크 탑 하단에 있는 [윈도우 탐색기]를 실행시킵니다.

03 윈도우 탐색기에서 [네트워크]를 마우스 오른쪽 버튼으로 눌러 [속성] 메뉴를 선택합니다.

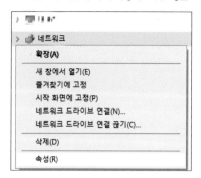

04 [네트워크 및 공유 센터] 창에서 [어댑터 설정 변경] 메뉴를 선택합니다.

05 다음은 [네트워크 연결] 창입니다.

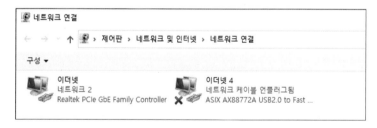

인터넷에 연결된 랜카드와 나머지 연결되지 않은 랜카드를 볼 수 있습니다. 필자의 경우 [인터넷] 유선랜과 [이더넷 4] 유선랜이 장착되어 있습니다. 독자 여러분은 유선랜의 이름이 달리 표시될 수 있습니다. 장착된 유선랜 제품에 따라 아래에 표시되는 제품의 이름은 다를 수 있습니다.

06 인터넷이 연결되어 있는 랜카드를 마우스 오른쪽 버튼을 눌러 [속성] 메뉴를 선택합니다.

07 다음은 인터넷에 연결된 [랜카드 속성] 창입니다.

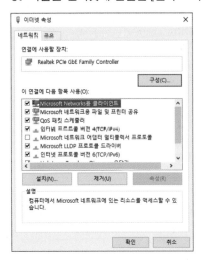

08 ❶ [공유] 탭을 선택한 다음 **❷** [인터넷 연결 공유]–[다른 네트워크 사용자가 이 컴퓨터의 인터넷 연결을 통해 연결할 수 있도록 허용(N)] 항목을 체크한 후, **❸** [확인] 버튼을 누릅니다.

※ 만일 여러 랜카드가 설치되어 있는 경우 [인터넷 연결 공유] 아래 [홈 네트워킹 연결]이 보이게 되는데 여기서 라즈베리파이에 연결할 랜카드 이름을 선택하면 됩니다.

09 다음과 같이 인터넷에 연결된 랜카드가 공유됨으로 표시됩니다.

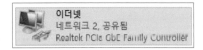

02-3 라즈베리파이 부팅하기

이제 micro SD 카드를 라즈베리파이 보드에 장착하여 부팅을 수행해 봅니다.

01 micro SD 카드를 리더기에서 뺀 후, ❶ 라즈베리파이 보드에 끼워 넣은 후, ❷ 랜선을 연결하고 ❸ USB 전원을 다시 연결해 줍니다.

02 랜선을 PC에 장착된 USB 유선랜 포트에 연결해 줍니다.

03 다음과 같이 랜선이 연결된 랜카드가 연결된 것으로 표시됩니다.

04 다음과 같이 [검색] 창에서 [cmd]를 입력해 [명령 프롬프트] 앱을 찾아 관리자 권한으로 실행합니다. [명령 프롬프트] 앱에서 마우스 오른쪽 버튼을 누르면 팝업 메뉴가 뜹니다.

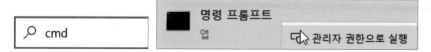

05 다음과 같이 [명령 프롬프트] 프로그램이 실행됩니다. 다음과 같이 [ipconfig] 명령을 줍니다.

```
관리자: 명령 프롬프트
Microsoft Windows [Version 10.0.18363.900]
(c) 2019 Microsoft Corporation. All rights reserved.

C:\windows\system32>ipconfig
```

ipconfig 명령은 유선랜 또는 무선랜 등의 네트워크 카드 설정 명령입니다.

06 다음과 같이 ❶ 랜선에 연결된 랜카드를 찾아 ❷ IPv4 주소를 확인합니다.

```
이더넷 어댑터 이더넷 4: ❶

    연결별 DNS 접미사. . . . . :
    링크-로컬 IPv6 주소. . . . . : fe80::6c25:2f0:9ff1:efbd%16
    IPv4 주소 . . . . . . . . . : 192.168.137.1 ❷
    서브넷 마스크 . . . . . . . : 255.255.255.0
    기본 게이트웨이. . . . . . :
```

이더넷 4
식별되지 않은 네트워크
ASIX AX88772A USB2.0 to Fast ...

❶ [이더넷 어댑터 이더넷 4]에서 앞에 오는 [이더넷 어댑터]는 유선랜카드를 의미하며, 뒤에 오는 [이더넷 4]
는 유선랜 카드의 이름을 의미합니다.

❷ [인터넷 연결 공유] 기능을 사용하는 USB 랜카드에 할당되는 주소는 192.168.137.1로 할당됩니다. 또 USB
랜카드에 연결되는 라즈베리파이는 자동으로 IP 주소를 할당받습니다.

07 다음과 같이 명령을 실행하여 라즈베리파이의 IP 주소를 확인합니다.

```
C:\windows\system32>arp -a ❶
                    ❷
인터페이스: 192.168.137.1 --- 0x10
    인터넷 주소          물리적 주소          유형
    192.168.137.162 ❹   ❸ dc-a6-32-3b-d4-2c  정적
```

❶ arp -a는 IP 주소와 랜카드의 하드웨어 주소인 맥 주소의 조합을 보여주는 명령입니다. ❷ 192.168.137.1
에 연결된 ❸ dc로 시작하는 ❹ IP 주소를 찾습니다. ❸은 라즈베리파이에 장착된 유선랜카드의 하드웨어 주
소인 MAC address를 나타냅니다. MAC address는 6자리로 구성되며 앞부분에 표시된 [dc-a6-32]는 라
즈베리파이 4 보드에 할당된 주소입니다. 뒤에 표시된 주소가 보드마다 할당됩니다. 라즈베리파이 3 보드에
할당된 주소는 [b8-27-eb]입니다. 다음은 라즈베리파이 3 보드에 할당된 주소를 보여주는 예입니다.

```
    192.168.137.166      b8-27-eb-8f-db-60      정적
```

❹ 라즈베리파이에 할당된 IP 주소입니다. 이 주소를 이용하여 라즈베리파이에 원격 접속할 수 있습니다.

03 _ 원격 접속 환경 구성하기

여기서는 윈도우에서 라즈베리파이에 접속하여 원격으로 실행할 수 있는 환경을 구성합니다. 다음
과 같은 순서로 원격 실행 환경을 구성합니다.

❶ 라즈베리파이 SSH 원격 접속하기
❷ VNC 서버 활성화하기
❸ VNC Viewer 프로그램 설치하기
❹ 라즈베리파이 VNC 원격 접속하기
❺ 라즈베리파이 초기 설정하기
❻ VNC 카메라 출력기능 설정하기
❼ VNC 기능 확인하기

03-1 라즈베리파이 SSH 원격 접속하기

이제 ssh 클라이언트 프로그램을 이용하여 라즈베리파이에 원격 접속합니다. ssh 클라이언트 프로
그램은 putty, Tera Term 등이 있으며, 여기서는 putty 프로그램을 사용합니다.

01 다음 단원을 참고하여 putty 프로그램을 설치합니다. putty는 SSH 원격 접속 프로그램입니다.
[Chapter 01]-[06 윈도우 개발 환경 구성 하기]-[01 원격 접속 환경 구성하기]-[putty 프로그램 설치하기]

02 다음 [검색] 창에서 [putty]를 입력해 [PuTTY] 앱을 찾아 실행합니다.

[검색] 창은 윈도우 데스크 탑 화면 하단 왼쪽에 있습니다.

03 다음과 같이 [PuTTY 설정] 창이 뜹니다. 다음 순서로 라즈베리파이에 접속합니다.

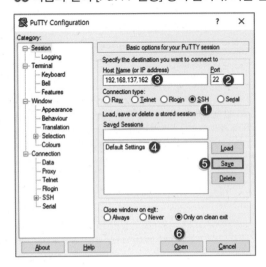

❶ [Connection type]은 [SSH]를 선택하고, ❷ 포트 번호를 확인한 후, ❸ [Host Name (or IP address)]에 앞에서 확인한 IP 주소를 입력합니다. 필자의 경우는 [192.168.137.162]입니다. ❹ [Saved Sessions]에서 [Default Settings]를 마우스로 선택한 후, ❺ [Save] 버튼을 눌러 저장합니다. 이렇게 하면 이후엔 현재 설정이 기본 설정이 됩니다. ❻ [Open] 버튼을 눌러 접속합니다.

04 처음엔 다음과 같은 [PuTTY 보안 경고] 창이 뜹니다. [예(Y)] 버튼을 누릅니다.

※ 이 창은 서버의 호스트 키를 PuTTY의 저장소에 저장할지를 묻는 창입니다.

05 그러면 다음과 같은 창이 뜹니다. [login as :]에 pi, 암호에 raspberry를 입력한 후, [엔터]키를 입력합니다.

putty 창을 통해 라즈베리파이에 명령을 줄 수 있습니다.

03-2 VNC 서버 활성화하기

여기서는 원격 모니터 기능을 하는 VNC 서버를 활성화해 봅니다. VNC 서버를 활성화시키면 다음과 같이 원격에서 라즈베리파이 화면을 볼 수 있습니다. 여러분은 뒤에서 이 화면을 보게 됩니다.

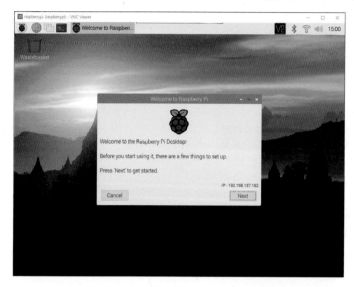

01 다음과 같이 명령을 수행합니다.

```
pi@raspberrypi: $ sudo raspi-config
```

raspi-config는 명령어 기반 라즈베리파이 설정 프로그램입니다. sudo는 사용자의 권한을 관리자 권한으로 상승시켜 주는 명령어입니다.

02 그러면 다음과 같은 창이 열립니다.

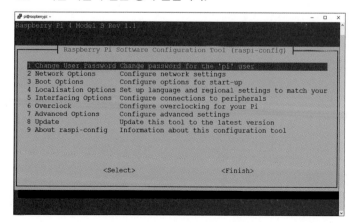

03 방향키를 이용하여 [5 Interfacing Options]로 이동한 후, 엔터키를 눌러 선택합니다.

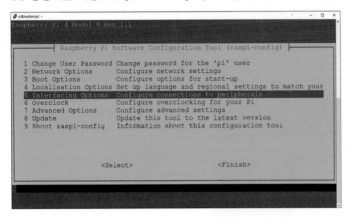

04 그러면 다음과 같은 창이 열립니다.

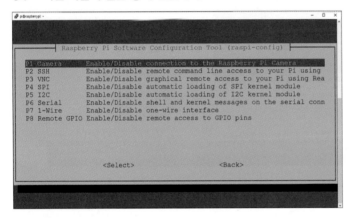

05 방향키를 이용하여 [P3 VNC]로 이동하여 엔터키를 칩니다.

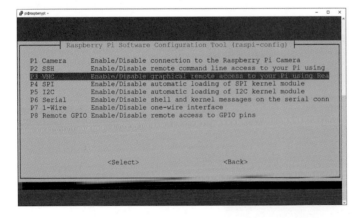

06 그러면 다음과 같은 창이 뜹니다.

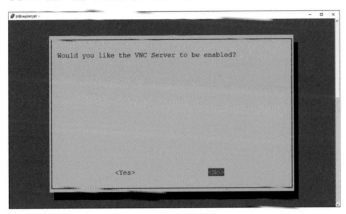

07 방향키나 탭 키를 이용하여 [〈Yes〉]로 이동한 후, 엔터키를 눌러 VNC 서버를 활성화합니다.

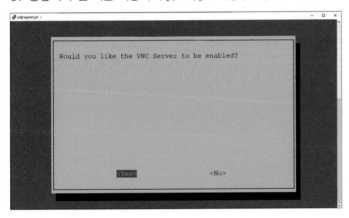

08 다음과 같이 터미널 창에 메시지가 표시되면서, VNC 서버가 활성화됩니다. 엔터키를 눌러 창을 빠져 나옵니다.

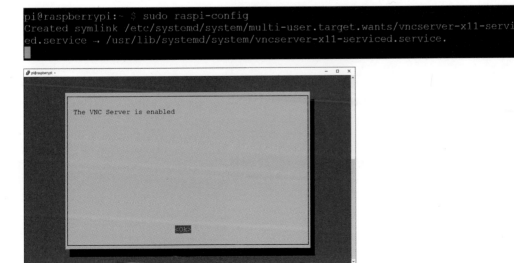

09 다음과 같이 이전 화면으로 나옵니다.

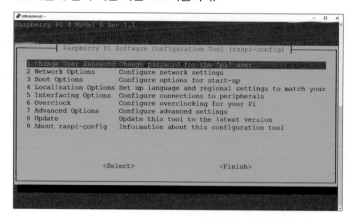

10 방향키를 이용하여 [7 Advanced Options]로 이동한 후, 엔터키를 눌러 선택합니다.

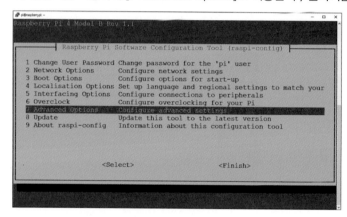

11 그러면 다음과 같은 창이 열립니다.

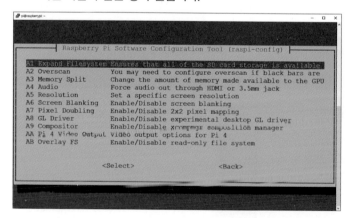

12 방향키를 이용하여 [A5 Resolution]으로 이동하여 엔터키를 칩니다.

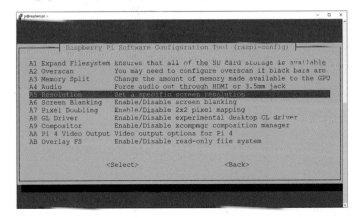

13 그러면 다음과 같은 창이 뜹니다. 스크린 해상도를 설정하는 창입니다.

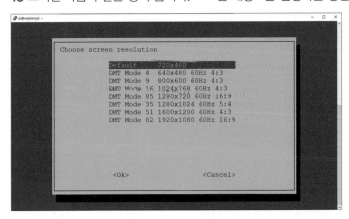

14 독자 여러분에게 맞는 해상도 항목으로 방향키를 이용하여 이동한 후 엔터키를 칩니다. 필자의 경우는 [1280x1024]로 선택했습니다.

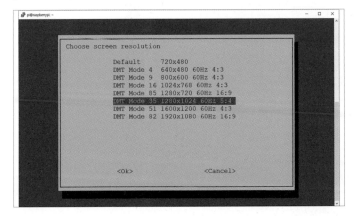

15 다음과 같이 해상도가 설정됩니다. 엔터키를 눌러 창을 빠져 나옵니다.

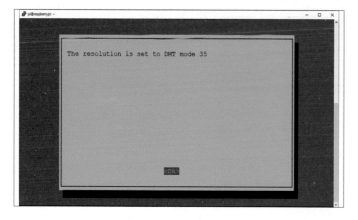

16 다음과 같이 이전 화면으로 나옵니다.

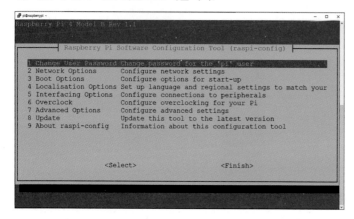

17 방향키나 탭 키를 눌러 [〈Finish〉]로 이동한 후, 엔터키를 눌러 창을 닫습니다.

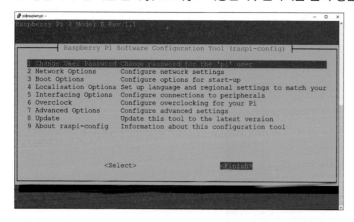

18 그러면 다음과 같이 재부팅 창이 나옵니다. [〈Yes〉]기 선택된 상태에서 엔터키를 눌러 재부팅을 수행합니다.

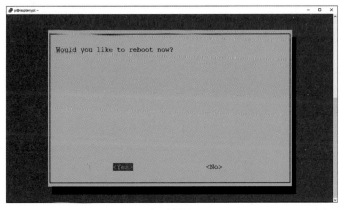

※ VNC 서버 활성화후에 반드시 해상도 설정을 해 수어야 원격에서 라즈베리피이의 화면을 볼 수 있습니다

여기서 잠깐! ▶ IP 주소 확인하기

재부팅 후, 할당된 주소가 바뀔 수 있습니다.

❶ 무선랩 접속 시 IP 주소 확인히기
무선랜 접속의 경우 모바일 핫스팟 설정에서 IP 수소를 확인합니다.

연결된 장치:	1/8	
디바이스 이름	IP 주소	물리적 주소(MAC)
raspberrypi	192.168.137.162	dc:a6:32:3b:d3:70

❷ 유선랜 접속 시 IP 주소 확인하기
유선랜 접속의 경우 [명령 프롬프트]를 관리자 권한으로 실행한 후, arp 캐쉬를 비운 후, IP 주소를 확인합니다.

01 다음과 같이 [검색] 창에서 [cmd]를 입력해 [명령 프롬프트] 앱을 찾아 관리자 권한으로 실행합니다. 마우스 오른쪽 버튼을 누르면 팝업 메뉴가 뜹니다.

02 다음과 같이 명령을 실행하여 새로 할당된 IP 주소를 확인합니다.

```
C:\WINDOWS\system32>arp -d ❶

C:\WINDOWS\system32>arp -a | findstr dc-a6-32 ❷
    192.168.137.162      dc-a6-32-3b-d4-2c      동적
```

❶ arp -d 명령은 arp 캐쉬에 저장된 IP 주소와 MAC 주소 연결 정보를 지웁니다.
❷ arp 명령과 findstr 명령을 이용하여 라즈베리파이에 새로 할당된 IP 주소를 찾습니다. arp 캐쉬에 IP 주소와 MAC 주소 연결 정보가 저장되는데 시간이 걸릴 수 있어 바로 표시되지 않을 수 있습니다. findstr 명령은 문자열을 찾는 명령어입니다.

라즈베리파이 3의 경우엔 다음과 같이 명령을 수행합니다.

```
arp -a | findstr b8-27-eb
```

[b8-27-eb]는 라즈베리파이 3 보드에 할당된 주소입니다.

03-3 VNC Viewer 프로그램 설치하기

이제 윈도우에 VNC Viewer 프로그램을 설치합니다. VNC Viewer 프로그램은 VNC 서버 접속 프로그램입니다.

01 다음과 같이 [vnc viewer]를 검색합니다.

02 다음 사이트를 찾아 이동합니다.

03 다음 사이트로 이동합니다.

❶ [Windows]가 선택된 상태에서 ❷ [x86/x64]를 확인한 후, ❸ [Download VNC Viewer] 버튼을 눌러 다운로드를 수행합니다.

04 다음과 같이 다운로드가 완료됩니다. 프로그램을 실행하여 설치를 시작합니다.

05 다음과 같이 [VNC Viewer Installer] 프로그램이 실행됩니다. 기본 상태에서 [OK] 버튼을 누릅니다.

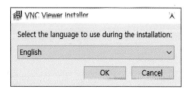

06 다음은 최초 설치 화면입니다. 기본 상태로 [Next] 버튼을 눌러 설치를 진행합니다.

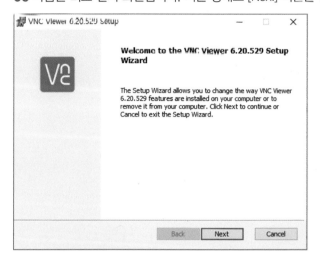

07 다음은 사용자 라이센스 동의 창입니다. ❶ [동의]를 체크한 후, ❷ [Next] 버튼을 눌러 설치를 진행합니다.

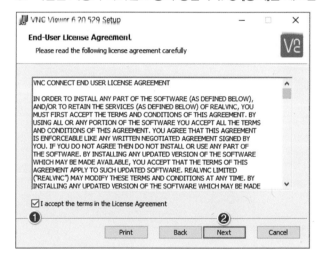

08 다음은 [사용자 설정] 창으로 프로그램 설치 위치를 선택합니다. 기본 상태에서 [Next] 버튼을 눌러줍니다.

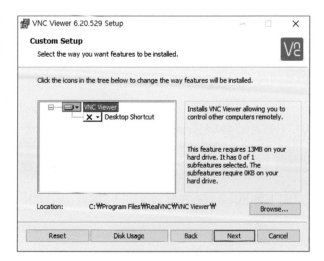

09 다음은 설치 준비 완료 창입니다. [Install] 버튼을 눌러 설치를 시작합니다.

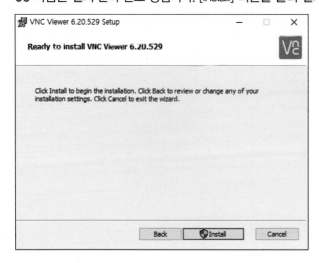

10 다음은 설치 완료 창입니다. [Finish] 버튼을 눌러 설치를 마칩니다.

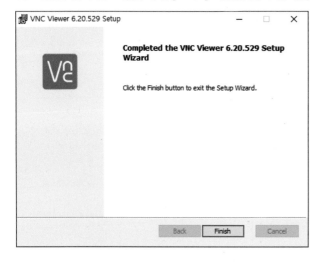

03-4 라즈베리파이 VNC 원격 접속하기

이제 설치한 VNC Viewer 프로그램으로 라즈베리파이에 원격 접속해 봅니다.

01 다음 [검색] 창에서 [vnc viewer]를 입력해 [VNC Viewer] 앱을 찾아 실행합니다.

[검색] 창은 윈도우 데스크 탑 화면 하단 왼쪽에 있습니다.

02 다음과 같이 [VNC Viewer] 창이 뜹니다.

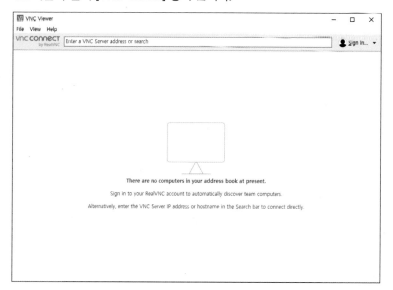

03 [File]-[New connection...] 메뉴를 선택합니다.

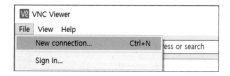

04 접속 설정 창이 뜹니다. 다음과 같이 입력 후, [OK] 버튼을 누릅니다.

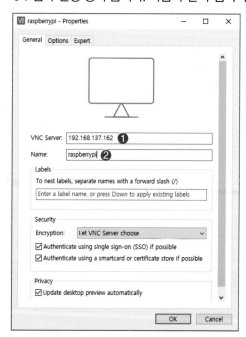

❶ 라즈베리파이의 IP 주소를 입력하고 ❷ 구분할 수 있는 이름을 적당히 입력합니다.

05 다음과 같이 접속 아이콘이 생성됩니다. 라즈베리아이콘을 마우스 더블 클릭합니다.

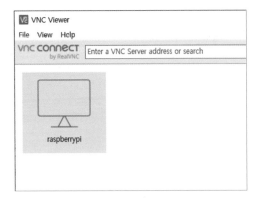

06 다음과 같이 [Identity Check] 창이 뜹니다. 이 창은 VNC 서버에 처음 접속시 뜨는 창입니다. [Continue] 버튼을 누릅니다.

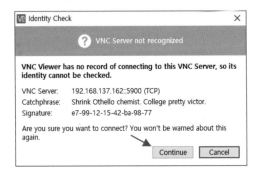

07 다음은 [인증] 창입니다. ❶ [Username]에 pi를 입력하고, ❷ [Password]에 라즈베리파이의 비밀번호 raspberry를 입력하고 ❸ [Remember password]를 체크한 후, ❹ [OK] 버튼을 눌러 접속합니다.

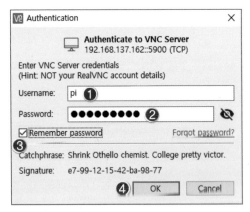

08 다음과 같이 라즈베리파이에 접속됩니다.

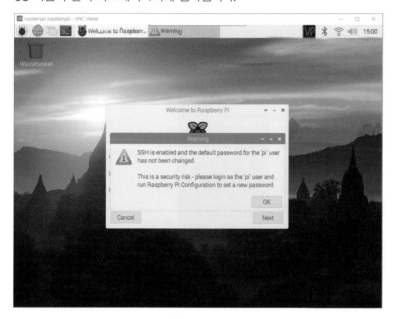

09 다음은 pi 사용자의 비밀번호를 바꾸라는 경고 메시지입니다. 여기서는 [OK] 버튼을 눌러 창을 닫습니다.

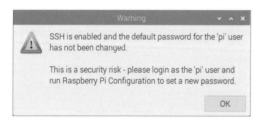

※ 독자 여러분의 필요에 따라 비밀 번호를 변경할 수 있습니다.

03-5 라즈베리파이 초기 설정하기

처음에 라즈베리파이에 접속하면 기본적인 설정이 필요합니다. 여기서는 라즈베리파이 설정을 수행합니다.

01 다음은 라즈베리파이를 본격적으로 사용하기 전에 몇 가지 설정작업을 위한 창입니다. [Next] 버튼을 누릅니다.

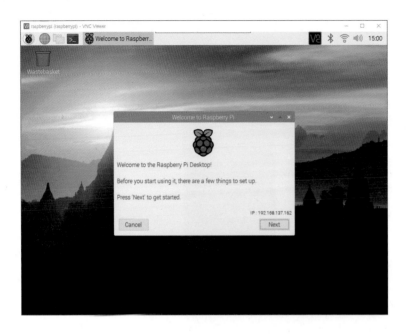

02 다음은 [나라 설정] 창입니다. 기본 상태에서 [Use English language]항목과 [Use US keyboard] 항목을 체크합니다. 나라는 기본 상태로 둡니다. 한국으로 설정할 경우 wifi를 잡지 못하는 버그가 있습니다. [Next] 버튼을 누릅니다.

03 다음은 [pi 사용자 비밀 번호 변경] 창입니다. 변경하지 않고 [Next] 버튼을 누릅니다.

※ 여기서 독자 여러분의 필요에 따라 pi 사용자의 비밀번호를 변경해도 좋습니다.

04 다음은 [스그린 설정] 창입니다. 데스크 답 화면 주위로 건전새 경계를 부여줄지 여부를 묻습니다, 기본 상태로 [Next] 버튼을 누릅니다.

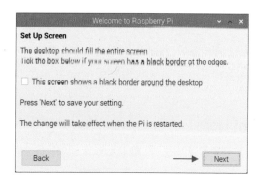

05 다음은 [무선 네트워크 선택] 창입니다. 우리는 wpa_supplicant.conf 파일을 통해 이미 설정한 상태입니다. [Skip] 버튼을 눌러 다음 단계로 진행합니다.

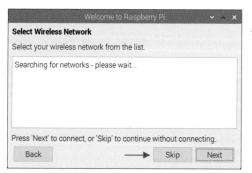

※ 유선랜을 통해 접속한 경우에도 이 단계는 건너띄도록 합니다. 유선랜을 통해 인터넷을 접속할 수 있는 상태입니다.

06 다음은 [소프트웨어 갱신] 창입니다. 여기서는 [Skip] 버튼을 눌러 줍니다.

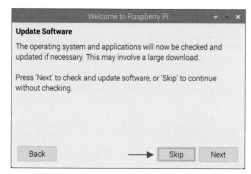

07 다음은 [설정 완료] 창입니다. [Restart] 버튼을 눌러 재부팅을 수행합니다.

03-6 VNC 카메라 출력 기능 설정하기

라즈베리파이 카메라 영상을 VNC 프로그램으로 출력하기 위해서는 추가적인 설정이 필요합니다. 라즈베리파이 카메라 실습은 [Chapter 05]-[02 카메라로 얼굴 인식하기]에서 수행합니다.

01 다음과 같이 라즈베리파이 데스크 탑 화면의 오른쪽 상단에 있는 ❶ [VnC] 아이콘을 마우스 오른쪽 눌러 팝업창을 띄운 후, ❷ [Options...] 메뉴를 선택합니다.

02 다음은 [VNC Server – Options] 창입니다. ❶ [Troubleshooting] 항목을 선택한 후, ❷ [Enable direct capture mode] 항목을 체크합니다. ❸ [Apply] 또는 [OK] 버튼을 눌러 설정을 완료합니다.

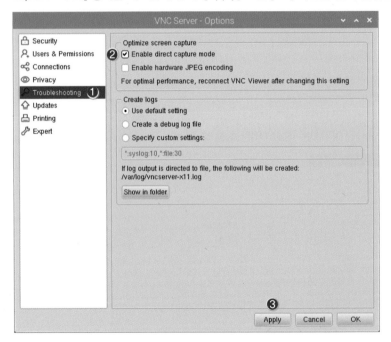

이제 라즈베리파이 카메라의 영상을 VNC 서버를 통해 볼 수 있습니다.